KB145375

CoreDNS 시작하기

CoreDNS 시작하기

클라우드 네이티브 환경을 위한 DNS

존 벨라마릭·크리켓 리우 지음   나정호 옮김

i!i
에이콘

지은이 소개

존 벨라마릭 John Belamaric

20년 이상의 소프트웨어 설계 및 개발 경력을 쌓은 경험이 풍부한 소프트웨어 엔지니어 겸 아키텍트다. 쿠버네티스 Kubernetes와 GKE에 초점을 맞춘 구글 클라우드 팀에 소속돼 있다. 또한 쿠버네티스, 기타 컨테이너, 클라우드 스택에서 동적 DNS 기반 서비스 검색을 제공하는 CNCF 프로젝트인 CoreDNS의 핵심 관리자다. 구글의 수석 소프트웨어 엔지니어로 세 가지 특허를 갖고 있으며, 『OpenStack Cloud Application Development』(O'Reilly)의 공동 저자다.

크리켓 리우 Cricket Liu

미국 캘리포니아 버클리 대학교를 졸업했다. 졸업 후 휴렛팩커드 HP, Hewlett-Packard에 입사해 9년 간 근무했다.

HP 연구소 근무할 당시 발생한 지진으로 전산실이 침수돼 HP 본사로 사무실이 옮겨진 후 hp.com 영역을 관리하기 시작했다. 3년 이상 hostmaster@hp.com을 담당했고, HP의 전문 서비스 조직에 합류해 HP의 인터넷 컨설팅 프로그램을 공동으로 만들었다.

1997년에 HP를 떠나 친구 맷 라슨 Matt Larson과 DNS 컨설팅 및 교육 회사인 애크미 바이트 앤드 와이어 Acme Byte & Wire를 설립했다. 네트워크 솔루션스 Network Solutions는 2000년 6월에 애크미를 인수했고, 같은 날 베리사인 VeriSign과 합병됐다. 베리사인 글로벌 레지스트리 서비스의 DNS 제품 관리 책임자로 1년 간 근무했다.

2003년 3월 DNS, DHCP, IP 주소 관리 솔루션을 개발하는 회사인 인포블록스[Infoblox]에 입사했다. 현재 수석 DNS 아키텍트 겸 선임 연구원이다.

감사의 말

저자는 유능한 검토자인 미에크 기븐^{Miek Gieben}, 프랑수아 튜르^{François Tur} 그리고 상세히 검토한 마이클 그로서^{Michael Grosser}에게 감사의 뜻을 전한다. 또한 CoreDNS처럼 훌륭한 소프트웨어를 만든 CoreDNS 커뮤니티의 모든 구성원들에게도 감사의 뜻을 전한다.

존은 그의 감탄스러운 아내 로빈에게 지원과 격려에 감사의 뜻을 전한다. 그녀가 없었더라면 그는 이 책을 쓸 수 없었다. 그는 또한 그의 아들 오웬과 딸 오드리의 지원을 인정한다. 오드리는 그녀의 아버지와 함께 이 책을 쓰는 동안 많은 부분을 도왔다. 그는 팀 호킨^{Tim Hockin}, 보위 두^{Bowei Du}, 그리고 쿠버네티스 SIG-Network 팀에게 CoreDNS를 쿠버네티스로 안내하는 도움을 준 것에 감사하며 인포블록스^{Infoblox}의 동료, 특히 CoreDNS를 만들려고 열심히 노력한 크리스 오헤이버^{Chris O'Haver} 및 산딥 라잔^{Sandeep Rajan}에게 감사의 뜻을 전한다. 마지막으로 그는 동료인 앨런 콘리^{Alan Conley}에게 감사하고 싶었는데, 앨런의 지원 없이는 CoreDNS 시작하기는 지금과 같지 않았다.

크리켓은 인포블록스의 동료, 특히 그의 상사 앨런 콘리^{Alan Conley}에게 감사의 뜻을 전한다. 앨런의 계속되는 지원이 없었다면 이 책은 처음부터 나오지 않았다. 그리고 그는 아내 크리스틴^{Kristin}에게 감사의 뜻을 전한다. 그의 아이들 월트^{Walt}와 그레타^{Greta}는 그에게 일상의 놀라움과 즐거움을 선사한다. 마지막으로 CoreDNS 시작하기의 대부분을 같이 도와줬던 찰리^{Charlie}와 제시^{Jessie}는 안타깝게도 개인적인 일로 이 책이 출간되는 것을 볼 수 없었다.

나정호(skwjdgh1@gmail.com)

현재 데브옵스 엔지니어로 재직 중이며, 개발 및 운영을 통합해 전담하는 조직 내 데브옵스 문화와 기술을 선도하고자 항상 많은 노력을 하고 있다. 과거 대형 SI 사 재직 때에는 시스템 엔지니어로서 제조 및 통신 그룹사 대상으로 멀티 클라우드와 컨테이너 플랫폼 구축 및 운영을 담당했었다.

이후에는 대형 은행과 메신저 기반 핀테크 사에서 데브옵스 엔지니어로서 모바일 금융 서비스에 대한 데브옵스 업무를 수행했다. 현재는 대형 보험사에서 차세대 보험 서비스를 위한 하이브리드 클라우드 내 컨테이너 플랫폼을 설계, 구축 진행하며 데브옵스 업무를 수행하고 있다.

옮긴이의 말

CoreDNS는 클라우드 네이티브 환경에 알맞는 DNS 서버로, 클라우드 네이티브 컴퓨팅 재단CNCF, Cloud Native Computing Foundation에서 졸업한 프로젝트이며, 기본적인 DNS 명세를 준수해 범용성 및 유연성 때문에 쿠버네티스 등 다양한 클러스터 환경에서 사용할 수 있으며, 아파치 라이선스를 명시한 완전한 오픈소스로 비용 고려 없이 무료로 사용할 수 있다.

CoreDNS는 Go 언어로 작성돼 빠르고 유연하고 설정이 간단하다는 것을 가장 큰 장점으로 꼽을 수 있다. 또한 플러그인을 모듈 형태로 작성, 컨피그맵에 반영해 DNS 서비스 검색에 대한 설정을 손쉽게 변경할 수 있으며, 플러그인을 연이어 적용 가능한 체인 구조로 다양하게 구성할 수 있다. 물론 이러한 플러그인을 통해 메트릭 모니터링 역시 손쉽게 연동 가능하다.

CoreDNS는 쿠버네티스, 프로메테우스, Etcd 등 유명한 오픈소스와의 플러그인을 비롯해 메이저 클라우드 사인 AWS, MS Azure, GCP에서 제공 중인 DNS 서비스와의 플러그인 연동을 통해 뛰어난 호환성을 갖고 다양한 환경에서 사용이 가능하다.

특히 쿠버네티스 클러스터의 기본 DNS로 내장돼 있기 때문에 클러스터 내부 도메인 기반으로 바인딩된 서비스의 ClusterIP나 자주 변경되는 POD의 IP를 대신해 조회가 가능한 용도로 많이 사용되기 때문에 쿠버네티스상에서의 서비스 검색 기능을 기본적으로 구현할 수 있어 MSA(마이크로서비스 아키텍처)에 걸맞은 구성, 관리를 할 수 있다.

역자는 쿠버네티스를 기반으로 컨테이너 플랫폼을 구축, 운영한 경험을 토대로 CoreDNS를 처음 접하고 시작하는 독자들께 도움이 되고자 하는 마음에서 번역을 진행했다. 번역 과정에서 CoreDNS에는 많은 버전의 변화가 있었고, CNCF 생태계와 함께 다양한 유관 프로젝트와 툴이 지금 이 시간에도 계속 개발되고 있기에 이 부분을 최대한 반영하도록 노력했다.

이 책은 DNS의 이론과 함께 실습 중심으로 CoreDNS의 구성 요소와 특징을 설명하며, 직접 가상서버와 쿠버네티스 환경에서 CoreDNS 관련 기능을 명령어 기반으로 직접 수행할 수 있기에 CoreDNS를 사용해 보고자 하는 다양한 사용자에게 도움이 될 것이다.

이 책이 나오기까지 많은 어려움이 있었는데, 번역 작업에 도움을 주신 많은 분께 감사 인사를 전해드리며, 언제나 바쁜 와중에도 이해해 주고 큰 힘이 돼 주는 사랑하는 아내와 자녀들에게 고마움을 전한다.

에이콘출판의 기틀을 마련하신 故 정완재 선생님 (1935-2004)

차례

들어가며

새로운 DNS 서버를 써야 할 것인가?

이 책을 보자마자 가장 먼저 떠오르는 질문은 "새로운 DNS 서버를 써야 할 것인가?"다. 현재 선택할 수 있는 DNS 서버는 정말 많다. 먼저 DNS 서버의 시초인 BIND^Berkeley Internet Name Domain가 있다. BIND는 1980년대부터 조금씩 쓰이기 시작했고, 모든 DNS 표준을 지원한다. Microsoft DNS 서버[1]는 Active Directory 환경에서 널리 사용되는 DNS 서버다. NLnet Labs 및 Knot의 NSD는 신뢰할 수 있는 DNS 서버이며, NLnet Labs의 Unbound는 빠르고 간결한 재귀^recursion DNS 서버다. 그렇다면 CoreDNS는 이러한 DNS 서버들이 제공하지 않는 무엇을 제공하는가?

CoreDNS는 Go 언어로 작성됐는데 Go 언어는 메모리−세이프^memory-safe가 적용된 프로그래밍 언어다. 메모리−세이프는 왜 중요할까? BIND 기반 DNS 인프라를 운영하고 버퍼 오버런^overrun 때문에 100대의 DNS 서버를 최대한 빨리 업그레이드해야 한다면 이 부분이 중요한 역할을 할 것이다. C 및 C++ 언어로 작성된 스트라이프^stripe 방식의 DNS 서버의 취약점은 버퍼 오버플로^overflow 또는 오버런 및 댕글링^dangling 포인터 때문에 발생한다. 메모리−세이프된 Go 언어로 작성된 CoreDNS에서는 이러한 부분이 발생하지 않는다.

Go 언어로 작성된 프로그램은 동시성 또는 병렬 실행을 지원할 수도 있는데 멀티프로세싱

---

1   DNS는 도메인 네임 서버(Domain Name Server)의 약자다. 이름 그대로 도메인 네임(이름)을 관리하는 서버로 창의력은 전혀 느껴지지 않는 방식으로 이름을 지었다.

multiprocessing 또는 멀티태스킹multitasking 시스템에서 더 많은 성능을 끌어내는 데 유용할 수 있다. BIND 성능은 멀티프로세서multiprocessor 시스템에서 확장되기 어려운데 CoreDNS의 성능은 프로세서 수에 따라 확장돼 더 많은 일을 할 수 있게 된다.

Go는 C 또는 C++보다 약간 느리게 실행되기 때문에 성능을 향상하는 것이 중요할 수 있다.[2] CoreDNS에는 Go 기반으로 작성됐으며, 제공되는 워크로드workload를 잘 처리할 수 도록 돼 있다.

CoreDNS가 제공하는 가장 중요한 장점은 etcd 및 쿠버네티스와 같은 컨테이너container 인프라, 오케스트레이션orchestration 시스템과 통신할 수 있다는 점이다.

누구에게 CoreDNS가 필요한가?

대부분의 사람들은 컨테이너 애플리케이션을 쿠버네티스 환경에서 실행한다.

컨테이너 환경에서 CoreDNS가 수행하는 기능은 이 책에서 자세히 설명하는 서비스 디렉터리다. 서비스 디렉터리는 특정 서비스를 제공하는 컨테이너가 실행되는 IP 주소를 결정하는 데 도움을 준다. 예를 들어 컨테이너는 일부 데이터를 검색하려고 지정된 애플리케이션에 대한 데이터베이스 서비스를 나타내는 도메인명을 조회할 수 있다. 컨테이너 및 마이크로서비스의 세계에서 애플리케이션은 많은 소규모 서비스('마이크로서비스')로 나눠지므로 서비스 디렉터리 기능은 매우 중요하며, 각 서비스는 각각 다른 IP 주소에서 실행되는 여러 컨테이너에서 제공될 수 있다.

CoreDNS의 효용성은 컨테이너 환경에만 국한되지 않는다. CoreDNS의 플러그인plugin은 BIND와 같은 대세 DNS에서도 지원하지 않는 고급 DNS 기능을 지원한다. 예를 들어 질의 query 및 응답answer을 바로 재작성할 수 있다. 깃허브GitHub 또는 Amazon Route 53에서 영역

---

2   Go, C, C++에서 같은 방법으로 동일한 알고리즘을 구현하면 C와 C++에서 약간 더 빨리 실행된다.

^{zone} 데이터를 자동으로 로드^{load}할 수 있다. CoreDNS 자체는 크기가 작고 일반 컨테이너에서 실행되기 때문에 BIND와 같은 큰 DNS 서버가 실행되지 않는 환경에서 사용하기에 적합하다.

이 책의 대상 독자

이 책은 다음과 같은 독자를 대상으로 한다.

- 쿠버네티스 환경을 관리할 때 DNS 기반 서비스 검색이 필요한 컨테이너 환경 관리자
- 컨테이너에서 실행할 수 있는 작고 유연한 DNS 서버를 찾는 DNS 관리자
- 다음과 같은 DNS 서버를 찾는 DNS 관리자
  - AWS Route 53과 통합
  - 질의 및 응답에 따라 유연한 재작성 지원
  - DNS over 전송 계층 보안^{TLS, Transport Layer Security} 및 범용 원격 프로시저 호출^{gRPC, general-purpose Remote Procedure Call}을 사용한 DNS 지원
- CoreDNS 플러그인을 작성해 사용자 정의 DNS 기능을 구현하려는 개발자

이 책을 쓴 이유

이 책에서 독자는 다음을 배우게 된다.

- CoreDNS와 다른 DNS와의 차이점
- DNS, 도메인, 네임스페이스, 영역, 리소스 레코드, 재귀, 캐시, 전달 등 기본 DNS 이론
- 주/보조/캐시 DNS 서버와 같은 기본 DNS 서버 구성 방법을 포함한 CoreDNS 구성

- Git과 AWS Route53에서 로드 등의 고급 옵션을 포함한 CoreDNS 영역 데이터 관리 옵션 설정
- DNS 기반의 서비스 검색 메커니즘 및 etcd와 쿠버네티스를 사용한 CoreDNS 서비스 검색 구성 방법
- 질의 및 응답을 재작성하는 방법
- CoreDNS 모니터링 및 트러블슈팅 방법
- CoreDNS의 사용자 정의 서버 빌드 및 사용자 정의 플러그인 작성 방법

편집 규약

이 책은 다음과 같은 편집 규약을 사용한다.

고정폭 글꼴

본문 안에서 변수나 함수 이름, 데이터베이스, 데이터 형식, 환경 변수, 구문, 키워드 등 프로그램 요소를 참조할 때 사용하며 예제 코드에도 사용한다.

 일반적인 참고를 나타낸다.

 경고 또는 주의를 나타낸다.

코드 예제

이 책으로 독자가 학습을 잘 마칠 수 있게 예제 코드를 제공한다. 이 책과 함께 제공되는 예제 코드는 독자의 프로그램과 문서에 사용할 수 있다. 코드의 상당 부분을 복사하지 않는 이상 출판사에 연락해서 허락을 구할 필요가 없다. 예를 들어 이 책의 여러 예제 코드를 사용해서 프로그램을 작성해도 상관 없다. 하지만 오라일리 서적의 예제를 CD-ROM으로 판매 또는 배포하려면 허가가 필요하다. 그리고 이 책의 내용이나 예제 코드를 인용해서 질문에 답변할 때도 허가가 필요 없다. 다만 이 책의 예제 코드의 상당 부분을 제품 설명서에 포함하려면 허가가 필요하다. 저작권 표시는 감사할 뿐 필수는 아니다. 저작권 표시는 대개 제목, 저자, 출판사, ISBN이 포함된다. 예를 들면 다음과 같다.

"Learning CoreDNS by John Belamaric and Cricket Liu (O'Reilly). Copyright 2019 John Belamaric and Cricket Liu, 978-1-492-04796-4."

예제 코드를 사용할 때 정당한 사용이 아니라고 생각하거나 앞서 이야기한 허용 범위를 벗어난다고 생각한다면 언제든 permissions@oreilly.com으로 문의하기 바란다.

문의

이 책에 관한 의견이나 문의는 출판사로 보내 주기 바란다.

이 책의 오탈자 목록, 예제, 추가 정보는 책의 웹 페이지인 https://oreil.ly/learning-coreDNS를 참고한다. 한국어판의 정오표는 에이콘출판사의 도서정보 페이지 http://www.acornpub.co.kr/book/coredns에서 확인할 수 있다.

책의 기술적인 내용에 관한 의견이나 문의는 메일 주소 bookquestions@Oreilly.com으로 보내 주기 바란다. 그리고 한국어판에 관해 질문이 있다면 에이콘출판사 편집 팀(editor@acornpub.co.kr)이나 옮긴이의 이메일(skwjdgh1@gmail.com)로 연락 주길 바란다.

1장

소개

이 책은 리눅스^{Linux} 및 도커^{Docker}와 같은 컨테이너 환경에서 잘 작동할 수 있도록 설계된 새로운 DNS 서버인 CoreDNS를 설명한다. 특히 널리 사용되는 컨테이너 오케스트레이션 시스템인 쿠버네티스가 관리하는 환경에서 잘 작동한다.

1장에서는 CoreDNS의 사용 이유와 그 한계를 포함해 다른 DNS 서버와 어떻게 다른지를 설명한다. 또한 클라우드 네이티브 컴퓨팅 재단^{Cloud Native Computing Foundation}과 관계가 깊은 CoreDNS의 역사를 다룬다.

CoreDNS란 무엇인가?

CoreDNS는 컨테이너 환경, 특히 쿠버네티스가 관리하는 서비스 검색 기능을 지원하는 데 자주 사용되는 DNS 서버 소프트웨어다. 미에크 기븐^{Miek Gieben}은 2016년에 CoreDNS의 최초 버전을 만들었다. 그는 이전에 SkyDNS라는 DNS 서버와 Go DNS라는 Go 언어로 유명한 DNS 함수 라이브러리를 작성했다. 후속작인 CoreDNS와 마찬가지로 SkyDNS의 주요 목적은 서비스 검색을 지원하는 것이다. 하지만 미에크 기븐은 Caddy라는 GO 기반 웹 서버 아키텍처에 감탄했었다. 그래서 그는 Caddy Github repository를 분기fork해 CoreDNS를 만들었다. 따라서 CoreDNS는 Caddy의 주요 장점인 간단한 구성 구문, 강력한 플러그인 기반 아키텍처 및 Go 기반이라는 주요 장점을 물려받았다.

예를 들어 BIND의 구성 파일 구문과 비교할 때 CoreDNS의 Corefile은 매우 간단하다. Corefile은 단 몇 라인으로 작성되며 상대적으로 쉽게 읽을 수 있다.

CoreDNS는 플러그인을 사용해 DNS 기능을 제공한다. 캐싱caching용 플러그인과 전달forwarding 용 플러그인이 있고, 파일로부터 영역 데이터를 읽는 주primary DNS 서버를 구성하는 플러 그인이 있고, 보조secondary DNS 서버를 구성하는 플러그인이 있다. 각 플러그인을 간단하게 구성할 수 있고 플러그인이 필요하지 않을 때 코드를 구성해야 플러그인이 실행된다. 이는 CoreDNS를 보다 빠르고 안전하게 만든다.

플러그인은 개발하기 쉽다. 그 이유로 중요한 두 가지가 있다. 첫째, CoreDNS의 기능을 확 장하고 싶다면 직접 플러그인을 작성하면 된다. 이는 9장에서 다룬다. 둘째, 새로운 플러그 인을 쓰는 것은 로켓을 만드는 과학이 아니기 때문에 많은 것들이 개발돼 왔고, 더 많은 사람 이 계속 개발하고 있다. 대부분의 필요 기능들을 직접 찾아 제공받을 수 있다.

Go 언어는 '메모리 세이프' 특성이 있는데, 버퍼 오버플로나 댕글링 포인터 등의 '메모리 액 세스 오류'로부터 애플리케이션을 보호한다는 의미다. 이는 인터넷상의 누구나 액세스할 수 있는 CoreDNS와 같은 DNS 서버에 특히 중요하다. 악의적인 행위자는 버퍼 오버플로를 이 용해 DNS 서버를 손상시키거나 기본 운영체제os를 제어할 수 있다. 실제로 수십 년에 걸쳐 BIND의 심각한 취약점 중 상당수가 메모리 액세스 오류 때문에 발생했다. CoreDNS를 사 용하면 이 부분을 걱정할 필요가 없다.

CoreDNS가 제공하는 가장 중요한 이점은 컨테이너 인프라, etcd, 쿠버네티스와 같은 오케 스트레이션 시스템과 통신할 수 있다는 것이다. 이 내용을 이 책의 뒷부분에서 훨씬 더 자세 히 논의할 예정이지만, 1장에서 간단히 살펴볼 예정이다.

CoreDNS, 컨테이너, 마이크로서비스

독자가 IT산업 관련 계통에 속했다면 아마도 한번쯤은 컨테이너를 들어 봤을 것이다. 들어 보지 않았다면 컨테이너가 매우 가볍고 효율적인 가상머신$^{VM, Virtual Machine}$이라고 생각하면 된다. VM은 하이퍼바이저와 함께 단일 하드웨어 플랫폼을 공유할 수 있으나, 컨테이너는 동일한 OS 커널에서 실행되고 VM과 유사한 수준으로 격리된 실행 환경을 제공한다. 컨테이너는 VM보다 훨씬 작으며 훨씬 빠르게 시작 및 중지할 수 있다.

컨테이너는 마이크로서비스 아키텍처를 기반으로 하는 소프트웨어에서 자주 사용된다. 마이크로서비스를 사용하다 보면 종종 복잡한 애플리케이션은 많은 마이크로서비스로 분리된다. 각 마이크로서비스는 작지만 유용하고 명확하게 정의된 기능들을 제공한다. 예를 들어 하나의 마이크로서비스는 사용자의 인증을 처리하는 반면, 다른 마이크로서비스는 사용자의 인증을 관리할 수 있다. 애플리케이션은 전체적으로 네트워크를 서로 통신하는 수십 또는 수백 개의 마이크로서비스로 구성될 수 있다.

실제로 각 마이크로서비스는 하나 이상의 컨테이너로 제공될 수 있다. 예를 들어 인증 서비스는 컨테이너로 구현될 수 있다. 컨테이너를 시작하고 중지하는 것은 매우 빠르고 쉬워서 인증이나 해지에 대한 수요에 따라 애플리케이션 또는 상위 레벨의 컨테이너가 동적으로 추가 인증 컨테이너를 시작하고 중지할 수 있다.

그러나 이러한 환경에서는 특정 서비스가 실행되고 있는 위치를 추적하는 것이 어려울 수 있다. 데이터베이스 서비스를 지원하는 컨테이너가 권한 부여 서비스와 통신해 특정 사용자가 특정 검색을 수행할 수 있어야 하는지를 결정해야 한다고 가정한다. 권한 부여 서비스를 구현하는 컨테이너가 부하를 수용하려고 동적으로 시작 및 중지될 때 실행 중인 모든 권한 부여 컨테이너의 목록을 어떻게 얻을 수 있을까?

답은 DNS$^{Domain Name System}$, 도메인명 시스템이다. 컨테이너 사이의 통신은 거의 항상 IP, 인터넷 프로토콜에 기초하고 있으며, 개발자들은 말 그대로 수십 년 동안 자원의 IP 주소를 찾으려고 DNS를 사용해 왔기 때문에 DNS를 사용해 서비스를 제공하는 컨테이너를 식별하는 것은 자연스러운 일이다.

CoreDNS가 DNS 중 가장 빛나는 이유는 이러한 기능 때문이다. CoreDNS는 유연하고 안전한 DNS 서버이고, 쿠버네티스를 포함한 많은 컨테이너 오케스트레이션 시스템과 직접 통합된다. 즉 컨테이너 애플리케이션의 관리자가 컨테이너 간의 통신을 조정하고 원활하게 하려고 DNS 서버를 설정하기 쉽다는 것이다.

CoreDNS 제약 사항

그러나 CoreDNS는 현재 몇 가지 제약 사항이 있기에 특정 부분에는 DNS 서버로 사용이 적합하지 않을 것이다. 이 중 가장 대표적인 것은 CoreDNS 최신 버전에서 아직까지 완전 재귀recursion를 지원하지 않는다는 것이다. 즉 CoreDNS는 DNS 네임스페이스namespace의 루트root에서 시작해 루트 DNS 서버를 질의하고 권한이 있는authoritative DNS 서버 중 하나로부터 응답을 받을 때까지 조회referral를 따라 질의를 처리할 수 없다. 대신 다른 DNS 서버인 전달기forwarder에 의존한다. 2장에서는 재귀와 전달기를 자세히 설명한다.

만약 CoreDNS가 특정 요구에 적합한 선택인지 고민이라면 표 1-1이 도움이 될 것이다. 표는 CoreDNS의 기능과 BIND의 기능 사이의 주요 차이점을 요약해 비교한다.

표 1-1 CoreDNS와 BIND 사이의 주요 기능 차이 비교

	CoreDNS	BIND
전체 재귀	아니요	예
동적 업데이트	아니요	예
쿠버네티스 통합	예	아니요
Amazon Route53 통합	예	아니요
Domain Name System Security 확장(DNSSEC) 지원	제한적	전체
DNS over TLS(DoT)[1]를 통한 DNS 지원	예	아니요

---

1   DoT는 DNS over TLS의 약자다(https://en.wikipedia.org/wiki/DNS_over_TLS). – 옮긴이

이 용어 중 일부가 무엇을 의미하는지 잘 몰라도 걱정할 필요 없다. 이 책의 뒷부분에서 설명할 예정이다. 하지만 진행하기 전에 CoreDNS, 쿠버네티스, 클라우드 네이티브 컴퓨팅 재단CNCF, Cloud Native Computing Foundation의 공식 관계를 간단히 알아볼 예정이다.

CoreDNS, 쿠버네티스, CNCF

CoreDNS가 매우 잘 통합돼 있는 컨테이너 오케스트레이션 시스템인 쿠버네티스는 원래 구글Google에서 작성됐다가 2015년에 오픈소스 프로젝트로 전환됐다. 새로운 오픈소스인 쿠버네티스를 관리하고자 구글은 리눅스 재단Linux Foundation과 파트너십을 맺고 CNCF를 만들었다.

CNCF는 메트릭metric 및 경고alerting 수집을 지원하는 프로메테우스Prometheus와 서비스 프록시proxy인 Envoy 등 클라우드 기반 애플리케이션을 구축하는 데 중요한 많은 기술의 거점이 됐다. CNCF가 관리하는 프로젝트는 초기 단계의 프로젝트를 위한 '샌드박스sandbox'에서 일부 수용 가능 프로젝트를 위한 '인큐베이팅incubating', 광범위한 채택에 적합한 성숙한 프로젝트를 위한 '졸업'까지 다양한 '성숙도 수준'으로 진행된다.

CoreDNS는 2017년에 CNCF에 제출됐고, 2019년 1월에 '졸업' 상태로 전환됐다. CoreDNS가 쿠버네티스에 중요하다는 증거로서 CoreDNS는 2018년 12월에 출시된 쿠버네티스 버전 1.13과 함께 제공되는 기본 DNS 서버가 됐다. 이제 쿠버네티스는 컨테이너 세계의 중심축이라 할 수 있는데 CoreDNS는 이제 모든 쿠버네티스와 함께 설치된다. CoreDNS의 설치가 앞으로도 계속 증가할 것으로 예상된다.

이제는 CoreDNS에 좋은 평가를 주기 충분한 상황이다. 1장에서는 CoreDNS의 장단점 및 쿠버네티스와의 관계를 설명했다. 2장에서는 DNS 이론에 대한 소개로 CoreDNS를 어떻게 구성할 수 있는지 알아볼 예정이다.

2장

DNS 소개

지금까지 CoreDNS가 무엇인지와, DNS 기능의 장단점 등을 소개했다. 물론 이러한 내용에는 모든 사람이 익숙하지 않은 DNS 용어가 포함돼야 했다.

이 책에 DNS 이론을 얼마나 포함시킬 것인가를 잠시 숙고했다. 물론 "처음부터 끝까지 포함하지 않을 수 있다"라고 말할 수 있지만, 저술한 책을 포함한 다른 책에서도 조금씩 포함돼 있다. 적어도 DNS 이론의 내용도 없이 출판하는 건 맞지 않다고 생각됐다.

DNS 이론을 충분히 이해하고 보다 자세한 정보를 원한다면 DNS와 BIND라는 책을 추천한다(추천하는 것이 너무 자기중심적으로 보이지 않기를 바란다).

DNS란?

DNS는 IP 주소, 메일 라우팅routing 정보 등과 같은 다른 데이터에 이름을 매핑하는 명명 시스템이다. DNS는 단순히 이름만 붙이는 시스템이 아니라, 인터넷 표준 이름 시스템이며 세계에서 가장 큰 분산 데이터베이스 중 하나다.

DNS는 DNS 클라이언트가 DNS 서버를 질의해 분산된 데이터베이스에 저장된 데이터를 검색하는 클라이언트 − 서버 시스템이기도 하다. 데이터베이스가 분산돼 있기 때문에 DNS 서버는 지정된 데이터를 찾으려고, 하나 이상의 다른 DNS 서버를 질의해야 할 때가 많다. DNS 클라이언트는 종종 해석기resolver라 불리는 반면, DNS 서버는 네임name 서버라고 불린다.[1] 해석기는 DNS 서버 분산 데이터베이스에 특정 색인index 정보를 요청한다.

도메인명과 네임스페이스

DNS 분산 데이터베이스에 대한 인덱스를 도메인명이라고 한다. 도메인명은 인터넷 이메일 주소와 URL에서 특정 기호로 구분된 이름이다. 이메일 주소에서 도메인명은 '@' 기호의 오른쪽에 나타난다. URL에서 도메인명은 '://' 뒤에, 다음 '/' 앞에 나타난다. 그래서 이메일 주소 cricket@foo.example에서 'foo.example'은 도메인명이다. http://www.bar.example/ URL에서 'www.bar.example'은 도메인명이다.

이 도메인명은 실제로 DNS 네임 스페이스의 노드를 나타낸다. DNS 네임 스페이스는 반전 트리이며, 루트 노드가 상단에 있다. 각 노드는 임의 수의 자식 노드를 가질 수 일반 노드와 자식 사이의 링크로 표시된다. 각 노드에는 라벨label도 최대 63개의 ASCII 문자 길이로 명시할 수 있다. 루트 노드는 길이가 0의 null 라벨이라는 특별한 라벨이 있다. 그 외 라벨에는 제한이 많지 않다. 즉 자식 노드에게 독특한 이름을 주는 것처럼 모호함과 혼란을 피하는 데 도움이 된다.[2] 그림 2−1은 이러한 개념을 설명하는 데 도움이 되는 가상 DNS 네임스페이스의 일부를 보여 준다.

---

1   다른 책에서 네임 서버로 언급된 부분을 이 책에서는 DNS 서버로 한다.
2   조지 포먼이라는 인물로 예를 들 수 있다. 조지의 다섯 아들 '조지'는 모두 이름 접미사(II, III 등)와 별칭을 갖고 있어 그들을 구별하는 데 도움이 된다.

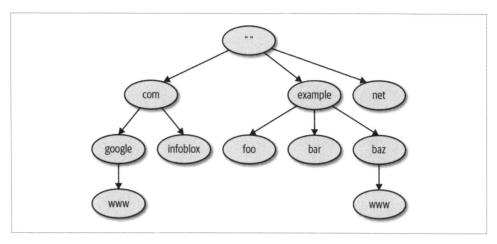

그림 2-1 DNS 네임스페이스 예

분명히 라벨은 한 노드와 비슷한 동기sibling 노드를 구별하는 데에만 유용하다. 전체 네임스페이스에서 특정 노드를 식별하는 데 몇 가지 다른 식별자identifier가 필요하다. 그 식별자는 도메인명이다.

노드의 도메인명은 해당 노드에서 네임스페이스 루트까지의 경로에 있는 라벨 목록이며, 각 라벨을 다음 라벨과 구분하는 단일점이다. 예를 들어 그림 2-2에서 표시된 노드에는 도메인명 www.baz.example이 있다.

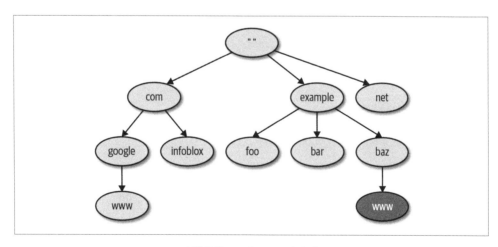

그림 2-2 www.baz.example 노드

인터넷 초기에는 네임스페이스의 하단에 도메인명(비유로 나타낸다면 '나뭇잎'에 해당하는) 개별 호스트를 나타냈다. 요즘에는 그렇게 하지는 않는다. 물론 개별 호스트에는 도메인명이 있지만(경우에 따라 하나 이상만 가질 수 있음) 도메인명은 다음을 나타낼 수 있다.

- 많은 개별 호스트가 제공될 수 있는 HYPERLINK "http://www.google.com" www.google.com 같은 웹 사이트
- 많은 호스트가 다시 제공될 수 있는 gmail.com 같은 이메일 목적지
- FTP 서비스와 같은 반드시 단일 호스트에만 연결되지 않은 각각의 다른 리소스
- 도메인명의 일부 조합. 예를 들어 infoblox.com 웹 사이트, 이메일 대상 등

다음으로 도메인명을 그룹화하는 방법과 어떻게 관리되는지를 살펴보겠다.

도메인, 위임, 영역

DNS 서버가 작동하는 방식을 알아보기 전에 소개해야 할 몇 가지 내용이 있다. 첫 번째는 도메인이다. 도메인은 네임스페이스의 특정 하위 트리에 있는 노드 그룹이다. 즉 특정 노드 또는 아래에 있다. 도메인은 정점(도메인의 최상위 노드)의 노드로 식별된다. 예를 들어 그림 2-3은 해당 정점에 foo.example 노드를 표시한다.

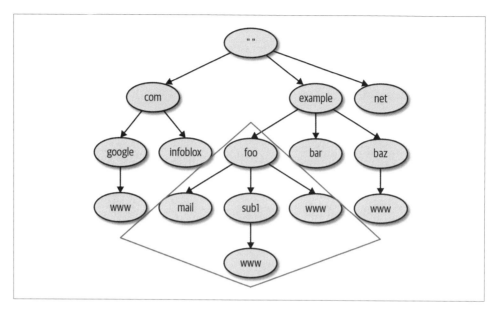

그림 2-3 foo.example 도메인 구조

foo.example 노드와 도메인을 나타낼 수 있다는 점을 고려할 때 foo.example 또는 도메인 foo.example을 식별할 때 콘텍스트^{context}를 지정하는 것이 중요하다.

실제로 도메인은 특정 조직으로 관리된다. 예를 들어 구글은 google.com을 관리하고, 인포 블록스는 infoblox.com을 관리하고, UC 버클리^{Berkeley}는 berkeley.edu를 관리한다. 이러 한 조직은 도메인에 새로운 노드를 만들고 해당 노드에 데이터를 연결할 수 있다(이 부분은 뒷 부분에서 좀 더 자세히 설명할 예정이다).

경우에 따라 조직에서 다른 조직이 도메인의 일부를 관리할 수 있도록 허용하려고 한다. 예 를 들이 berkeley.edu를 운영하는 UC버클리대학교의 사람들은 컴퓨터과학^{CS, Computer Science} 과가 berkeley.edu 일부를 실행할 수 있으며 CS과가 직접 운영하도록 허용하면 CS과가 일 부 중앙 교무부서로 berkeley.edu 변경을 요청하는 불필요한 부분을 피할 수 있게 선택할 수 있다.[3]

---

3   버클리 대학은 역사적으로 특정 중앙부서에 집중하는 방식을 좋아하지 않는다.

도메인은 위임delegation으로 이뤄진다. 버클리대학교 IT 전산부서의 운영자들은 berkeley.edu의 서브도메인을 만들 수 있는데, 도메인은 단순히 berkeley.edu 도메인의 하위 트리일 뿐이며, 도메인을 컴퓨터과학CS과에 위임할 수 있다. CS과의 도메인을 cs.berkeley.edu처럼 직관적으로 명명할 수 있다.

위임이 어떻게 수행되는지의 대한 메커니즘을 잠시 제쳐 둔다. 현재로서는 berkeley.edu 도메인에 운영자가 정보를 포함하지 않고 cs.berkeley.edu 하위 도메인에서 정보를 찾을 수 있는 위치 정보가 포함돼 있다고 말하면 충분하다.

위임 덕분에 버클리의 IT 운영자는 더 이상 cs.berkeley.edu 이하의 노드를 제어하지 않는다. 이들은 CS 부서에 속하기 때문이다. 그렇다면 IT 운영자가 여전히 제어하는 berkeley.edu 이하의 노드 집합은 무엇이라고 할 것인가? 도메인이 바로 berkeley.edu 영역이다. 영역은 다른 곳에서 위임된 하위 도메인을 뺀 도메인이다. 도메인 내에 위임이 없으면 어떻게 접근하는가? 도메인과 영역은 동일한 노드를 포함한다. 예를 들어 cs.berkeley.edu 아래에 더 이상의 위임이 없을 때 cs.berkeley.edu 도메인 및 cs.berkeley.edu 영역은 사실상 동일하다.

물론 berkeley.edu 위의 영역도 있다. 이 EDU 도메인은 berkeley.edu와 umich.edu 그리고 전 세계 교육 기관에 많은 하위 도메인을 위임하는 EDUCAUSE라는 비영리 단체로 운영된다. 그 단체에서 직접 EDU 영역을 관리한다.

여기까지 DNS의 분산 데이터베이스 인덱스의 구조를 다뤘다. 이제 데이터가 되는 리소스 레코드를 자세하게 살펴볼 차례다.

리소스 레코드

DNS가 분산된 데이터베이스라면 모든 데이터는 어디에 있는가? 지금까지는 데이터베이스(영역)의 인덱스(도메인명) 및 파티션이 있었지만 실제 데이터는 없었다.

DNS의 데이터는 리소스 레코드 단위로 저장된다. 리소스 레코드는 다양한 클래스와 타입으로 제공된다. 클래스는 DNS가 다양한 종류의 네트워크에 대한 명명 서비스로 작동하는 것이지만, 실제로 DNS는 인터넷 및 TCP/IP 네트워크에서만 사용되므로 인터넷에서 'IN'이라는 클래스가 하나만 사용된다.[4] IN 클래스의 리소스 레코드 타입은 저장된 데이터의 형식과 애플리케이션을 모두 지정한다. 다음은 IN 클래스에서 가장 일반적인 리소스 레코드 타입 중 일부 목록이다.

A(IPv4 주소)

도메인명을 단일 IPv4 주소로 매핑

AAAA(IPv6 주소)

도메인명을 단일 IPv6 주소로 매핑

CNAME(별칭[Alias])

도메인명(별칭)을 다른 도메인명(정식 이름[Canonical name])으로 매핑

MX(메일 교환기[Mail exchanger])

이메일 대상에 대한 메일 교환기(메일 서버)의 이름 지정

NS(네임 서버)

영역에 대한 네임 서버(DNS 서버)의 이름

PTR(포인터[Pointer])

IP 주소를 도메인명에 다시 매핑

SOA(권한시작정보[Start Of Authority])

영역에 대한 매개 변수 제공

각 레코드 타입에는 특정 형식으로 짧은 RDATA라는 레코드별 데이터가 필요하다. 예를 들어 A 레코드에는 단일 32비트 IPv4 주소의 RDATA가 필요하다. 영역 데이터 파일(나중에 자

---

4   Hesiod와 Chaosnet이라는 클래스가 있긴 하지만 거의 쓰이지 않는다.

세히 표시) 또는 다양한 도구의 출력에 A 레코드가 표시되면 RDATA는 일반적으로 점으로 구분된 옥텟 값(예: 192.168.0.1)으로 형식화된다. 마찬가지로 AAAA('쿼드 A'로 발음) 레코드는 단일 128비트 주소를 RDATA로 사용하며, 영역 데이터 파일은 일반적으로 IPv6 주소에 사용되는 표준 16진수 형식으로 포맷된다(예: 2001:db8:ac10:fe01::1).

이 목록에는 일곱 가지 타입 외에 수십 가지 타입이 있으며 A 및 AAAA보다 더 복잡한 RDATA 형식을 가진 타입이 많이 있다. 2장의 끝부분에서 리소스 레코드의 형식과 의미 체계를 다룰 예정이며, 이제부터는 DNS 서버 타입을 자세히 살펴보기로 한다.

DNS 서버 및 권한

DNS 서버에는 도메인명에 대한 질의에 응답하거나 도메인명에 대한 다른 DNS 서버에 질의하는 두 가지 주요 방식이 있다. 첫 번째 방식인 질의에 대한 응답 방식을 알아보겠다.

DNS 서버는 데이터 파일 또는 이와 동등한 마스터 파일이라는 파일에서 영역 데이터를 로드할 수 있다. 각 영역 데이터 파일에는 영역의 모든 도메인명에 연결된 모든 레코드에 대한 전체 설명이 포함돼 있다. 영역 데이터 파일에서 영역에 대한 정보를 로드하는 DNS 서버를 해당 영역의 주 DNS 서버라고 한다.

DNS 서버는 또한 영역 전송^{transfer}이라는 메커니즘으로 다른 DNS 서버의 영역 데이터를 로드할 수 있다. 영역 전송을 사용해 다른 DNS 서버에서 영역에 대한 정보를 로드하는 DNS 서버는 해당 영역의 보조 DNS 서버라고 한다. 보조 DNS 서버가 영역을 전송하는 DNS 서버를 마스터 DNS 서버라고 한다. 영역을 전송한 후 보조 DNS 서버는 영역 데이터의 복사본을 디스크^{disk}에 저장할 수 있으며, 때로는 백업 영역 데이터 파일이라고 하는 파일에 저장될 수 있다. 보조 DNS 서버가 주기적으로 마스터 DNS 서버에서 새 버전의 영역을 전송하면 디스크의 데이터를 업데이트한다. 백업 데이터는 처음에 백업 데이터를 로드할 수 있으므로 보조 DNS 서버를 다시 시작해야 할 때 유용하다. 이때는 영역 전송이 필요하지 않다. 마스터

DNS 서버를 사용할 수 없을 때 보조 DNS 서버에는 여전히 응답할 수 있는 영역 데이터가 있다.

그림 2-4는 주 DNS 서버와 보조 DNS 서버의 관계를 보여 준다.

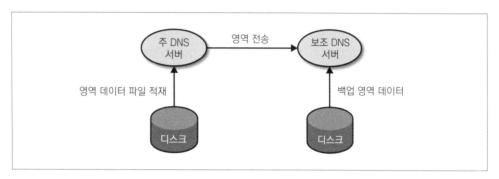

그림 2-4 주 DNS 서버와 보조 DNS 서버 간의 관계

영역에 대한 주 DNS 서버와 보조 DNS 서버는 모두 해당 영역의 권한이 있다고 한다. 즉 영역의 도메인명에 대한 어떤 질의에도 확실하게 응답할 수 있는 것이다(다른 DNS 서버에는 질의에 대한 캐싱된 응답이 있을 수 있으며 이는 최신 상태일 수도 있고 아닐 수도 있다).

단일 DNS 서버는 여러 영역을 동시에 권한을 부여할 수 있으며 일부 영역에서는 주 DNS 서버, 다른 영역에서는 보조 DNS 서버일 수 있다. 사례를 보자면 인터넷 시비스 제공업체[ISP]와 DNS 호스팅 회사들은 수십만의 영역 권한이 있는 DNS 서버를 운영한다.

여기까지가 DNS 서버의 설명이다. 이제부터는 DNS의 다른 주요 소프트웨어 구성 요소인 해석기[resolver]를 알아본다.

해석기

해석기는 DNS 클라이언트 절반에 해당한다. DNS 서버와 달리 별개의 소프트웨어가 아닌 경우가 많다. 대신 윈도우^{Windows}, 맥OS^{MacOS} X 또는 iOS와 같은 OS에 내장된 기능이다.[5] 심지어 매우 간단한 인터넷 장치는 일반적으로 자가 펌웨어에 내장된 해석기가 있다.

해석기는 애플리케이션의 도메인명에 대한 정보를 요청하고 DNS 질의로 변환한다. 그다음 질의를 DNS 서버로 보내고 응답을 기다린다. 해석기에서 합리적인 시간(일반적으로 1초 또는 몇 초) 내에 지정된 질의에 대한 응답을 받지 못하면 질의를 동일한 DNS 서버로 다시 전송하거나 다른 DNS 서버로 질의한다. 응답을 받으면 해석기에서 애플리케이션으로 다시 전달하는 데이터 구조로 압축을 풀 수 있다. 일부 해석기는 최근에 반환된 응답을 캐싱하는 것을 포함해 더 많은 작업을 수행한다.

해석기는 DNS 프로토콜을 전달하려고 DNS 데이터가 필요한 모든 애플리케이션에 대한 필요성을 없애기 때문에 유용하다. 대신 애플리케이션은 `getaddrinfo()` 또는 `gethostbyname()`과 같은 잘 정의된 라이브러리 함수를 사용해 도메인명에 필요한 정보를 요청할 수 있으며, 해당 정보를 간단한 방법으로 검색할 수 있다. 하지만 해석기들은 자체로 유용하지는 않기 때문에 DNS 서버가 필요하다.

해석과 재귀

해석 방법은 해석기^{resolver}와 DNS 서버가 협력해 DNS의 분산 데이터베이스에 저장한 응답(리소스 레코드 형태)을 찾는 프로세스다. 해석 방법은 간단하다. 해석 방법은 애플리케이션을 대신해 DNS 서버에 질의를 보내고 DNS 서버는 질의에 도메인명이 포함된 영역 권한이 있으므로 응답을 구성하는 레코드로, 해석기에 직접 응답한다. 그러나 DNS 서버가 응답을 포함하는 영역에 권한이 없을 때 해석 프로세스가 더 복잡하다.

기본 해석 프로세스는 DNS 네임스페이스의 맨 위에서 아래로 진행된다. 네임스페이스는 반전된 트리라는 것을 기억하면 된다. 반전된 트리의 맨 위에서 시작해 모든 노드에 도달한다.

---

5   Unix-y 운영체제에서 해석기는 표준 공유 C 라이브러리, libc 또는 glibc의 일부다.

그리고 질의의 도메인명은 그림 2-5와 같이 각 노드에서 취할 '분기'를 DNS 서버에 알려 준다.

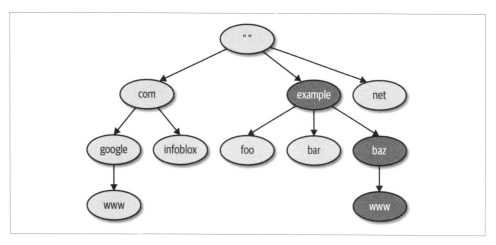

그림 2-5 www.baz.example 해석 구조

DNS 서버는 시작할 위치를 지시하려고 '힌트'가 필요하다. 분명히 루트에서 시작해야 하지만 루트 영역에 적합한 DNS 서버는 무엇인가? 해당 정보는 일반적으로 DNS 서버로 컴파일되거나 파일에 포함된 루트 힌트로 제공된다. 힌트 자체는 NS 레코드이며, 이러한 레코드는 루트 영역에 권한이 있는 DNS 서버의 도메인명을 제공한다. 각 NS 레코드에는 해당 A 및 AAAA 레코드가 있으며, 각 루트 DNS 서버의 IPv4 및 IPv6 주소를 제공한다. 예 2-1은 현재의 루트 힌트 파일 시작 내용을 보여 준다.

예 2-1 루트 힌트 파일의 시작 내용

```
;
; FORMERLY NS.INTERNIC.NET
;
.                       3600000     NS      A.ROOT-SERVERS.NET.
A.ROOT-SERVERS.NET.     3600000     A       198.41.0.4
A.ROOT-SERVERS.NET.     3600000     AAAA    2001:503:ba3e::2:30
;
;  FORMERLY NS1.ISI.EDU
```

```
;
.                       3600000      NS      B.ROOT-SERVERS.NET.
B.ROOT-SERVERS.NET.     3600000      A       199.9.14.201
B.ROOT-SERVERS.NET.     3600000      AAAA    2001:500:200::b
```

발췌된 내용은 13개의 루트 DNS 서버 중 2개만(a.root-servers.net 및 b.rootservers.net 주소) 보여 줬다. 두 NS 레코드의 시작 부분에 있는 단일점('.')은 루트 영역을 대표하지만 루트 DNS 서버의 도메인명 끝에 있는 점은 해당 도메인명을 네임스페이스의 루트에 명확하게 고정하는 반면, 경로명(/etc/hosts)의 선행 슬래시와 약간 유사하게 파일 시스템의 루트에 대한 경로명을 고정한다. 숫자 필드(3600000)는 곧 논의되는 레코드의 TTL^Time-To-Live 값이다.

DNS 서버는 루트 DNS 서버에 질의를 전송해 해석을 시작할 수 있다. 루트 DNS 서버는 질의에 도메인명을 포함하는 영역 권한이 없지만, 도메인명이 아래에 속하는 최상위 영역(예: com, net)의 권한이 있는 DNS 서버를 알 수 있다. 루트 DNS 서버는 조회에서 적절한 최상위 영역에 적합한 DNS 서버 목록을 질의 DNS 서버에 반환한다. 추천에는 최상위 영역에 대한 NS 레코드가 더 많이 포함돼 있다.

DNS 서버는 질의에서 도메인명에 적합한 DNS 서버에 도달할 때까지 조회 내용에 따라 최상위 영역의 DNS 서버 중 하나를 질의해 계속된다. 이러한 DNS 서버 중 하나를 질의하면 그림 2-6에 표시된 것처럼 조회 대신 응답을 받아야 한다.

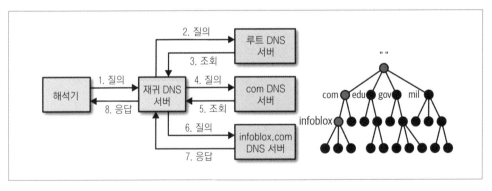

그림 2-6 응답을 수신할 때까지 계속 조회하는 DNS 서버

첫 번째 DNS 서버가 추적 프로세스를 루트 DNS 서버에서 시작해 응답을 받을 때까지 조회하는 것을 재귀라고 한다. 프로세스의 경로상 DNS 서버 중 조회를 반환한 DNS 서버는 재귀를 수행하지 않도록 주의해야 한다. 예를 들어 루트 DNS 서버는 첫 번째 DNS 서버를 대신해 최상위 영역에 권한이 있는 DNS 서버를 질의하지 않는다. 루트 DNS 서버가 이미 갖고 있는 가장 유용한 정보이며, 권한이 있는 영역 데이터에서 NS 레코드에 응답하면 된다. 해석기는 일반적으로 DNS 서버에 재귀 질의를 보내는 반면, DNS 서버는 기본적으로 서로 재귀하지 않거나nonrecursive 반복적인iterative 질의를 보내기 때문이다. 재귀 질의를 수락하면 DNS 서버가 여러 수준의 참조를 따르는 것을 포함해 질의에 응답하는 데 필요한 모든 작업을 수행해야 한다. 재귀하지 않는 질의를 수신하는 DNS 서버는 DNS 서버의 질의하려고 조회로만 응답해야 한다.

DNS 서버가 다른 DNS 서버를 재귀 질의로 보낼 때가 있는데, 첫 번째 DNS 서버가 두 번째 DNS 서버를 전달기로 사용하도록 구성될 때다. 전달기를 사용하도록 구성되면 질의를 수신하는 DNS 서버가 먼저 권한이 있는 영역 데이터 및 캐시에서 응답을 찾은 후 질의를 전달한다.[6]

전달기는 인터넷에 직접 연결하지 않고 인터넷의 네임스페이스에서 DNS 서버로 도메인명을 해석하는 기능을 제공하는 데 자주 사용된다. '내부' DNS 서버는 인터넷 연결이 있는 DNS 서버를 전달기로 사용하도록 구성된다.

전달기를 사용하도록 구성된 DNS 서버가 전달기를 참고하기 전에 권한이 있는 영역 데이터와 캐시를 확인한다고 언급했다. 그런데 여기서 말하는 '캐시cache'란 무엇인가?

캐싱

모든 재귀 DNS 해석이 루트 DNS 서버로 시작해야 할 때 해석에는 오랜 시간이 걸릴 수

---

6   질의를 전달하는 DNS 서버는 권한별로 전달기를 호출해야 한다. 그 대신 DNS 서버는 전달기가 전달한 질의를 수신한다.

있다. 결국 루트 DNS 서버는 13개뿐이며, 질의 프로세스를 길게 하는 것 외에도 루트에서 시작해 질의 때문에 과부하가 걸릴 수 있다.[7]

실제로 재귀 질의를 처리하는 대부분의 DNS 서버는 루트 DNS 서버를 자주 질의할 필요가 없다. 이는 응답에 리소스 레코드를 캐시하기 때문이다.

루트 힌트 파일에서 보았듯이 리소스 레코드에는 리소스 레코드와 연결된 TTL^{time-to-live} 값이 있다. TTL 값은 해당 레코드를 캐시할 수 있는 기간에 대한 재귀 DNS 서버 표시다. www.google.com의 AAAA 레코드를 해석하려면 google.com DNS 서버로 이동하는 재귀 DNS 서버를 선택한다. 선택 시 해석되는 내용은 다음과 같다.

- com 권한이 있는 DNS 서버의 도메인명 및 (IPv4 및 IPv6) 주소
- google.com 권한이 있는 DNS 서버의 도메인명 및 주소
- www.google.com의 IPv6 주소

동일한 DNS 서버가 곧 maps.google.com 대한 질의를 수신하면 루트 DNS 서버 또는 com DNS 서버 질의를 건너뛰고 먼저 google.com DNS 서버를 질의해 루트 및 com DNS 서버의 질의 부하를 줄이고 해석 시간을 대폭 단축할 수 있다. 마찬가지로 infoblox.com의 MX 레코드를 해결하는 것은, com DNS 서버에서 시작될 수 있으며, 적어도 루트 DNS 서버로의 왕복을 절약할 수 있다.

다음으로 DNS 네임스페이스에 데이터를 저장하는 리소스 레코드를 자세히 살펴보겠다.

리소스 레코드

2장의 앞부분에서 몇 가지 유형의 리소스 레코드를 소개했으며, 루트 힌트 파일에 있는 NS,

---

7 13개의 루트 DNS 서버는 애니캐스트(Anycast)로 단일 IP 주소를 공유할 수 있는 DNS 서버의 분산 그룹이다. 그러나 수많은 질의로 여전히 과부하가 걸릴 수 있다.

A, AAAA 레코드라는 마스터 파일 형식에서 몇 가지 유형을 확인했다. 마스터 파일 형식은 리소스 레코드가 영역 데이터 파일에 표시되는 형식이다. 주 DNS 서버는 보조 DNS 서버(백업 영역 데이터 파일을 읽을 때)와 마찬가지로 영역 데이터를 이 형식으로 읽는다.

마스터 파일 형식의 레코드에는 다음과 같은 일반적인 형식이 있다.

```
[NAME]   [TTL]   [CLASS]   TYPE   RDATA
```

이번에는 NAME 필드^{field}부터 살펴보고 다음 절에서 각각의 필드를 살펴본다.

NAME

NAME 필드에는 리소스 레코드가 연결된 도메인명이 포함돼 있다. 이는 완전히 정규화된 도메인명^{FQDN, Fully Qualified Domain Name} 또는 점으로 끝나지 않는 상대적 도메인명으로 끝날 수 있다. 상대적 도메인명은 기본적으로 영역 데이터 파일이 설명하는 영역의 도메인명인 현재 출발지에서 끝나는 것으로 해석^{interpreted}된다. foo.example에 대한 영역 데이터 파일을 작성하면 각 네임의 끝에 'foo.example'을 입력할 필요가 없으므로 편리하다.

입력한 네임에 추가된 것이 아니라 출발지 자체를 참조할 때 후행점이 없는 NAME 필드에 '@'를 사용한다. 루트 영역 데이터 파일 이나 루트 힌트 파일을 편집하지 않는 한 일반적으로 리소스 레코드의 NAME 필드에 사용하지 않지만 루트를 참조하는 단일 점(.)을 사용할 수도 있다.

앞에서 언급된 형식에서 알 수 있듯이 NAME 필드는 선택 사항이다. NAME 필드를 생략하면 라인은 공백으로 시작해야 하며, 라인에 지정된 리소스 레코드가 가장 최근에 지정된 도메인명으로 연결된다.

예 2-2는 특정 NAME 필드의 일부다.

예 2-2 foo.example 영역 데이터 파일의 NAME 필드

```
@              3600     IN     A     10.0.0.1   # 출발지, foo.example에 첨부
```

```
foo.example.      3600     IN   A    10.0.0.2   # foo.example에 첨부
www               3600     IN   A    10.0.0.3   # www.foo.example에 첨부
                  3600     IN   A    10.0.0.4   # www.foo.example에 첨부
```

다음은 TTL 필드다.

TTL

TTL^Time-To-Live 필드는 재귀 DNS 서버가 레코드를 캐시할 수 있는 기간을 제어하는 리소스 레코드에 대한 TTL 값을 지정한다. TTL은 기본적으로 32비트 정수이며, TTL를 정수로 표현하기도 하지만, '1d', '30m', '1h30m'와 같이 's'를 초, 'm'을 분, 'h'를 시간, 'd'를 일, 'w'를 주로 표시하는 날짜 시간 인자로 사용할 수 있다. 이러한 인자로 '1일 초로 환산하면 86400초'와 같은 정보들을 기억할 필요가 없게 된다.

TTL에 리소스 레코드를 지정하면 레코드가 가장 최근에 지정된 TTL 값으로 상속된다. 예 2-3에서는 TTL 필드가 작동하는 것을 보여 준다.

예 2-3 foo.example zone 데이터 파일의 TTL 필드

```
@           3600    IN  A  10.0.0.1  # 3600초 또는 1시간의 TTL
            1h      IN  A  10.0.0.2  # 상동
www         1h30m   IN  A  10.0.0.3  # 1시간 30분 또는 90분의 TTL
                    IN  A  10.0.0.4  # 상동
```

TTL 필드가 끝나면 CLASS 필드가 표시된다.

CLASS

2장의 앞부분에서 언급한 바와 같이 인터넷의 CLASS 필드는 대부분은 IN이기 때문에 IN이 기본 설정임은 당연하다. 물론 ChaosNet의 CH와 Hesiod의 HS 등 다른 형태의 클래스도 있지만, 이러한 기능을 클래스에서 사용할 일이 없기 때문에 향후에도 이러한 클래스 표시를 거의 볼 수 없을 것이다.

리소스 레코드 유형

IPv4 주소 A 및 IPv6 주소의 AAAA와 같이 이전에 도입한 리소스 레코드 타입을 연상 기호로 부른다. 각 리소스 레코드 타입에는 고유한 형식의 연상 기호가 있다. DNS 정보에서 연상 기호는 숫자형 코드로 번역되지만, 연상 기호를 기억하는 것이 훨씬 쉽다.

앞서 말했듯이 각 리소스 레코드 타입에는 RDATA라는 연상 기호 형태의 데이터에 대한 특정 구문이 필요하다. 일반 레코드 타입과 RDATA 구문을 살펴보도록 하겠다.

A 레코드

A 레코드는 단일 IPv4 주소에 연결된 도메인명을 매핑한다. A 레코드의 RDATA 필드는 예 2-4와 같이 8진수 표시마다 구분점이 있는 단일 IPv4 주소다.

예 2-4 A 레코드

```
www.foo.example.    300    IN    A    10.0.0.1
```

단일 도메인명을 여러 IPv4 주소에 매핑하려면 예 2-5와 같이 여러 개의 A 레코드를 도메인명에 추가하기만 하면 된다.

예 2-5 다중 A 레코드

```
www    1h    IN    A    10.0.0.1
       1h    IN    A    10.0.1.1
```

AAAA 레코드

A 레코드와 마찬가지로 AAAA 레코드는 IP 주소에 연결된 도메인명을 매핑하지만, IPv4 주소가 아닌 IPv6 주소를 매핑한다. AAAA 레코드의 RDATA 필드에는 예 2-6에 나타낸 것과

같이 구분된 16진수 표시[8]마다 표준 콜론이 있는 하나의 IPv6 주소가 포함돼 있다.

예 2-6 단일 AAAA 레코드

```
www    30m    IN    AAAA    2001:db8:42:1:1
```

A 레코드처럼 하나의 도메인명을 여러 IPv6 주소에 매핑하려면 예 2-7과 같이 여러 개의
AAAA 레코드를 도메인명에 추가하기만 하면 된다.

예 2-7 다수의 AAAA 레코드

```
www    30m    IN    AAAA    2001:db8:42:1:1
       30m    IN    AAAA    2001:db8:42:2:1
```

CNAME 레코드

CNAME 레코드를 사용해 한 도메인명에서 다른 도메인명으로 별칭을 만든다. CNAME 레
코드는 별칭인 도메인명을 첨부한다. CNAME 레코드의 RDATA는 별칭이 지정된 도메인명
이다. 예 2-8은 작동 방식을 보여 준다.

예 2-8 CNAME 레코드

```
alias.foo.example.    1d    IN    CNAME    canonicalname.foo.example.
```

CNAME 레코드 사용을 제어하는 몇 가지 규칙이 있다.

- 별칭인 도메인명에는 다른 레코드 형식이 첨부되지 않는다. DNS 서버가 CNAME
  레코드를 처리하는 방식 때문이다. 예를 들어 AAAA 레코드를 찾고 있는 재귀 DNS
  서버는 foo.example을 들어 권한이 있는 DNS 서버로부터 예 2-8의 레코드를
  받게 되고, 다시 재귀하는 DNS 서버가 질의를 재시작하며, 이번에는 canonical
  name.foo.example에 대한 AAAA 레코드를 찾는다. alias.foo.example에 AAAA

---

8   이 내용은 RFC 4291에 설명돼 있다.

레코드를 직접 연결하는 것이 허용되면 alias.foo.example에 대한 AAAA 레코드를 검색한 결과는 모호하다.

- 위의 규칙 추론으로 영역의 도메인명(foo.example)은 CNAME 레코드를 소유할 수 없다. 이것은 정의에 영역의 시작 권한^{SOA, Start Of Authority} 레코드를 소유하고 있을 필요가 있기 때문이다.

- CNAME 레코드는 별칭이 다른 별칭을 가리킬 수 있지만, 루프를 작성하지 않도록 주의해야 한다(예: a는 b의 별칭 b는 a의 별칭). 또한 별칭 체인을 길게 초과하지 않도록 해야 한다. 재귀 DNS 서버는 추적하는 CNAME 레코드의 수를 제한한다.

MX 레코드

MX 레코드를 사용해 특정 도메인명으로 주소가 있는 전자 메일을 직접 전송한다. 특히 도메인명을 메일 교환기(따라서 'MX')에 지정한다.

메일 전송 에이전트^{MTA, Mail Transport Agent}에 일부 HYPERLINK "mailto:user@domain.name" user@domain.name 주소가 있는 전자 메일 메시지가 있을 때 해당 메시지를 보낼 위치를 결정해야 한다. MTA는 domain.name 대한 A 또는 AAAA 레코드를 검색할 수 있지만, 인터넷의 MTA는 MX 레코드를 먼저 검색한다(MX 레코드를 사용할 수 없으면 A 및 AAAA 레코드를 찾을 때가 많다).

MX 레코드는 도메인명에 대한 메일 교환기의 도메인명과 해당 메일 교환기와 연결된 선호도 값을 지정한다. 기본 설정은 부호 없는 16비트 값이므로 0에서 65535 사이 10진수로 표시된다(기본 설정은 실제로 메일 교환기 앞에 있다). 예 2-9에는 MX 레코드가 표시된다.

예 2-9 MX 레코드

```
foo.example.    3d    IN    MX    10 mail.isp.net.
```

이 MX 레코드는 MTA에 cricket@foo.example과 같은 foo.example에서 사용자에게 보낸 전자 메일 메시지가 있을 때 mail.isp.net으로 보내 준다. 요즘에는 많은 회사에서 자체 메일 서버를 실행하지 않고 전자 메일 호스팅 서비스를 사용하기 때문에 주소가 아닌 메일 교환기의 도메인명을 지정할 수 있어 편리하며, 메일 서버 주소로 이루어진 호스팅 서비스의 변경 사항을 추적할 필요가 없다.

선호도 값은 도메인명이 여러 MX 레코드를 소유할 때에만 중요하다. 이때 MTA는 도메인명을 찾은 MX 레코드, 가장 낮은 선호도 값(예: 0에 가장 가까운 값)을 정렬하고 가장 낮은 값을 가진 메일 교환기로 먼저 전송을 시도해야 한다. MTA는 기본 설정 값이 낮은 모든 메일 교환기로 전송을 시도한 후에만 더 높은 선호도 값으로 메일 교환기로 전송을 시도할 수 있다. 이렇게 하면 예 2-10에 표시된 대로 도메인명에 대한 백업 메일 서버를 나열할 수 있다.

예 2-10 다중 MX 레코드

```
@    3d    IN    MX    0     mail.foo.example.
     3d    IN    MX    10    mail.isp.net.
```

NS 레코드

NS 레코드는 MX 레코드와 다소 유사하다. NS 레코드의 RDATA는 레코드가 연결된 영역 권한이 있는 DNS 서버의 도메인명이다. 예를 들어 예 2-11의 NS 레코드는 ns1.foo.example에서 실행되는 foo.example 권한이 있는 DNS 서버를 찾을 수 있다고 한다.

예 2-11 NS 레코드

```
foo.example.    1d    IN    NS    ns1.foo.example.
```

대부분의 리소스 레코드 유형과 달리 특정 도메인명에 연결된 NS 레코드는 지정된 도메인명 영역과 해당 영역의 상위 영역에 표시되는 2개의 서로 다른 영역에 나타난다. 예 2-11에서 foo.example NS 레코드를 가져오게 된다. 물론 foo.example 영역에서 뿐만 아니라 예시 영역에서도 찾을 수 있다.

예시 영역에서 NS 레코드는 foo.example 하위 영역을 ns1.foo.example에 위임할 수 있다. 실제로 예 2-12와 같이 foo.example에 대한 더 큰 NS 레코드 집합의 일부일 수 있다.

```
foo.example.    1d    IN    NS    ns1.foo.example.
                1d    IN    NS    ns2.foo.example.
                1d    IN    NS    ns1.isp.net.
```

예시 영역에 적합한 DNS 서버는 foo.example에서 도메인명을 질의할 때마다 이러한 NS 레코드를 반환한다. 이를 조회라고 한다.

그렇다면 foo.example 영역에서 foo.example NS 레코드는 어떤 기능을 제공하는가? 결국 foo.example에 적합한 DNS 서버로 가는 방법을 찾은 후 재귀 DNS 서버는 동일한 DNS 서버에 대한 다른 조회가 필요하다.

실제로 대부분은, 권한이 있는 foo.example DNS 서버가 재귀 DNS 서버의 질의에 응답하면 응답에 foo.example에 대한 NS 레코드 목록이 포함된다. 이렇게 하면 foo.example 영역의 NS 레코드 집합이 예시 영역의 집합과 다르면 재귀 DNS 서버는 결국 권한이 있는 영역 데이터에서 NS 레코드를 인지하고 사용한다.

foo.example 영역의 NS 레코드 집합은 영역의 기본 DNS 서버에서 영역의 보조 DNS 서버가 영역 데이터가 변경됐음을 알리는 알림 메시지를 보낼 위치를 결정하는 데도 사용된다(실제로 보조 DNS 서버는 다른 보조 DNS 서버에게 알림 메시지를 보내면 NS 레코드를 사용할 수도 있다).

마지막으로 NS 레코드는 foo.example 도메인명을 동적으로 업데이트하려는 클라이언트에게 DNS 서버를 전송하고 요청하도록 알려 준다.

SRV 레코드

MX 레코드는 이메일 주소에 사용된 도메인명과 해당 대상에 대한 전자 메일을 처리하는 메일 서버 간에 유용한 추상 수준을 제공한다. 마찬가지로 SRV 레코드는 도메인명과 거의 모든 서비스의 클라이언트에 대한 서버 간의 추상 레이어를 제공한다.

SRV 레코드는 지정된 형식을 갖도록 연결된 도메인명이라는 점에서 고유하다.

```
_service._protocol.domainname
```

도메인명의 첫 번째 라벨은 강조 표시 문자 뒤에 HTTP와 같은 서비스의 기호 이름이다. 두 번째 라벨은 TCP[Transmission Control Protocol] 또는 UDP[User Datagram Protocol]와 같은 프로토콜의 기호 이름 뒤에 밑줄이다.[9] 도메인명은 모든 도메인명이다. 특정 대상 도메인명의 특정 프로토콜을 실행하는 특정 서비스에 관심이 있는 클라이언트는 서비스, 프로토콜, 대상 도메인명을 연결해 새 도메인명을 형성한 다음 해당 도메인명에 대한 SRV 레코드를 검색한다.

밑줄 문자는 SRV 레코드가 연결된 도메인명이 기존 도메인명과 충돌할 가능성을 최소화하려는 의도로 선택됐다.

SRV 레코드의 RDATA에는 다음 4개의 필드가 있다.

Priority

MX 레코드의 선호도와 같은 기능을 하는 부호 없는 16비트 정수다. 서비스의 클라이언트는 우선 순위[priority]가 가장 낮은 대상에 연결하려고 먼저 시도한다. 더 낮은 값에서 모든 대상을 시도한 후에만 우선 순위가 높은 대상을 시도한다.

Weight

또 다른 부호 없는 16비트 정수다. 2개 이상의 대상이 동일한 우선 순위를 공유할 때 클라이언트는 관련 가중치[weight]에 비례해 대상과 통신하려고 시도한다. 동일한 우선 순위에 있는 대상의 모든 가중치가 추가된다. 각 대상은 합계에 비해 가중치에 비례해 클라이언트의 몫을 받아야 한다. 따라서 동일한 우선 순위와 10의 동일한 가중치를 가진 2개의 대상은 각각 클라이언트의 절반을 받아야 한다. 한 대상의 가중치가 200이고 다른 대상의 가중치가 100일 때 첫 번째 대상은 클라이언트의 3분의 2를 받아야 한다(물론 클라이언트가 첫 번째 대상에 성공적으로 연결할 수 없는 다른 대상을 시도한다).

---

9   이러한 기호 이름은 STD 2, RFC 1700 문서에서 참고한다.

Port

또 다른 부호 없는 16비트 정수는 서비스가 실행되는 포트를 지정한다. 이 기능은 사용 가능한 포트에서 서비스를 실행할 수 있기 때문에 유용하다. HTTP 포트, TCP 포트 80에서 이미 웹 서버를 실행하고 있는 다른 포트에서 HTTP 기반 API 서버를 실행하고 적절한 SRV 레코드로 클라이언트를 직접 전달할 수 있다.

Target

지정된 서비스를 제공하는 서버의 도메인명이다. 도메인명은 하나 이상의 A 또는 AAAA 레코드를 소유한다.

예 2-13과 예 2-14는 SRV 레코드의 샘플 2개를 제시한다.

예 2-13 단일 SRV 레코드 예

```
api.foo.example.    1m    IN    SRV    10    100    8080    api1.foo.example.
                    # 대상 서버에 절반 시간만 연결
                    1m    IN    SRV    10    100    8080    api2.bar.example.
                    # 대상 서버에 나머지 절반 시간 연결
```

예 2-14 복잡한 SRV 레코드 예

```
api.bar.example.    60    IN    SRV    100    200    80      api1.bar.example.
                    # 대상 서버에 2/3시간 연결
                    60    IN    SRV    100    100    8080    api2.bar.example.
                    # 대상 서버에 나머지 1/3시간 연결
                    60    IN    SRV    200    100    8080    api1.foo.example.
                    # 대상 서버에 연결 가능한 시간 없음
```

PTR 레코드

도메인명을 IP 주소에 매핑하는 것은 간단하다. 도메인명과 관련된 A 또는 AAAA 레코드를 검색하면 된다. 그러나 IP 주소를 도메인명에 다시 매핑하는 것은 어떻게 할까? 로깅 목적이나 클라이언트 신원[identity] 확인을 할 수 있는 방법은 무엇이며 어떻게 할 것인가?

이 기능을 제공하려면 DNS에는 특수 네임스페이스(사실상 2개의 네임스페이스)가 필요하다. 하나는 도메인명에 IPv4 주소를 '역매핑$^{reverse-map}$'하는 데 사용되는 in-addr.arpa 도메인이다. 다른 하나는 ip6.arpa이며, IPv6 주소를 도메인명을 역매핑하는 데 사용된다.

in-addr.arpa의 라벨은 IPv4 주소의 4개의 옥텟으로 역순으로 표시된다(octet4.octet3.octet2.octet1.in-addr.arpa). IPv4 주소 마지막의 가장 중요한 옥텟을 넣는 것은 의미가 있다. 이런 식으로 도메인 32.128.inaddr.arpa는 UC버클리대학교가 소유하는 IPv4 네트워크 128.32/16에 해당한다. 그런 다음 in-addr.arpa를 실행하는 사용자는 네트워크를 담당하는 UC버클리대학교의 담당자에게 32.128.in-addr.arpa를 위임할 수 있다.

따라서 IPv4 주소 10.0.0.1을 도메인명으로 역매핑을 지정하려면 1.0.0.10.in-addr.arpa에 대한 PTR 레코드를 조회한다. PTR 레코드의 형식은 매우 간단하다. RDATA는 예 2-15와 같이 해당 IP 주소가 매핑해야 하는 단일 도메인명이다.

예 2-15 PTR 레코드

```
1.0.0.10.in-addr.arpa.    1d    IN    PTR    host.foo.example.
```

IPv6는 도메인명이 길어지지만 비슷한 방식으로 작동한다. IPv6 주소에 해당하는 도메인명을 형성하려면 IPv6 주소의 16진수 자리 중 32개를 모두 역순으로 작성하고, 각 자릿수는 구분 점이 있으며 끝부분에 '.ip6.arpa'가 추가된다. 예를 들어 IPv6 주소 `2001:db 8:42:1:1`로 확장될 때 `2001:0 DB 8:00:00:00:0001`로 확장되고 여기에 표시된 도메인명으로 변환된다.

```
1.0.0.0.0.0.0.0.0.0.0.0.0.0.0.0.1.0.0.0.2.4.0.0.8.b.d.0.1.0.0.2.ip6.arpa
```

IPv4와 마찬가지로 주소의 가장 중요한 16진수를 인코딩^{encoding}하면 위임을 쉽게 할 수 있다. IPv4와 마찬가지로 예 2-16과 같이 결과 도메인명에 PTR 레코드를 첨부한다.

```
1.0.0.0.0.0.0.0.0.0.0.0.0.0.0.0.1.0.0.0.2.4.0.0.8.b.d.0.1.0.0.2.ip6.arpa.
1d    IN    PTR    host-v6.foo.example.
```

SOA 레코드

SOA 레코드는 영역의 요약 정보를 제공한다. 따라서 영역당 SOA 레코드가 하나뿐이며, 영역의 도메인명에 첨부해야 한다. SOA 레코드의 RDATA 형식은 7개의 필드로 구성된다.

- MNAME 필드는 영역의 기본 DNS 서버의 도메인명
- RNAME 필드는 해당 영역을 담당하는 사람의 이메일 주소. 이메일 주소의 형식은 약간 특이한데, 이메일 주소의 '@'기호가 점('.')이 된다. 예를 들어 'cricket@foo.example'은 'cricket.foo.example'이 된다.
- 영역의 일련 번호는 부호 없는 32비트 값
- 영역의 갱신 간격은 기간을 나타내는 부호 없는 32비트 값이고, 1일을 '1d', 30분을 '30m'처럼 표시할 수 있다.
- 영역의 재시도 간격은 기간을 나타내는 부호 없는 32비트 값
- 영역의 만료 간격은 기간을 나타내는 부호 없는 32비트 값
- 영역의 네거티브 캐싱negative-caching TTL은 지속 시간duration을 나타내는 부호 없는 32비트 값

예 2-17은 SOA 레코드를 나타낸다.

예 2-17 SOA 레코드

```
foo.example.    1d    IN    SOA    ns1.foo.example.    root.foo.example. (
    2019050600        ; 일련 번호(Serial number)
    1h                ; 갱신 간격(Refresh interval)
    15m               ; 재시도 간격
    7d                ; 만료 간격
    30m  )            ; 기본 캐싱 및 네거티브 캐싱 TTL
```

레코드의 첫 번째 라인의 끝에 있는 '('와 마지막 라인의 있는 ')' 사이 내용에 주의 바란다. 이것은 괄호 사이에 발생하는 캐리지 리턴^{carriage return}과 줄바꿈을 무시하도록 DNS 서버에 지시한다. 이 구문은 어떠한 레코드 타입으로도 사용할 수 있지만, 그 구문을 사용하지 않는 SOA 레코드가 표시되는 경우는 거의 없다. 주석('으로 시작해 라인 끝까지)은 영역 데이터 파일의 어느 곳에서나 유효하지만, SOA 레코드의 7개의 RDATA 필드 의미를 항상 기억할 수 없는 DNS 관리자^{administrator}에게 특히 유용하다.

MNAME 및 RNAME 필드는 DNS 관리자가 참고할 수 있는 정보로 제공되며, DNS 소프트웨어에서는 사용되지 않는다. 예를 들어 영역 또는 DNS 서버에 문제가 있을 때 다른 DNS 관리자가 영역의 SOA 레코드를 검색해 RNAME 필드를 찾고 이메일에서 빠른 질문을 할 수 있다. 예외로 일부 DNS 소프트웨어는 MNAME 필드를 사용해 영역의 동적 업데이트 전송 위치를 결정하는 데 사용되며, 영역의 보조 DNS 서버는 MNAME에 나열된 기본 DNS 서버로 알림 메시지를 보내지 않는다.

일련 번호와 갱신, 재시도, 만료 간격은 모두 영역 전송과 관련이 있다. 일련 번호는 권한이 있는 DNS 서버의 영역 버전을 나타낸다. 갱신 때마다 영역의 보조 DNS 서버는 마스터 DNS 서버(영역의 기본 서버)와 함께 영역의 마스터 일련 번호가 보조 서버의 일련 번호보다 높은지를 확인한다. 마스터의 일련 번호가 더 높으면 보조 서버는 영역 전송과 함께 최신 버전의 영역 복사본을 요청한다. 확인 과정이 실패하면 보조 DNS 서버는 영역의 새 버전이 필요한지를 확인 성공할 때까지 재시도를 수행(갱신 간격보다 짧음)해 마스터 DNS 서버를 계속 확인한다. 전체 만료 간격(갱신 간격) 확인 과정이 실패하면 보조 DNS 서버는 영역 데이터가 최신이 아님을 가정하고 영역을 만료한다. 영역이 만료되면 보조 DNS 서버는 서버 확인 실패^{server failed} 응답 코드를 사용해 영역의 질의에 응답한다(그림 2-7 참고).

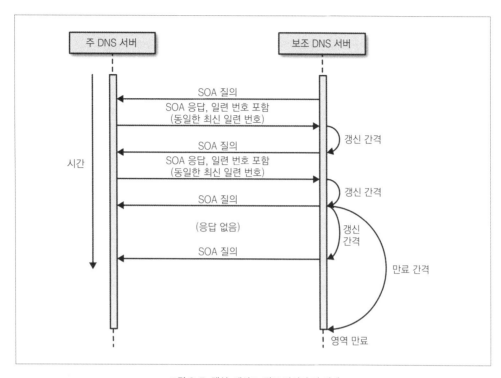

그림 2-7 갱신, 재시도, 만료 타이머 간 관계

마스터 DNS 서버가 보조 DNS 서버로 전송해 영역 데이터가 변경된 것을 통지하는 NOTIFY 메시지가 등장하고, 업데이트 간격의 중요성은 다소 하락했다. 그래도 영역의 업데이트 간격을 적절한 값(1시간 정도)으로 설정하는 것이 좋다. 이것은 단일 DNS 질의로 마스터 DNS 서버에서 보조 DNS로 업데이트 주기가 매우 낮기 때문이다. 재시도 간격은 보통 갱신 간격의 일부 분량(예: 절반 또는 1/4)이다. 오류가 있는 영역의 질의에 응답하는 결과가 상당히 느리기 때문에, 만료 간격은 보조 DNS 서버가 마스터 DNS 시버와 통신하고 수정할 수 없음을 인지할 만큼 충분히 길어야 한다. 실제로 만료일을 일주일 정도로 설정한다.

마지막 필드는 영역의 네거티브 캐싱 TTL이다. 네거티브 캐싱 TTL은 이 영역의 권한이 있는 DNS 서버에서 다른 DNS 서버에 네거티브 응답을 캐시할 수 있는 기간을 지정한다. 네거티브 응답에는 다음이 포함된다.

- 질의에 도메인명이 존재하지 않음을 나타내는 도메인명 방식이 없다.
- 도메인명이 존재하지만 질의에 요청된 유형의 레코드가 없음을 나타내는 데이터 방식이 없다.

영역에 대한 권한이 있는 DNS 서버에는 해당 값의 네거티브 응답에 영역의 SOA 레코드가 포함돼 있어 질의를 보낸 재귀 DNS 서버가 응답을 캐시할 수 있는 시간도 결정할 수 있다.

네거티브 캐싱은 권한이 있는 DNS 서버가 동일하고 존재하지 않는 도메인명 또는 레코드에 대한 질의로 공격되는 것을 방지하는 데 매우 유용하지만, 네거티브 캐싱 TTL을 너무 높게 설정해서는 안 되며 영역에 추가하는 새로운 도메인명의 해석을 방해할 수 있다.

이와 관련된 충분한 DNS 이론의 참고 내용이 많은데, 다음 절에 있는 어노테이션 영역 데이터 파일 부분에서 확인할 수 있다.

어노테이션 영역 데이터 파일

어노테이션 영역 데이터 파일은 다른 영역의 데이터 파일을 읽거나 자신의 영역 데이터 파일을 작성할 때 예상되는 내용을 얻을 수 있다. 사용하는 형식을 판단하고 예제처럼 할 수 있다.

예 2-18은 foo.example 호출할 영역의 데이터 파일이다.

예 2-18 foo.example 영역 데이터 파일

```
@    1d      IN    SOA    ns1.foo.example.    root.foo.example. (
     2019050800  ;     일련 번호
     1h          ;     갱신 간격
     15m         ;     재시도 간격
     7d          ;     만료 간격
     10m         ;     네거티브 캐싱 TTL
                 IN    NS    ns1.foo.example.
                 IN    NS    ns2.foo.example.
```

```
                       IN    MX  0  mail.foo.example.
                       IN    MX 10  mta.isp.net.
                       IN    A      192.168.1.1
                       IN    AAAA  2001:db8:42:1::1
www   5m               IN    CNAME  @

ns1                    IN    A      192.168.1.53
                       IN    AAAA  2001:db8:42:1::53
ns2                    IN    A      192.168.2.53
                       IN    AAAA  2001:db8:42:2::53

mail                   IN    A      192.168.1.25
                       IN    AAAA  2001:db8:42:1::25

_http._tcp.www    IN    SRV    0    0    80     foo.example.
_https._tcp.www   IN    SRV    0    0    443    foo.example.
```

영역 데이터 파일은 대부분 SOA 레코드와 함께 시작돼 영역의 정보를 제공한다. SOA 레코드는 foo.example 영역 데이터 파일의 출발지인 @에 부착된다.

두 NS 레코드는 foo.example, ns1.foo.example 및 ns2.foo.example에 대한 권한이 있는 DNS 서버를 지정한다. 이러한 NS 레코드는 주로 ns1 및 ns2 자체에서 NOTIFY 메시지를 보낼 위치를 결정하고 foo.example 영역에 동적 업데이트를 보낼 위치를 결정하는 소프트웨어에서 사용할 수 있다(실제로 foo.example ns1 및 ns2에 위임하는 예제 영역에 일치하는 NS 레코드 집합이 있다).

MX 레코드는 mail.foo.example를 지정하고, mta.isp.net과 foo.example로 주소가 지정된 이메일의 메일 교환기로 지정한다. 선호도를 감안할 때 mta.isp.net는 백업 메일 교환기일 수 있다.

foo.example에 대한 A 및 AAAA 레코드는 foo.example 웹 서버의 IPv4 및 IPv6 주소를 각각 가리킨다. foo.example에 A 및 AAAA 레코드를 직접 부착하면 사용자가 'http://www.foo.example/' 대신 'http://foo.example/'를 입력해 몇 번의 키 입력을 줄일 수 있다.

CNAME 레코드는 www.foo.example에서 foo.example로 별칭을 만든다. 이제 사용자는 'http://www.foo.example/' 또는 'http://foo.example/'을 입력하고 웹 서버에 도착할 수 있으며, DNS 관리자는 주소가 변경될 때에만 IPv4 또는 IPv6 주소를 편집해야 한다(별칭은 HTTP 이외의 프로토콜에 적용되므로 사용자는 someuser@www.foo.example에 메일을 보낼 수 있다).

다음 6개의 리소스 레코드는 ns1.foo.example, ns2.foo.example 및 mail.foo.example에 대한 IPv4 및 IPv6 주소를 제공한다. 분명히 foo.example의 네트워크 관리자는 네트워크를 이중으로 쌓는 데 필요한 작업을 수행했다.

마지막 두 레코드는 SRV에 정통한 웹 클라이언트를 foo.example로 안내하는 SRV 레코드다. 첫 번째 SRV 레코드는 HTTP 트래픽에 적용되는 반면 두 번째 레코드는 HTTPS에 적용된다. 대상 필드에는 www.foo.example가 아닌 foo.example가 포함돼 있으므로 SRV 레코드의 RDATA(또는 해당 문제에 대한 MX 레코드)에 나타나지 않아야 한다.

2장에서는 DNS 서버 및 해석기의 역할, DNS 네임스페이스의 구조, 다양한 리소스 레코드의 구문 및 의미를 포함해 도메인명 서버가 작동하는 방식의 좋은 개요를 살펴봤다. 3장에서는 CoreDNS 기반 DNS 서버 구성을 자세히 살펴보겠다.

3장

CoreDNS 구성

2장에서는 기본 DNS 이론을 다뤘다. 기본 DNS 이론은 3장에서 하는 CoreDNS 서버를 구성^{configure}하는 부분에 도움을 주기 위한 것이다.

CoreDNS는 Corefile이라는 구성 파일을 사용해 구성된다. CoreFile의 구문은 CoreDNS가 실제로 Caddy 코드를 사용해 구성을 구문^{syntax} 분석한다는 점을 감안할 때 Caddyfile의 구문을 따른다. 그렇게 설정하려면 첫 번째로 해야 할 것은 CoreDNS를 설치하는 것이다.

CoreDNS 설치

CoreDNS를 구성하고 첫 번째 Corefile을 작성하기 전에 OS를 실행할 수 있는 coredns 복사본이 필요하다. OS용 최신 버진의 CoreDNS 실행 파일을 찾는 가장 쉬운 방법은 coredns.io 웹사이트(https://coredns.io)에서 시작하는 것이다. 그림 3-1에 표시된 것처럼 다운로드 버튼으로 얻을 수 있다.

그림 3-1 coredns.io의 다운로드 메뉴

다운로드 메뉴를 클릭하면 그림 3-2와 같이 CoreDNS 설치 파일을 다운로드할 수 있는 Core
DNS GitHub 리포지터리^{repository}로 바로 이동한다.

그림 3-2 CoreDNS GitHub 리포지터리

자신의 CoreDNS 사본을 빌드하려면 페이지 하단에 있는 두 링크 중 하나에서 소스 코드(기본 설정에 따라 zip, tar 또는 GZIP)를 다운로드할 수 있다.[1] 그렇지 않으면 실행 중인 OS 및 실행 중인 프로세서에 적합한 파일을 선택한다. 가이드는 다음과 같다.

- 'Darwin'은 맥OS X이다.
- AMD, ARM, 64비트ARM, PowerPC, IBM S/390 등 다양한 프로세서를 위한 CoreDNS 빌드 버전이 있다.
- Windows는 마이크로소프트 윈도우가 있다.

파일을 다운로드한 후 .sha256이 추가된 파일명이 같은 체크섬checksum 파일을 다운로드한다. 첫 번째 파일을 같은 체크섬 프로그램을 실행해 SHA−256 체크섬을 생성한다. 예를 들어 맥OS X에서는 다음을 실행할 수 있다.

```
% shasum -a 256 coredns_1.4.0_darwin_amd64.tgz
```

리눅스Linux 운영체제에서는 sha256sum 프로그램을 사용할 수 있다.

결과를 .sha256 파일의 내용과 비교하고 일치하는지 확인한다. 그렇지 않을 때 다운로드가 손상돼 있을 수 있다.

파일이 올바르게 다운로드됐다는 것을 확인한 후, coredns 실행 파일을 추출할 수 있다. tar 및 gzip 파일은 다음과 같이 압축을 풀 수 있다.

```
% tar -zxvf coredns_1.4.0_darwin_amd64.tgz
x coredns
```

CoreDNS는 현재 작업 디렉터리로 추출된다. -version 옵션을 실행해 작동하는지 확인할 수 있다.

```
% coredns -version
CoreDNS-1.4.0
```

---

1 왜 그렇게 하고 싶은지, 또는 어떻게 해야 할지 궁금하다면 9장을 참조하기 바란다.

```
darwin/amd64, go1.12, 8dcc7fc
```

정상 설치됐으므로 아래와 같이 CoreDNS 구성으로 넘어간다.

CoreDNS 커맨드라인 옵션

CoreDNS에서 지원하는 명령어 옵션은 다음과 같다.

-conf

CoreDNS의 설정 파일의 경로를 지정한다. 기본값은 CoreDNS의 작업 디렉터리에 있는 Corefile이다.

-cpu

CoreDNS가 사용할 수 있는 최대 CPU 백분율을 지정한다. 기본값은 100%다. 백분율을 정수(예: '50') 또는 백분율(예: '50%')로 지정할 수 있다.

이 옵션은 더 이상 사용되지 않으며 최신 버전의 CoreDNS에서는 지원되지 않을 수 있다.

-dns.port

CoreDNS가 질의를 수신listen하는 포트를 지정한다. 기본적으로 표준 DNS 포트인 53번을 사용한다.

-help

여러 옵션 사항을 포함해 CoreDNS의 사용법을 표시한다.

-pidfile

CoreDNS 프로세스 ID를 작성하는 파일의 경로를 지정한다. 기본값은 없다.

-plugins

CoreDNS 실행 파일로 컴파일된 플러그인 목록을 표시한다. 직접 CoreDNS를 작성하지 않는 한, 모든 'in-tree' 플러그인이 포함된다.

-quiet

출력 내용을 생략한다.

-version

CoreDNS 버전을 출력한다.

로깅이 전송되는 위치를 제어할 수 있는 옵션은 없다. 이는 개발자 일부가 의도한 옵션이다. CoreDNS는 기본적으로 표준 출력으로 로깅되지만 로그 관리는 다른 소프트웨어로 수행된다.

지금부터는 CoreDNS를 실행할 때 최소한의 옵션 없이 실행한다. 이제 Corefile을 좀 더 자세히 살펴보겠다.

Corefile 구문

첫 번째 Corefile을 작성하기 전에 구문과 구조^{structure}를 살펴본다. Corefile은 하나 이상의 항목으로 구성되며, 이는 라벨과 정의^{definition}로 구성된다. 즉 예 3-1처럼 보여진다.

예 3-1 Corefile 예시

```
# 다음의 명시 방식을 ' 항목 ' 이라고 한다.
라벨 {
    정의
}
```

Corefile이 하나의 항목으로만 구성되지 않는 한, 항목의 정의는 CoreDNS에 각 항목의 경계를 표시하려면 중괄호로 묶어야 한다. 여는 중괄호({)는 라벨로 시작하는 라인의 끝에 나타나야 하며, 닫는 중괄호(})는 라인에 단독으로 나타나야 한다. 중괄호 내의 텍스트를 블록이라고 한다.

정의는 일반적으로 탭으로 들여쓰기가 되지만 필수는 아니다. 주석은 #로 시작해 라인 끝까지 확장된다.

경우에 따라 항목이 다중multiple 라벨로 시작되며 이때 예 3-2와 같이 라벨을 공백으로 구분할 수 있다.

예 3-2 또 다른 Corefile 예시

```
라벨1 라벨2 {
    정의
}
```

라벨 목록이 다중 라인에 걸쳐 너무 길면 마지막 라인을 제외한 모든 라벨이 예 3-3에서 설명한 대로 쉼표로 끝나야 한다.

예 3-3 긴 라벨 목록

```
라벨1, 라벨2,
라벨3, 라벨4,
라벨5 {
    정의
}
```

(같은 라인의 라벨과 마지막에 쉼표 사이의 공백을 사용할 수 있지만 그것은 이상한 방식이다.)

정의는 지시문과 선택 인수argument로 설정된다. 정의의 각 라인은 지시문으로 시작해 예 3-4에 표시된 것과 같이 0개 이상의 인수가 있다.

예 3-4 라벨, 지시문, 인수

```
라벨 {
    지시문1 인수1 인수2
    지시문2
```

```
    }
```

인수 목록이 다중 라인에 걸쳐 있을 때 지시문의 첫 번째 라인 끝에 여는 중괄호와 예 3-5에 명시된 대로 마지막 라인의 닫는 중괄호를 사용해 해당 블록을 묶어야 한다.

예 3-5 다중 라인 인수

```
라벨 {
    지시문1 인수1 인수2
    지시문2 {
        인수3
        인수4
    }
}
```

예 3-6에서 볼 수 있듯이 하위 지시문은 라인을 시작하는 한 지시문 내에 나타날 수 있다. 그리고 하위 지시문은 자신의 인수를 가질 수 있다.

예 3-6 하위 지시문 및 인수

```
라벨 {
    지시문1 인수1 인수2
    지시문2 {
        하위 지시문 인수3 인수4
        인수5
    }
}
```

하위 지시문은 새로운 중괄호로 구분된 블록을 시작할 수 없다.

다음으로 텍스트를 Corefile로 대체하는 편리한 방법인 환경 변수를 살펴보겠나.

환경 변수

Corefile에는 값으로 확장해 라벨, 지시문 또는 인수 또는 해당 변수의 일부가 되는 환경 변수에 대한 참조도 포함될 수도 있다. 예 3-7에서 설명한 대로 환경 변수명은 중괄호로 묶어야 한다.

예 3-7 Corefile에서 환경 변수 사용

```
라벨_{$환경_변수_1} {
    지시문 {$환경_변수_2}
}
```

윈도우 환경 변수 구문인 %환경_변수%를 사용할 수도 있지만 그 방식은 윈도우에서만 가능하다.

재사용 가능한 스니펫

Corefile에서 구성 절을 여러 번 다시 사용할 때 괄호 안에 스니펫에 대한 이름을 제공하고 예 3-8에 제시된 대로 중괄호로 스니펫 자체를 둘러싸서 재사용 가능한 스니펫(공식 이름)으로 정의할 수 있다.

예 3-8 재사용 가능 코드 조각

```
(스니펫1) {
    라벨1 {
        지시문1 인수1
        지시문2 인수2 인수3
    }
}
```

그런 다음 Corefile의 다른 부분에 스니펫을 삽입하려면 여기에 표시된 것처럼 스니펫(괄호 없이)의 이름으로 import 지시문을 사용한다.

```
    import 스니펫1
```

import

스니펫 가져오기 외에도 import 지시문을 사용해 파일을 가져올 수 있다. import는 예 3-9에 명시된 바와 같이 경로명 또는 Glob 패턴[2]을 인수(앞서 언급한 스니펫에 대한 참조 외)로 취할 수 있다.

예 3-9 디렉터리에서 파일 및 모든 파일 import

```
import common.conf
import config/*.conf
```

서버 블록

CoreDNS는 가장 일반적인 항목을 서버 블록이라고 한다. 서버 블록은 특정 포트 및 특정 프로토콜에서 수신된 특정 도메인명에 대한 질의가 처리되는 방식을 결정하는 구성인 CoreDNS 내의 서버를 정의한다. 가장 간단한 형식의 서버 블록 라벨은 예 3-10에 나와 있는 것과 같이 일부 질의 집합과 일치하는 도메인명일 뿐이다.

예 3-10 foo.example 서버 블록

```
foo.example {
    # 지시문을 여기에 작성
}
```

이 서버 블록은 foo.example에서 끝나는 도메인명에 대한 모든 질의에 적용된다(bar.foo.example에 적용되는 보다 구체적인 서버 블록이 없을 때). 모든 질의에 적용되는 서버 블록을 지정하려면 예 3-11에 나와 있는 대로 루트를 라벨로 사용한다.

예 3-11 루트 서버 블록

```
. {
    # 지시문을 여기에 작성
```

---

2   Glob 패턴은 와일드카드 문자를 사용해서 일정한 패턴을 가진 파일명을 지정하기 위한 패턴이다. - 옮긴이

```
}
```

지시문 집합이 다중 도메인에 공통은 예 3–12에 나와 있는 것과 같이 라벨 목록을 사용할 수 있다.

예 3-12 다중 도메인에 대한 서버 블록

```
foo.example bar.example {
    # 지시문을 여기에 작성
}
```

기본적으로 CoreDNS는 사용자 데이터그램 프로토콜^{UDP} 포트 53 및 전송 제어 프로토콜^{TCP} 포트(53) 표준 DNS 포트에서 수신 대기한다. 기본이 아닌 포트에서 수신 대기하도록 서버를 구성하려면 예 3–13에 나열된 도메인명 라벨 및 포트 번호에 따라 콜론(:)을 추가한다.

예 3-13 기본이 아닌 포트에서 수신 대기

```
.:1053 {
    # 지시문을 여기에 작성

}
```

마지막으로 기본적으로 CoreDNS는 전통적인 DNS와 비슷하다. 그러나 CoreDNS는 DNS over 전송 레이어 보안^{TLS, Transport Layer Security}, 일명 DoT 및 범용 원격 프로시저 호출^{gRPC, general-purpose Remote Procedure Call}을 통한 DNS를 사용할 수도 있다. 특정 도메인 또는 특정 포트로 DoT 또는 DNS over gRPC를 사용하도록 CoreDNS를 구성하려면 예 3–14에서 설명한 대로 도메인명 라벨 앞에 각각 `tls://` 또는 `grpc://` 접두사^{prefix}를 사용한다.

예 3-14 프로토콜 접두사 사용

```
tls://foo.example {
    # 지시문은 여기로 이동
}
grpc://bar.example {
    # 지시문은 여기로 이동
}
```

질의 처리

CoreDNS가 질의를 처리하는 방식은 DNS 서버 간에 다소 고유하다. BIND DNS 서버가 다중 뷰를 처리하는 방식과 유사하다.

CoreDNS가 질의를 받으면 Corefile을 검사해 해당 서버 블록을 찾는다. 서버 블록이 지정된 질의에 적용하려면 질의가 수신된 프로토콜^TLS(gRPC 또는 일반 바닐라^Plain-vanilla DNS) 포트와 질의의 도메인명이 라벨과 일치해야 한다. 질의의 도메인명이 다중 라벨과 일치할 때 가장 긴(구체적인) 일치 항목으로 선택된다. 예를 들어 예 3-15에서 해당 부분이 적용된 Corefile을 살펴보겠다.

예 3-15 Corefile 설정

```
# 첫 번째 항목
foo.example {
    # 지시문1
}
# 2번째 항목
tls://foo.example {
    # 지시문2
}
# 3번째 항목
bar.example {
    # 지시문3
}
# 4번째 항목
bar.example:1053 {
    # 지시문4
}
# 5번째 항목
. {
    # 지시문5
    # 지시문6
}
```

www.foo.example에 대한 포트 53(표준 DNS 포트)에서 수신된 질의가 첫 번째 항목과 일치하므로 지시문1이 적용된다. 반면에 대한 TLS 포트(853)로 기본 DNS에 TLS로 받은 질의는 2번째 항목과 일치하므로 지시문2가 적용된다. 포트 53에서 받은 bar.example에 대한 MX 레코드에 대한 질의는 3번째 항목과 일치하는 반면 포트 1053에서 수신될 때 4번째 항목과 일치한다. 마지막으로 foo.example 또는 bar.example에서 끝나지 않는 도메인명을 일반 DNS로 포트 53에서 수신된 질의는 5번째 항목과 일치하고 지시문5 및 지시문6에 적용된다.

그게 구문을 작성하는 방식이다. 이제는 각 작업별 플러그인을 알아보겠다.

플러그인

CoreDNS가 질의에 응답하는 방식을 제어하는 구성 지시문은 무엇인가? CoreDNS에서는 DNS를 구현하는 기능을 제공하는 플러그인이라는 소프트웨어 모듈이 있다.

이 절에서는 7개의 기본 플러그인을 다루며, 몇 개의 영역에 적합한 작업 DNS 서버를 설정하고, 전달기^{forwarder}를 사용하고, 전달기의 응답을 캐시할 수 있다. 이후의 장에서는 쿠버네티스의 인터페이스 역할을 하는 플러그인을 포함해 고급 플러그인을 다룬다.

다음은 이 절에서 다루는 플러그인 목록과 해당 기능의 목록이다.

root 플러그인

CoreDNS에 대한 작업 디렉터리를 설정한다.

file 플러그인

CoreDNS를 영역의 주 DNS 서버로 설정하고 파일에서 영역 데이터를 로드한다.

secondary 플러그인

CoreDNS를 영역의 보조 DNS 서버로 구성하고 마스터 DNS 서버에서 영역 데이터를 로드한다.

forward 플러그인

하나 이상의 전달기에게 질의를 전달할 CoreDNS를 구성한다.

cache 플러그인

질의에 대한 응답을 캐시하도록 CoreDNS를 구성한다.

errors 플러그인

에러를 기록하도록 CoreDNS를 구성한다.

log 플러그인

받은 각 질의를 로깅하도록 CoreDNS을 설정한다. 이것은 BIND의 질의 로깅과 비슷한 방식이다.

플러그인 순서가 고정됨

명확하지 않은 한 가지는 요청에 따라 플러그인이 작동하는 순서가 컴파일 시간에 고정된다는 점이다. 지시문이 서버 블록에 표시되는 순서는 중요하지 않다. 기본 빌드에 대한 순서는 https://github.com/coredns/coredns/blob/master/plugin.cfg를 참고하기 바란다.

다음으로 root 플러그인을 자세히 살펴본다.

root 플러그인

root 플러그인은 CoreDNS가 영역 데이터 파일을 찾을 것으로 예상되는 현재 작업 디렉터리(CoreDNS)를 지정한다. 예 3-16은 root 플러그인에 대한 구문을 보여 주고 있다.

예 3-16 root 플러그인

```
. {
    root /etc/coredns/zones
}
```

분명히 CoreDNS는 이 디렉터리의 파일을 읽을 수 있어야 한다. CoreDNS가 실제로 파일을 읽으려면 file 플러그인이 필요하다.

file 플러그인

file 플러그인은 서버 블록의 영역 또는 지정된 영역 목록에 대한 기본 DNS 서버로 설정한다. 기본 DNS 서버는 영역 데이터 파일의 영역을 설명하는 데이터를 로드하므로 파일은 영역 데이터 파일명을 인수로 사용한다. 예 3-17은 file 플러그인이다.

예 3-17 file 플러그인의 구문

```
file DBFILE [ZONES...] {
    transfer to ADDRESS...
    reload DURATION
}
```

ZONES가 생략되면 파일은 서버 블록에 지정된 영역의 영역 데이터 파일로 읽는다. 지정되면 ZONES는 서버 블록에 지정된 영역을 재정의한다. 그러나 ZONES는 서버 블록에 지정된 영역 내에 속하거나 서버가 해당 영역에 대한 질의를 수신하지 않아야 한다. 여러 영역이 단일 영역 데이터 파일을 공유할 때 해당 영역 데이터 파일에 상대 도메인명이 포함돼야 한다. 이에 대한 자세한 내용은 4장을 참조하기 바란다.

transfer to 하위 지시문은 영역의 '아웃바운드' 전송을 가능하게 한다(해당 DNS 서버에서 보조 DNS 서버로). 인수는 IPv4 주소, IPv6 주소, IPv4 또는 IPv6 네트워크가 CIDR^{Classless Inter-Domain Routing} 표기법 또는 '모든 IPv4 및 IPv6 주소'일 수 있다는 의미로 와일드카드(*)를 사용한다. CoreDNS는 대상 DNS 서버에 해당 영역에 대한 개별 IPv4 또는 IPv6 주소인 인수 변경 사항을 알린다.[3] 단일 file 지시문 내 하위 지시문에서 다중 transfer from 지시문을 사용할 수 있다.

---

3   DNS NOTIFY 메시지 사용.

reload 하위 지시문은 CoreDNS에 영역 데이터 파일을 주기적으로 확인해, 영역의 권한 시작^{SOA} 레코드의 일련 번호가 증가했는지 확인하도록 지시한다. 이때 CoreDNS는 영역을 다시 로드한다. 인수는 검사 시간 사이를 지정한다. 정수 다음에 's'를 몇 초 동안, 'm'을 몇 분동안, 'h'를 몇 시간 동안으로 사용한다. reload를 0으로 설정하면 정기적인 검사가 비활성된다.

예 3-18은 file 플러그인의 일부 예시를 제공한다.

예 3-18 file 플러그인

```
foo.example {
    file db.foo.example {
        transfer to 10.0.0.1
    }
}
. {
    file db.template.example bar.example baz.example {
        transfer to *
    }
}
```

이렇게 하면 간단한 기본 DNS 서버를 설정할 수 있다. 다음으로 secondary 플러그인을 알아본다.

secondary 플러그인

secondary 플러그인은 하나 이상의 영역에 대한 보조 DNS 서버로 CoreDNS를 구성한다. 영역을 지정하는 것은 file 플러그인과 동일한 방식으로 작동한다. 서버 블록에서 상속^{inherited}되거나 지시문에 대한 인수로 지정된다.

예 3-19는 secondary 플러그인의 구문을 나타낸다.

```
secondary [ZONES...] {
    transfer from ADDRESS
    transfer to ADDRESS
}
```

하위 지시문에서 transfer from 지시문이 하는 기능은 해당 영역을 전송할 마스터 DNS 서버의 IPv4 또는 IPv6 주소를 지정한다. CoreDNS가 2개 이상의 마스터 DNS 서버를 시도하려면 하위 지시문에서 다중 transfer from 지시문을 사용할 수 있다.

하위 지시문으로의 transfer to 지시문은 file 플러그인에서와 동일하게 작동해 CoreDNS에서 이 영역을 전송할 수 있는 보조 DNS 서버를 결정한다.

특히 CoreDNS 서버는 백업 영역 데이터 파일에 보조 영역에 대한 영역 데이터를 저장하지 않는다. 즉 CoreDNS가 다시 시작할 때마다 마스터 DNS 서버에서 모든 보조 영역을 전송해야 한다. CoreDNS는 증분 영역 전송IXFR, Incremental Zone Transfer을 지원하지 않으므로 이러한 전송에는 영역의 전체 내용이 포함돼 있다.

예 3-20에서는 secondary 플러그인 사용의 몇 가지 예를 제공한다.

예 3-20 secondary 플러그인

```
foo.example {
    secondary {
        transfer from 10.0.0.1
        transfer from 10.0.1.1
    }
}
. {
    secondary bar.example {
        transfer from 10.0.0.1
        transfer to *
    }
}
```

여기까지 권한이 있는 DNS 서버를 구성하는 데 필요한 모든 플러그인을 알아봤다. 다음으로 전달기를 구성하는 방법을 알아보겠다.

forward 플러그인

forward 플러그인은 2장에 설명된 전달기를 사용하도록 CoreDNS를 구성한다. 예 3-21은 forward 플러그인의 기본 구문을 보여 준다.

예 3-21 forward 플러그인의 구문

```
forward FROM TO...
```

질의가 FROM의 도메인명(예: 해당 도메인명으로 종료된다는 것을 말하는 도메인 내에 있을 때)과 일치할 때 CoreDNS는 TO에서 전달기로 지정된 DNS 서버에 질의를 전달한다. 전달기가 IP 주소로 지정되면 일반 DNS가 질의를 전달하는 데 사용된다. 전달기는 선택 항목의 라벨과 다소같은 프로토콜 접두사로 지정할 수 있다. 접두사 tls://는 TLS로 DNS 질의를 허용하는 전달기를 나타내고 dns://는 기존 DNS 전달기를 나타낸다. 최대 15개의 전달기를 구성할 수 있다.

예 3-22는 forward 플러그인의 예시다.

예 3-22 forward 플러그인

```
# foo.example에 대한 질의를 10.0.0.1로 전달
foo.example {
    forward foo.example 10.0.0.1
}
# TLS로 Google Public DNS에 다른 모든 질의 전달
. {
    forward . tls://8.8.8.8 tls://8.8.4.4
}
```

CoreDNS는 대역 내 메커니즘을 사용해 전달기의 상태를 확인해 각 전달기에게 0.5초마다 루트에 대한 NS 레코드에 대한 재귀 질의를 보낸다. 이 프로브는 전달기에 지정된 전송으로 전달되므로 예 3-22에서 일반 DNS를 10.0.0.1로 전송하고 DoT를 8.8.8.8 및 8.8.4.4에 사용할 수 있다. 전달기가 응답하는 한 NXDOMAIN[Non-eXistent Domain4]과 같은 부정적 응답이나 SERVFAIL[5]과 같은 DNS 오류가 있더라도 CoreDNS는 이를 정상으로 인식한다. 전달기가 응답하지 못하거나 빈 응답으로 두 번 연속으로 응답하지 않으면 상태가 비정상[unhealthy]으로 표시된다. 어떤 이유로든 모든 전달기의 상태가 비정상인 것처럼 보일 때 CoreDNS는 상태 확인 메커니즘 자체가 실패했으며 무작위[randomly]로 선택된 전달기를 질의한다.

forward 플러그인은 예 3-23에 제시된 확장된 구문으로 상태 검사 등을 제어할 수 있다.

예 3-23 forward 플러그인 구문

```
forward FROM TO... {
    except IGNORED_NAMES...
    force_tcp
    prefer_udp
    expire DURATION
    max_fails INTEGER
    health_check DURATION
    policy random|round_robin|sequential
    tls CERT KEY CA
    tls_servername NAME

}
```

except 하위 지시문을 사용하면 전달해서는 안 되는 FROM에 지정된 도메인의 하위 도메인을 지정할 수 있다.

일반적으로 CoreDNS는 동일한 프로토콜을 사용해 질의를 수신하는 질의를 전달한다. 즉 UDP에 대한 질의를 수신할 때 CoreDNS는 UDP로 전달되지만 TCP에 대한 질의를 받으면 TCP를 사용해 전달된다. force_tcp는 CoreDNS가 UDP 위에 도착하더라도 TCP로 전달기에게 질의를 전달하도록 지시하는 반면, prefer_udp는 이러한 질의가 TCP로 도착하더

---

4   질의한 도메인 네임은 전혀 존재하지 않음을 의미한다. – 옮긴이

5   서버가 일부에 대해 올바르게 응답할 수 없음을 의미한다. – 옮긴이

라도 CoreDNS를 UDP로 전달하도록 지시한다.[6] 예를 들어 질의에서 TCP를 사용하도록 강제하면 캐시 정보 위/변조$^{Cache\ poisoning\ attack}$에 대한 방어가 향상되도록 하거나 방화벽 규칙을 보다 쉽게 만들어 해당 트래픽을 허용할 수 있다.

`max_fails`는 CoreDNS가 전달기를 다운으로 간주하기 전에 실패해야 하는 연속 상태 검사 수다. 기본값은 2다. `max_fails`를 `0`으로 구성하려면 CoreDNS가 전달기를 다운으로 표시하지 말도록 지시한다. `health_check` 전달기에게 상태 확인을 보내는 기간을 설정한다. 기본값은 0.5초다.

효율을 높이려고 CoreDNS는 TCP 및 TLS 연결을 전달기에게 재사용한다. 만료된 하위 지시문은 CoreDNS가 캐시된 연결을 만료하기 전에 기다릴 때까지 얼마나 오래 걸리는지 제어한다. 기본값은 10초다.

`policy` 하위 지시문은 다중 전달기가 질의되는 순서를 제어한다.

- `random` 방식은 전달기를 선택한다.
- `round_robin` 방식은 라운드로빈 방식으로 질의하는 최초의 포워드를 선택한다. 예를 들어 전달기가 1번째 질의는 10.0.0.1, 10.0.1.1, 10.0.2.1에 나열될 때 CoreDNS는 먼저 10.0.0.1로 전달돼 응답이 없을 때 10.0.1.1로 다시 떨어진다. 다음 질의는 CoreDNS는 먼저 10.0.1.1로 전달한 다음 필요할 때 10.0.2.1로 다시 떨어진다. 상태가 비정상인 전달기는 건너뛴다.
- `sequential` 방식은 항상 전달기가 나열된 순서대로 전달기를 사용한다. 예를 들어 전달기가 각 질의를 10.0.0.1, 10.0.1.1, 10.0.2.1에 나열될 때 CoreDNS는 먼저 10.0.0.1로, 다음 10.0.1.1로, 다음 10.0.2.1로 전달한다. 다시 말하지만 상태가 비정상인 전달기는 건너뛴다.

CoreDNS에 대한 도메인명을 해결하려고 전달기를 요청하고 즉시 응답^{response}이 손실되는

---

6 전달된 UDP 질의가 단절된 응답을 유발하면 CoreDNS는 TCP로 질의를 재시도한다.

것인가? 다행히 CoreDNS는 응답을 캐시할 수 있다.

cache 플러그인

cache 플러그인은 캐싱을 제어(대기)한다. 각 서버에는 서버 블록에서 설정하는 자체 캐시 구성이 있을 수 있다. 예 3-24는 cache 플러그인의 기본 구문을 보여 준다.

```
cache [TTL] [ZONES...]
```

cache 플러그인의 간단한 존재는 CoreDNS가 최대 1시간 또는 3,600초 동안 모든 소스(다른 DNS 서버 및 쿠버네티스와 같은 백엔드 포함)의 데이터를 캐시하도록 지시한다. 네거티브 응답은 최대 1,800초 동안 캐시된다. CoreDNS는 레코드의 라이브 시간^{TTL} 값과 네거티브 응답을 더 긴 TTL로 잘라내면 이를 캐싱하기 전에 최대로 다듬는다. TTL을 사용하면 초 단위로 다른 최대 TTL을 구성할 수 있다.

캐시가 적용되는 영역을 지정하는 것은 file 플러그인과 동일한 방식으로 작동된다. 서버 블록에서 상속되거나 지시문에 대한 인수로 지정된다.

예 3-25는 cache 플러그인 사용의 몇 가지 예를 제공한다.

```
# 최대 600초 동안 10.0.0.1에서 받은 foo.example에 대한 캐시 데이터
foo.example {
    forward . 10.0.0.1
    cache 600
}
# 8.8.8.8 또는 8.8.4.4에서 받은 bar.example에 대한 캐시 데이터
. {
    forward . 8.8.8.8 8.8.4.4
    cache 3600 bar.example
}
```

cache는 캐싱에 대한 더 많은 제어가 필요할 때 예 3-26에 표시된 것처럼 세 가지 선택 하위
지시문을 지원한다.

예 3-26 cache 플러그인의 전체 구문

```
cache [TTL] [ZONES...] {
    success CAPACITY [TTL] [MINTTL]
    denial CAPACITY [TTL] [MINTTL]
    prefetch AMOUNT [DURATION] [PERCENTAGE%]
}
```

success 하위 지시문은 '포지티브^{positive}' 캐싱(예: 레코드 캐싱)에 대한 보다 세분화된 제어를
제공한다. CAPACITY은 CoreDNS가 캐시하는 최대 패킷 수다. 기본 용량은 9,984패킷이며
최소 구성 CAPACITY는 1,024다. CAPACITY은 256까지 균등하게 나눌 수 있는 정수여야 한다.
TTL은 캐시의 최대 TTL을 재정의하고 MINTTL은 캐시의 최소 TTL을 재정의하며, 기본적으
로 5초다.

denial 하위 지시문은 success와 동일한 종류의 제어를 제공하지만 '네거티브' 캐싱('해당 도
메인명 없음$^{No\ such\ domain\ name}$'과 같은 네거티브 응답 캐싱)을 제공한다. 설정된 CAPACITY에 도달하
면 이전 항목은 캐시에서 임의로 제거된다.

마지막으로 prefetch 하위 지시문을 사용하면 캐시된 데이터의 프리페칭을 제어할 수 있다.
일부 캐시된 데이터는 너무 자주 검색돼 CoreDNS가 캐시에서 오래 저장되기 전에 다시 조
회하는 것이 합리적이다. 이를 '프리페칭'이라고 한다. 기본적으로 프리페치는 해제돼 있다.
prefetch 하위 지시문으로 활성화할 때, AMOUNT 질의가 DURATION 간의 간격 없이 지정된
캐시된 응답을 수신할 때 CoreDNS는 캐시된 응답의 TTL이 원래 값의 PERCENTAGE에 도
달한 후 다시 응답을 찾아보려고 한다. DURATION은 기본적으로 1m(1분)이며 PERCENTAGE는
10%다. PERCENTAGE 값은 정수여야 하며 % 기호가 뒤따른다.

다음 절에서는 CoreDNS으로 생성된 에러 메시지를 다룰 예정이다.

errors 플러그인

errors 플러그인은 CoreDNS에 서버 블록 내에서 질의 처리 중에 발생한 에러를 기록하도록 지시한다. 에러는 표준 출력으로 전송된다. 기본 구문은 예 3-27에 표시된다.

예 3-27 errors 플러그인의 구문

```
errors
```

예 3-28은 errors 플러그인의 작동 방식을 명시한다.

예 3-28 errors 플러그인

```
foo.example {
    file db.foo.example
    errors
}
. {
    forward . 8.8.8.8 8.8.4.4
    cache 3600
    errors
}
```

에러가 로깅되는 방법과 시기를 보다 많이 제어하려고 예 3-29와 같이 consolidate 하위 지시문이 있다.

예 3-29 errors 플러그인의 전체 구문

```
errors {
    consolidate DURATION REGEXP
}
```

지정되면 consolidate 하위 지시문으로 CoreDNS가 DURATION 내 REGEXP와 일치한 요약 메시지를 기록할 만큼 많은 에러 메시지를 수집하게 된다. 2개 이상의 오류 메시지를 통합하려면 다중 consolidate 하위 지시문을 사용해야 한다. 예 3-30에 제공된 errors 플러그인을 살펴보기 바란다.

```
.  {
    forward . 8.8.8.8 8.8.4.4
    cache 3600
    errors {
        consolidate 5m ".* timeout$"
        consolidate 30s "^Failed to .+"
    }
}
```

이로 인해 CoreDNS는 각각 5분 30초마다 시간 초과 및 실패 메시지를 통합해 다음과 같은 통합 메시지를 생성하게 된다.

'^failed to .+'와 같은 3개의 오류가 지난 30초 전에 발생함

성능을 향상시키려면 정규식 ^ 또는 $를 사용하는 것이 좋다.

경우에 따라 에러 외에도 처리하는 질의와 같이 CoreDNS가 수행할 대상을 알고 싶을 때가 있다. 이것을 확인하고자 할 때 log 플러그인을 사용한다.

log 플러그인

log 플러그인은 CoreDNS에 모든 질의(응답의 일부 부분)에 대한 정보를 표준 출력으로 덤프하도록 지시한다. errors 플러그인처럼 예 3-31에서 볼 수 있듯이 log 플러그인의 기본 형식은 매우 간단하다.

예 3-31 log 플러그인

```
log
```

인수가 없으면 CoreDNS가 받은 모든 요청을 표준 출력에 대한 질의 로그 항목을 작성하게 된다. 예 3-32는 로그 예시를 명시한다.

예 3-32 질의 로그 출력 예시

```
2019-02-28T19:10:07.547Z [INFO] [::1]:50759 - 29008 "A IN foo.example. udp 41 false 4096"
```

```
NOERROR qr,rd,ra,ad 68 0.037990251s
```

log 플러그인은 로깅된 내용과 로깅 형식을 모두 제어할 수 있다. 예 3-33은 확장된 구문을 나타낸다.

예 3-33 log 플러그인의 구문

```
log [NAMES...] [FORMAT]
```

NAMES는 로깅해야 하는 도메인명을 지정한다. 지정된 도메인의 모든 도메인명(예: 지정된 도메인명으로 끝나는 모든 도메인명)이 로깅된다.

FORMAT는 로그 메시지의 형식을 지정한다. 예 3-34는 기본값을 표시하지만 CoreDNS를 사용하면 질의에서 로깅할 필드를 지정할 수 있다.

{type}

질의의 형식

{name}

질의의 도메인명

{class}

질의의 클래스

{proto}

질의가 수신된 프로토콜(UDP 또는 TCP)

{remote}

질의가 수신된 IP 주소. IPv6 주소는 둘러싸여 있다(예: [::1]).

{local}

질의가 수신된 서버의 IP 주소. IPv6 주소는 괄호 안에 나타난다.

{size}

질의의 크기로, 바이트 단위로 명시

`{port}`

질의가 수신된 포트

`{duration}`

응답의 '시간'(질의를 처리하고 응답하는 데 걸린 시간)

`{rcode}`

응답의 응답 코드(RCODE)

`{rsize}`

압축되지 않은 기본 응답 크기

`{>rflags}`

응답 헤더header에 설정된 플래그flag

`{>bufsize}`

질의에 명시된 DNS 확장 메커니즘EDNS0, Extension Mechanisms for DNS 버퍼 크기

`{>do}`

DNS 보안 확장DNSSEC, Domain Name System Security Extensions OK(DO)가 있지만 질의에서 설정됐는지 여부

`{>id}`

질의 ID

`{>opcode}`

질의 연산 코드(OPCODE)

`{common}`

공통 로그 형식(기본값)

`{combined}`

공통 로그 형식과 질의 opcode(`{>opcode}`) 합산

예 3-34에는 이러한 필드의 관점에서 기본 로그 형식이 표시된다.

```
{remote}:{port} - {>id} "{type} {class} {name} {proto} {size} {>do} {>bufsize}" {rcode} {>rflags}
{rsize} {duration}
```

기록된 응답 클래스를 제어할 수도 있다. CoreDNS는 네 가지 클래스를 인식한다.

success

    모든 성공적인 응답 포함

denial

    모든 네거티브 응답 포함(도메인명 및 데이터 없음)

error

    서버가 실패하고 구현되지 않은 형식 오류 및 거부된 오류를 포함

all

    세 가지의 서로 다른 클래스 모두를 포함

예 3-35에는 클래스 지정에 대한 구문이 나열돼 있다.

```
log [NAMES...] [FORMAT] {
    class [CLASSES...]
}
```

예 3-36은 log 플러그인의 몇 가지 샘플을 제시한다.

```
foo.example {
    file db.foo.example
    errors
    log {
        class success denial
```

```
        }
    }
    bar.example {
        file db.bar.example
        errors
        log
    }
    # 없어진 baz.example 도메인에서 검색을 수행하는 로그 클라이언트
    . {
        forward . 8.8.8.8 8.8.4.4
        errors
        log baz.example "Client: {remote}, query name: {name}"
    }
```

여기까지가 각 플러그인별 설명이고, 이제부터는 다중 플러그인에 공통 구성 옵션을 다룰 예정이다.

공통 설정 옵션

여러 가지 플러그인에서 볼 수 있는 몇 가지 일반적인 설정 옵션이 있다. CoreDNS 개발자는 동일한 작업을 수행하는 플러그인 옵션이 플러그인 간에 일관된 방식으로 작동하도록 특별한 노력을 기울인다.

질의 처리가 한 플러그인에서 다른 플러그인으로 전달될 때 제어하는 데 사용하는 fallthrough로 시작한 다음 클라이언트 측 TLS를 구성하는 데 사용하는 tls를 다룬다.

fallthrough

일반적으로(이 옵션 없이) 플러그인에 영역에 대한 권한이 부여될 때 해당 영역의 모든 질의에 대한 응답을 제공한다. 요청된 이름이 없으면 DNS 응답 코드 NXDOMAIN[Non-Existent Domain]을 반환한다. 이름이 있지만 지정된 형식의 데이터가 없을 때 잘못된 대답(NODATA라고도 함)을 반환한다(실제 응답 코드는 아니지만 NODATA라고도 함). 그러나 경우에 따라 질의에 응답할 수 있는 다른 플러그인을 제공할 수 있다. 이것이 바로 `fallthrough` 옵션이 하는 일이다.

이 옵션은 여러 플러그인에 표시되며 필요에 따라 다른 플러그인에 추가할 수 있다.

tls

tls 옵션을 사용하면 클라이언트 측 TLS 인증서^{certificate}를 구성할 수 있다. 따라서 CoreDNS는 쿠버네티스와 같은 외부 시스템과의 보안 통신을 시작할 수 있도록 한다. CoreDNS 서버의 TLS 인증서를 구성하는 데 사용하는 **tls** 플러그인과 혼동하면 안 된다. 이 옵션은 0~3개의 인수를 가질 수 있다.

`tls`

매개 변수가 없으면 TLS 클라이언트는 시스템에 설치된 표준 인증 기관^{CAs, Certificate Authorities}을 사용해 서버의 클라이언트 인증서를 확인해야 한다.

`tls  CERT-FILE KEY-FILE`

이렇게 하면 제공된 클라이언트 인증서가 서버에 표시된다. 서버에 설치된 표준 인증서 기관을 사용해 서버 인증서가 확인된다.

`tls  CERT-FILE KEY-FILE CA-FILE`

이렇게 하면 제공된 클라이언트 인증서가 서버에 표시된다. 서버 인증서는 CA-FILE의 인증서를 사용해 확인된다.

transfer to

하위 지시문으로의 **transfer to** 지시문을 사용하면 영역의 'outbound' 전송(이 DNS 서버에서 보조 DNS 서버로)을 전송할 수 있다. 인수는 IPv4 주소, IPv6 주소, CIDR 표기법의 IPv4 또는 IPv6 네트워크 또는 '모든 IPv4 및 IPv6 주소'를 의미하는 와일드 카드(*)를 사용할 수 있다.

개별 IPv4 또는 IPv6 주소인 인수할 때 CoreDNS는 해당 DNS 서버에 해당 영역에 대한 변경 사항을 알린다.

이제 몇 가지 플러그인 실제 구성을 설명할 예정이다.

DNS 서버 구성 예시

이러한 몇 가지 플러그인도 유용한 기능을 수행하려면 CoreDNS를 설정하는 Corefile에 결합할 수 있다. 캐싱 전용 DNS 서버, 주 DNS 서버, 보조 DNS 서버의 구성을 나타내는 세 가지 Corefiles를 살펴보겠다.

캐싱 전용 DNS 서버

예 3-37은 캐싱 전용 DNS 서버에 대한 Corefile을 제공한다. 캐싱 전용 DNS 서버는 도메인명을 조회할 수 있지만 모든 영역에는 적합하지 않다. 자주 검색되는 리소스 레코드의 로컬 캐시를 제공하기 때문에 사용량이 많은 서버에서 유용하다.

캐싱 전용 DNS 서버의 설정은 매우 간단하다. forward 플러그인을 사용해 CoreDNS에 어떤 전달기가 사용할지(아직 자체적으로 재귀할 수 없기 때문에) 그리고 cache 플러그인을 사용해 CoreDNS가 수신하는 응답을 캐시하도록 지시한다. 또한 에러와 나중에 문제를 진단하는 데 도움이 되는 log 플러그인을 사용한다.

예 3-37 캐싱 전용 DNS 서버의 Corefile

```
. {
    forward . 8.8.8.8 8.8.4.4
    cache
    errors
    log
}
```

주 DNS 서버

간단한 주 DNS 서버를 사용해 하나 또는 몇 개의 영역을 호스트할 수 있다. 주 DNS 서버의 Corefile은 캐싱 전용 DNS 서버보다 약간 더 복잡하지만 내용은 많지 않다. foo.example 에 대한 항목을 사용한다. 이 DNS 서버가 기본 영역이 될 영역은 주 영역으로, root 플러그 인을 사용해 영역 데이터 파일을 넣을 디렉터리를 CoreDNS에 지정한다(그렇지 않을 때 단일 주 영역은 큰 문제가 아닌 영역 데이터 파일에 전체 경로명을 지정해야 한다). 그런 다음 file 플러그인 을 사용해 DNS 서버를 영역의 기본으로 설정하고 db.foo.example 영역 데이터 파일명을 지정한다. 또한 errors를 사용하고 log 플러그인을 사용해 영역을 로드하는데 문제가 있을 때 알리고 foo.example에서 수신하는 질의를 각각 로깅한다.

일부 DNS 서버는 권한이 있고 재귀적인 DNS 서버로 이중 역할[double-duty]을 수행한다. 이 중 하나는 예 3-38에 표시된 항목과 같은 항목이 필요하므로 전달기 및 cache 플러그인을 지정 한다.

예 3-38 주 DNS 서버의 Corefile

```
foo.example {
    root /etc/coredns/zones
    # CoreDNS로 어떤 디렉터리를 찾을지 명시.
    file db.foo.example
    errors
    log
}

# DNS 서버가 재귀 질의를 처리하려면 다음의 항목이 필요하다. 권한이 있을 때 생략할 수 있다.

. {
    forward 8.8.8.8 8.8.4.4
    cache
    errors
    log
}
```

보조 DNS 서버

보조 DNS 서버는 권한이 있는 영역의 질의에 대한 권한이 있는 응답을 제공하지만 해당 영역은 다른 DNS 서버에서 다른 곳에서 관리된다. 보조 영역의 질의에 대한 로컬 응답 소스를 제공해 이러한 질의를 다른 DNS 서버로 보낼 필요가 없으므로 유용하다.

예 3-39에서 알 수 있듯이 보조 DNS 서버의 Corefile은 주 DNS 서버의 Corefile과 유사하지만, 보조 영역 bar.example에 대한 항목을 추가하며, 마스터 DNS 서버의 IP 주소를 지정하려고 하위 지시문에서 필요한 `transfer from` 지시문을 사용한다. 이번에는 `errors`와 `log` 플러그인을 반복적으로 사용하기 때문에 둘 다 대체할 `logerrors`라는 재사용 가능한 스니펫을 정의한다.

예 3-39 보조 DNS 서버의 Corefile

```
(logerrors) {
    errors
    log
}

bar.example {
    transfer from 10.0.0.1
    import logerrors
}

# 주어진 DNS 서버는 일부 영역에서는 보조 서버일 수 있지만 다른 영역에서는 주 서버일 수 있다.

foo.example {
    file db.foo.example
    root /etc/coredns/zones
    import logerrors
}

# DNS 서버가 재귀 질의를 처리하려면 아래와 같이 설정

. {
    forward 8.8.8.8 8.8.4.4
```

```
    cache
    import logerrors
}
```

물론 CoreDNS로 구현할 수 있는 DNS 서버 설정 중 몇 가지 설정에 불과하다. 4장에서 더 많은 것을 다룰 예정이다.

3장에서는 Corefile의 구문과 7개의 기본 플러그인을 사용해 유용한 기능을 수행하는 방법을 포함, CoreDNS를 설정하는 방법에 대한 전반적인 방법을 소개했다. 4장에서는 CoreDNS로 영역 데이터를 관리하고 제공하는 방법을 다룰 예정이다.

4장

영역 데이터 관리

BIND와 같은 기존 DNS 서버를 사용하면 관리자는 일반적으로 기본 영역 데이터를 파일로 관리한다. 최근에는 DNS 서버가 데이터베이스와 같은 다른 소스에서 기본 영역 데이터 로드를 지원하기 시작했다.

CoreDNS는 영역 데이터를 관리하는 다양한 방법을 지원한다. 일부는 영역 데이터 파일과 같이 DNS 관리자에게 매우 친숙할 수 있으며 일부는 Git 사용과 같이 더 현대적이고, 일부는 완전 복고적(호스트 테이블)일 수 있다. 4장에서는 언급한 내용을 모두 다룬다.

이러한 옵션은 관리자에게 유연성을 제공하고 경우에 따라 영역 데이터를 관리하는 데 사용하는 메커니즘의 고급 기능을 제공한다. 예를 들어 호스트 테이블은 전체 영역 데이터 파일을 만들고 유지하는 오버헤드 없이 이름 대 주소 및 이름 대 이름 매핑을 추가하는 간단한 방법을 제공한다. 반면 Git은 분산 버전 제어 기능을 제공한다.

영역 데이터 파일을 지원하는 `file` 플러그인부디 시작해 보겠다. `file` 플러그인은 실제로 3장에서 다뤘지만 4장에서 더 자세히 설명할 예정이다.

file 플러그인

영역 데이터 파일을 관리하는 경험이 있는 관리자에게 **file** 플러그인은 CoreDNS가 제공하는 가장 친숙한 메커니즘일 것이다. 파일은 하나 이상의 영역에 대한 기본 DNS 서버로 CoreDNS를 구성한다. 가장 간단한 형태로 파일 플러그인은 예 4–1에 표시된 구문을 취한다.

예 4-1 단순 file 플러그인 구문

```
file DBFILE [ZONES...]
```

DBFILE은 리소스 레코드가 포함된 영역 데이터 파일이다. **DBFILE**을 전체 경로 이름으로 또는 상대 경로 이름으로 지정할 수 있다. 상대 경로 이름은 root 지시문으로 설정된 모든 경로에 따라 해석된다.

ZONES은 **DBFILE**의 리소스 레코드에 설명된 하나 이상의 영역의 선택 목록이다. **ZONES**가 생략되면 CoreDNS는 구성 블록의 영역을 사용한다.

예 4–2는 **file** 플러그인의 간단한 예를 제시하고, 예 4–3은 참조하는 영역 데이터 파일을 나타낸다.

예 4-2 file 플러그인

```
foo.example {
    file db.foo.example
}
```

예 4-3 db.foo.example 영역 데이터 파일

```
@ 3600 IN SOA ns1.foo.example. root.foo.example. (
  2019041900
  3600
  600
  604800
  600 )
  3600 IN NS ns1.foo.example.
```

```
    3600 IN NS ns2.foo.example.

ns1     IN A 10.0.0.53
        IN AAAA 2001:db8:42:1::53
ns2     IN A 10.0.1.53
        IN AAAA 2001:db8:42:2::53
www     IN A 10.0.0.1
        IN AAAA 2001:db8:42:1:1
```

db.foo.example 영역 데이터 파일의 리소스 레코드는 모두 상대 도메인명(예: ns1 및 www 대신 점dot으로 종료 된 완전히 정규화된 도메인명)에 첨부되므로 예 4-4에 표시된 대로 여러 영역을 설명하려고 파일을 로드할 수 있다.

예 4-4 여러 영역에 대한 단일 영역 데이터 파일 사용

```
. {
    file db.foo.example foo.example bar.example
}
```

예를 들어 foo.example 및 bar.example의 내용이 동일하길 원할 때 www.foo.example 및 www.bar.example를 모두 IPv4 주소 10.0.0.1로 매핑하도록 한다고 가정한다.

또한 file 플러그인은 예 4-5에서 설명한 대로 영역을 전송할 수 있는 DNS 서버와, 변경 영역에 대한 영역 데이터 파일을 확인하는 빈도를 지정할 수 있는 보다 광범위한 구문을 지원한다.

예 4-5 file 플러그인 상세 구문

```
file DBFILE [ZONES... ] {
    transfer to ADDRESS...
    reload DURATION
    upstream [ADDRESS...]
}
```

transfer 지시문이 없으면 CoreDNS는 file 플러그인으로 설명된 영역 또는 영역의 영역 전송을 허용하지 않는다. 특정 보조 DNS 서버에 NOTIFY 메시지를 보내고, 해당 보조 서버

로 영역 전송을 허용하려면 보조 DNS의 IP 주소를 지정한다. 여러 보조 DNS 서버는 단일 transfer 지시문에 IP 주소를 나열하거나 여러 지시문을 사용할 수 있다. 또한 해당 네트워크의 모든 IP 주소에서 영역 전송을 허용하도록 CIDR 표기법으로 네트워크를 지정하거나 예 4-6에 표시된 대로 어디서나 영역 전송을 허용할 수 있다.

예제 4-6 file 플러그인

```
foo.example {
    file db.foo.example {
        transfer to 10.0.1.53
        transfer to *
    }
}
```

reload하면 CoreDNS가 영역 데이터 파일을 확인하는 빈도를 지정해 권한 시작^{SOA} 레코드의 일련 번호가 변경됐는지 여부를 확인할 수 있다. CoreDNS가 새 일련 번호를 감지하면 파일을 리로드하고(하나 이상의 영역으로) transfer 지시문에 지정된 보조 DNS 서버로 NOTIFY 메시지를 보낸다. 기본 reload는 1분이며 0을 설정해 주기적인 검사를 비활성화한다. 유효한 값으로 's'는 몇 초 동안, 'm'은 몇 분 동안, 'h'는 몇 시간 동안으로 숫자 뒤에 붙인다. 예를 들어 30s는 30초 동안을 의미한다.

일부 영역의 주 DNS 서버로 CoreDNS를 구성할 때 file 플러그인은 괜찮다. 그러나 CoreDNS가 수백 개의 영역의 주 DNS가 되기를 원한다면 어떨까? 이때는 auto 플러그인을 사용한다.

auto 플러그인

auto 플러그인은 여러 영역 데이터 파일에서 한 번에 많은 수의 영역을 로드하는 영리한 방법을 제공한다. 이렇게 하면 Corefile의 길이와 복잡성이 최소화되고 CoreDNS를 새 영역의 기본으로 자동으로 구성할 수 있다. 예 4-7은 구문을 나타낸다.

```
auto [ZONES...] {
    directory DIR [REGEXP ORIGIN_TEMPLATE]
    transfer to ADDRESS...
    reload DURATION
}
```

패턴^{pattern} **db***와 일치하는 파일에 대한 디렉터리를 스캔하려면 CoreDNS에 **auto** 구문을 검사한다. 각 파일은 원본이 db를 따르는 영역 데이터 파일로 해석된다. 해당 출발지는 지정될 때 **ZONES**에 나열된 영역 또는 영역 내에 있어야 한다.

디렉터리 /etcd/coredns/zone에는 영역 foo.example 및 bar.example를 각각 설명하는 영역 데이터 파일 db.foo.example 및 db.bar.example가 포함돼 있다고 가정해 본다. 예 4-8에 표시된 **auto** 플러그인은 CoreDNS에 전체 디렉터리를 읽고 해당 파일에서 foo.example 및 bar.example 영역을 로드하도록 지시한다.

예제 4-8 auto 플러그인

```
auto example {
    directory /etc/coredns/zones
}
```

또한 /etc/coredns/zones에 적절하게 이름이 지정된 새 영역 데이터 파일을 작성해 다른 영역(예시 도메인 아래)을 만들 수 있다.

또한 디렉터리에서 찾을 CoreDNS에 대한 **db.*** 외에 정규식을 지정하고 파일 이름에서 출발지(영역 이름)를 만드는 방법에 대한 CoreDNS 지침^{instruction}을 제공할 수도 있다. 예를 들어 영역 데이터 파일 <domain>.zone의 이름을 지정할 때 예 4-9에 제시된 **auto** 플러그인을 사용할 수 있다.

예 4-9 또 다른 auto 플러그인

```
auto example {
    directory /etc/coredns/zones (.*)\.zone {1}
}
```

정규식^{regex}은 본질적으로 Perl 캡처 그룹이 포함 된 것으로 예상된다. '.*' 괄호는 파일 이름의 출발점을 포함하는 부분(이는 .zone 이전의 모든 항목)을 보여 준다. {1}은 정규식 부분에 대한 역참조^{backreference}이다. 물론 두 번째 캡처 그룹 {2} 등 다른 역참조를 사용할 수 있다.

마지막으로 `file` 지시문 `transfer`, `reload` 및 `upstream`을 사용해 DNS 서버가 이러한 영역의 영역 전송을 수행할 수 있는 DNS 서버(CoreDNS에서 NOTIFY 메시지 수신), 수정된 영역 데이터 파일을 디렉터리를 스캔하는 빈도, 외부 도메인명을 해석^{resolve}하는 데 사용할 DNS 서버를 제어할 수 있다.

Git과 auto 플러그인 사용

Git 분산 버전 제어 시스템의 고급 사용자는 Git 리포지터리에서 디렉터리로 영역 데이터 파일을 주기적으로 끌어당기는 git-sync(https://github.com/kubernetes/git-sync)와 같은 스크립트와 auto 플러그인을 쉽게 결합할 수 있다. 그런 다음 CoreDNS는 디렉터리를 검사하고 새 영역과 수정된 영역을 로드한다. Git을 사용하면 여러 관리자가 버전 제어 영역 데이터 파일 집합을 공동으로 관리해, 관리자가 영역 데이터에 대한 변경 내용을 추적할 수 있다.

git-sync는 컨테이너로 구현된다. 다음은 예 4-10에서 설명한 대로 GitHub 리포지터리를 git-sync로 주기적으로 검사해 GitHub 리포지터리를 검사하는 예시다.

예 4-10 git-sync 작업

```
docker run -d \
    -v /etc/coredns/zone:/tmp/git \
    registry/git-sync \
      --repo=https://github.com/myzonedata
      --branch=master
      --wait=30
```

이 명령은 git-sync 컨테이너를 사용해(예: https://github.com/myzonedata) 리포지터리에서 /etc/coredns/zone으로 파일을 동기화하고 30초마다 리포지터리를 확인해 변경 사항을 확인한다.

auto 플러그인으로 처리하는 부분에 문제가 있을 때, 즉 영역 데이터 파일의 오버헤드 없이 몇 가지 리소스 레코드를 CoreDNS에 로드할 때 어떻게 해야 하는가? 그렇다면 hosts 플러그인을 사용하는 것이 편리하다.

hosts 플러그인

hosts 플러그인은 호스트 테이블(예: /etc/hosts)에서 영역 데이터를 생성하도록 CoreDNS를 구성하는 데 사용된다. 호스트 테이블은 표준 호스트 테이블 형식이어야 한다.

```
<IP address> <canonical name> [aliases...]
```

IP 주소는 IPv4 또는 IPv6 주소일 수 있다. 표준 이름과 별칭은 도메인명이어야 한다. 호스트 테이블을 읽은 후 hosts 플러그인은 다음 항목을 생성한다.

- A 레코드는 IPv4 주소가 있는 각 항목에 대한 레코드로, 지정된 IPv4 주소에 대한 정식 이름과 별칭을 매핑한다.
- AAAA 레코드는 IPv6 주소가 있는 각 항목을 표준 이름과 별칭을 지정된 IPv6 주소로 매핑한다.
- A PTR 레코드는 IPv4 또는 IPv6 주소에 대한 PTR 레코드로 주소를 다시 표준 이름으로 매핑한다.

별칭은 CNAME 레코드가 아닌 A 또는 AAAA 레코드가 된다.

예 4-11에는 hosts 플러그인의 구문이 있다.

```
hosts [FILE [ZONES...]] {
    [INLINE]
    ttl SECONDS
    no_reverse
    reload DURATION
    fallthrough [ZONES...]
}
```

FILE은 읽고 구문 분석할 호스트 파일의 이름을 지정한다. 기본적으로 CoreDNS는 /etc/ hosts를 읽는다. FILE이 상대 경로 이름일 때 ROOT 지시문에 지정된 디렉터리를 기준으로 해석된다.

ZONES는 호스트 테이블에서 로드되는 하나 이상의 영역의 선택 목록이다. ZONES을 지정하지 않으면 CoreDNS는 둘러싸인 서버 블록의 영역을 사용한다. 도메인명은 해당 도메인이 일부인 영역에만 로드된다. 예 4-12에 표시된 호스트 테이블을 foo.example 및 bar. example로 로드하면 foo.example 영역에서 host1.foo.example 및 bar.example에서 host2.bar.example로 끝난다.

```
10.0.0.1 host1.foo.example
10.0.1.1 host2.bar.example
```

호스트 플러그인을 사용해 데이터를 읽는 영역은 실제로 완전한 영역이 아니며 SOA 레코드가 없으므로 다른 DNS 서버로 전송할 수 없다. 따라서 호스트는 일반적으로 전체 영역 관리하려고 사용되지 않으며, 개별 도메인명을 로드하는 데 사용한다. 예를 들어 일부 사람들은 광고 게재에 사용되는 도메인명이 포함된 호스트 테이블을 로드하고 해당 도메인명을 IP 주소 0.0.0.0에 매핑한다.

[인라인(INLINE)] 예 4-13에 표시된 대로 호스트 테이블 형식으로 하나 이상의 라인을 지시문에 직접 지정할 수 있다.

```
foo.example {
    hosts {
        10.0.0.1 host1.foo.example
        10.0.1.1 host2.foo.example
    }
}
```

TTL은 호스트 테이블 항목에서 합쳐진 레코드를 TTL^{Time-To-Live} 값을 설정하며 기본적으로 TTL은 3,600초 또는 1시간으로 설정된다. 값은 정수로 지정해야 한다(즉 몇 초 동안 's'와 같은 단위를 지정하지 않는 게 좋다). no_reverse는 호스트 테이블 항목에서 PTR 레코드 생성을 억제한다.

기본적으로 CoreDNS는 5초마다 호스트 테이블을 리로드한다. reload하면 다음 단위와 함께 스케일값(즉 시간 단위 뒤에 숫자)을 지정해 이 간격을 변경할 수 있다.

- ns: 나노초^{nanosecond}
- us 또는 μs: 마이크로초^{microsecond}
- ms: 밀리초^{millisecond}
- s: 초
- m: 분
- h: 시간

500,000,000 나노초(500000000ns)의 리로드 간격을 지정할 수 있는 능력이 정말 필요한지 확실하지 않지만 CoreDNS에서는 할 수 있다!

마지막으로 fallthrough는 요청이 없을 때 호스트 플러그인이 처리하는 영역에 대한 질의가 다른 플러그인으로 넘어지는지 여부를 제어한다. 예를 들어 foo.example에 대한 질의가 hosts 플러그인에서 file 플러그인으로 이동하도록 할 수 있다. 기본적으로 fallthrough를 지정하면 CoreDNS가 호스트 플러그인에서 처리하는 질의를 삭제하도록 지시한다. 이러한 질의의 하위 집합을 대체하려면 영역 목록을 인수로 지정할 수 있다.

다음으로 Amazon의 Route53 서비스에서 영역 데이터를 로드하는 방법을 살펴본다.

AWS Route53 플러그인

많은 조직에서 Amazon Route53 서비스를 사용해 AWS^{Amazon Web Service} 클라우드에서 권한이 있는 DNS 서비스를 제공한다. CoreDNS는 보조 DNS 서버가 마스터 DNS 서버에서 영역 데이터를 전송하는 것처럼 Route 53에서 영역 데이터를 동기화할 수 있는 플러그인 AWS Route53으로 제공한다. 그런 다음 CoreDNS는 동기화된 영역의 도메인명에 대한 질의에 권한이 있다.

예 4-14 route53 플러그인 구문

```
route53 [ZONE:HOSTED_ZONE_ID...] {
    [aws_access_key AWS_ACCESS_KEY_ID AWS_SECRET_ACCESS_KEY]
    upstream
    credentials PROFILE [FILENAME]
    fallthrough [ZONES...]
}
```

영역을 동기화하려면 CoreDNS는 영역의 도메인명과 AWS 내에서 사용되는 특수 '호스팅 영역 ID'와 CoreDNS에서 Route53로 인증하는 자격 증명을 제공해야 한다. 영역 ID를 얻으려면 AWS 대시보드에 로그인한 다음 Route 53 서비스로 이동한 다음 '호스팅 영역'을 클릭한다. 이렇게 하면 각 영역의 호스팅 영역 ID가 포함된 영역 테이블이 있어야 한다.

route53 플러그인은 특정 형식으로 영역의 도메인명과 호스팅 영역 ID를 지정해야 하는데, 형식으로는 영역의 도메인명, 종료된 점, 다음 콜론, 호스팅 영역 ID가 있다. 예 4-15에서는 이러한 형식을 보여 준다.

예 4-15 route53 플러그인

```
route53 foo.example.:Z3CDX6AOCUSMX3 {
    fallthrough
```

```
    }
```

CoreDNS가 Route 53에서 모든 영역을 동기화할 때 여러 영역을 지정할 수 있다.

기본적으로 CoreDNS는 환경 변수 또는 AWS 자격 증명 파일에서 사용할 AWS 자격 증명을 결정한다. 예 4-16과 같이 route53 플러그인 내에서 직접 자격 증명을 지정해 이 동작을 재정의할 수 있다.

예 4-16 route53 명시적 자격 증명이 있는 플러그인

```
route53 foo.example.:Z3CDX6AOCUSMX3 {
  aws_access_key AKIAIMSX7F33X4MOVBZA SnA4XxFPx/BDEMbty3EKVze7Xi3DkQ5a8akRO9j9
}
```

예 4-17에 표시된 자격 증명 하위 지시문을 사용해 기본값 이외의 AWS 자격 증명 파일을 지정할 수도 있다.

예 4-17 route53 자격 증명 파일이 있는 플러그인

```
route53 foo.example.:Z3CDX6AOCUSMX3 {
    credentials default .awscredentials
}
```

기본값은 자격 증명 파일의 특정 프로필을 지정한다.

호스트와 마찬가지로 route53 플러그인은 Route53에서 동기화된 지정된 영역 집합을 다른 플러그인으로 fallthrough 되도록 지원한다. 마찬가지로 route53은 route53 영역 데이터에서 외부 도메인명에 대한 참조를 해결하려고 업스트림 DNS 서버의 명세를 지원한다.

이것이 CoreDNS에서 영역 데이터를 관리하기 위한 마지막 플러그인이다. 바라건대 네 가지 옵션 중(Git과 auto 플러그인을 사용해 계산할 때 5가지 옵션이 있음) 필요에 알맞는 옵션 하나를 찾을 수 있을 것이다.

CoreDNS는 유연하고 유능한 기본 DNS 서버이지만, 그 강점은 물론 DNS 기반 서비스 검색을 지원한다는 점이다. 서비스 검색은 5장에서 좀 더 자세히 다룰 예정이다.

5장

서비스 검색

서비스 검색 소개

1장에 설명된 대로 CoreDNS는 기존 DNS 환경의 일부가 아닌 새로운 사용 사례에 유연하도록 설계됐다. 이러한 사용 사례 중 대부분은 모놀리식^{monolithic} 애플리케이션 아키텍처에서 마이크로서비스 기반 아키텍처^{MSA, Microservice-based Architecture}에 이르는 현재 업계 전반의 움직임에서 비롯된다.

마이크로서비스 아키텍처에서 애플리케이션은 작고 독립적인 기능 구성 요소로 나뉜다. 이러한 각 구성 요소는 자체 기능 집합 및 관련 데이터 집합의 마스터다. 예를 들어 간단한 온라인 소매 애플리케이션은 다음과 같은 독립적인 마이크로서비스로 세분화될 수 있다.

- 사용자 프로필
- 제품 카탈로그
- 쇼핑 카트
- 계산대
- 운송비
- 지불

마이크로서비스

주어진 애플리케이션을 마이크로서비스로 나누는 방법은 여러 가지가 있다. 종종 복잡한 애플리케이션은 수십 또는 수백 개의 마이크로서비스로 나눌 수 있다. 자세한 내용은 샘 뉴먼 (SamNewman)의 『Monolith to Microservices』(O'Reilly)를 참고하기 바란다.

애플리케이션이 복잡한 워크플로workflow와 로직logic을 완성하려면 다양한 마이크로서비스가 서로 통신해야 한다. 예를 들어 체크아웃 서비스에서 최종 가격을 계산하려면 쇼핑 카트에서 품목 목록, 제품 카탈로그의 품목 가격 및 배송비 서비스에서 배송비를 수집해야 한다. 마이크로서비스 아키텍처에서 이러한 각 서비스는 데이터를 수집할 수 있는 애플리케이션 프로그래밍 인터페이스API(네트워크 서비스)를 제공한다. 체크 아웃 서비스는 이러한 각 API에 연결하는 데 사용할 IP 주소와 포트를 어떻게 알 수 있는가? 답은 마이크로서비스 아키텍처에서 서비스 검색 함수를 사용한다.

DNS 서비스 검색

RFC 6763은 DNS 서비스 검색 또는 DNS-SD라는 메커니즘을 정의한다. 여기서 설명한 서비스 검색은 RFC에 설명된 특정 구현을 참조하는 것이 아니라, 보다 일반적인 문제 클래스를 참조한다. 이 절의 초점은 최종 사용자를 위한 일반 네트워크 서비스의 검색이 아니라, 다른 애플리케이션 구성 요소를 검색하는 애플리케이션 구성 요소에 있다. CoreDNS는 현재 DNS-SD에 대한 전문적인 지원을 제공하지 않는다.

서비스 검색 문제 해결

이 예시에서 서비스 검색을 수행하는 몇 가지 방법을 살펴보겠다. 첫 번째는 IP 주소와 포트를 시작 시 명령줄 인수로 체크 아웃 서비스에 전달한다. 서비스 엔드포인트가 변경되지 않을 때 잘 작동하지만 유지 관리를 하려고 서비스를 다른 IP 주소로 이동해야 할 때 실패로 인해 또는 다른 이유로 모든 종속 서비스를 다시 구성하고 다시 시작해야 할 수 있다.

이는 호스트명이 원래 해결하도록 설계된 일종의 문제로, IP 주소를 전달하는 대신 호스트명을 전달할 수 있다. 이러한 호스트명은 각 클라이언트의 /etc/hosts 파일에 저장할 수 있으며, 해당 파일(포함해야 하는 호스트명)을 모든 클라이언트에 배포할 수 있다. Docker를 사용하는 컨테이너화된 환경에서는 이 방식이 초기 접근 방식이었다. Docker 데몬daemon은 이제 사용되지 않고 -link 커맨드 옵션을 제공한다. 이 옵션은 컨테이너의 hosts 파일을 수정해 적절한 IP 주소의 이름을 가리킨다. 해당 옵션에 대한 'now-deprecated' 설명을 기록한다. 이 기술은 에러가 발생하기 쉽고 많은 관리 오버헤드를 빠르게 생성하기 때문에 효과가 없는 것으로 판명됐다. 또한 동일한 호스트의 컨테이너를 작동했으며 실패를 일으킨 몇 가지 고유한 경쟁 조건이 있다.

/etc/hosts 파일을 배포하거나 수정하는 이러한 문제를 방지하려면 다음 논리적 단계는 DNS에 저장된 도메인명을 사용하는 호스트명과 IP의 중앙 집중식 배포로 이동한다. DNS를 사용하면 hosts 파일과 마찬가지로 방향 수준이 있지만 매핑을 변경할 수 있다. 이렇게 하면 해당 서비스의 모든 클라이언트를 명시적으로 다시 구성하지 않고도 서비스를 이동할 수 있다.

hosts 파일이 아닌 DNS 서버를 사용하면 /etc/host의 호스트/IP 매핑이 아니라 DNS가 지원하는 레코드 유형 집합을 더 풍부하게 사용할 수 있다. 예를 들어 네임은 A 레코드 대신 SRV 레코드에 해당할 수 있다. SRV 레코드에는 IP 주소로 해석resolve할 수 있는 포트와 다른 DNS 네임이 포함돼 있다. SRV 레코드를 사용하면 서비스에 대한 일반 포트 규칙을 따를 필요가 없으므로 동일한 IP 주소에서 여러 HTTP 기반 마이크로서비스 API를 호스팅할 수 있다. 간단한 컨테이너화된 환경에서는 호스트의 IP 주소만 네트워크에서 연결할 수 있으며 호스트 IP 주소에서 호스트 로컬 컨테이너 IP 주소로 포트를 전달해 컨테이너에 도달한다. IP 주소 외에 포트 번호를 검색할 수 없다면 HTTP 서비스를 제공하는 단일 컨테이너만 실행하거나 관리하기 어려운 정적 서비스/포트 매핑으로 돌아가야 한다.

그렇다면 마이크로서비스의 서비스 검색 문제를 어떻게 해결할 수 있을까? 단순히 BIND 서버를 설정하고 하루만에 호출할 수 있을 것인가? 완전하지는 않다. 마이크로서비스 환경은 기존 환경과 약간 다르기 때문이다. 기존 환경에서는 A 레코드(이를 참조하는 SRV 레코드)가 호스트명에 해당하는 비교적 정적 데이터를 참조할 것으로 예상된다. 즉 기존 DNS 서버의 디자인은 TTL^{Time-To-Live} 설정과 함께 몇 분 또는 시간의 순서로 글로벌 규모의 데이터를 제공하는 데 중점을 둔다. 데이터 관리를 위한 워크플로는 종종 수동이거나, 수정 및 리로드해야 하는 파일에 의존해 보조 DNS 서버로 전파될 수 있다.

마이크로서비스 환경에서는 지정된 서비스에 대한 IP 주소가 기존 환경보다 훨씬 빠르게 변경될 수 있다. 리눅스 컨테이너를 시작하고 중지해 마이크로서비스를 확장 및 축소할 수 있다. 이는 일반적으로 몇 분 동안 두 번째 또는 두 번째 순서로 새 가상머신^{VM}을 기동하는 것보다 훨씬 빠르다. 즉 서비스 검색 기능에서 제공하는 데이터는 매우 빠르게 고갈될 수 있다. 이는 영역 파일의 수동 구성에 적합하지 않다.

하시코프^{HashiCorp} 사의 Consul과 같은 전문 서비스 등록 및 검색 제품이 이 틈새 시장을 채우려고 생겨났다. 이러한 제품은 서비스를 등록한 다음 API 및 DNS로 서비스 위치를 사용할 수 있도록 하는 API 기반 메커니즘을 제공한다. 일반적인 패턴은 서비스 등록 및 검색 에이전트에 자체 등록하는 서비스를 위한다. 서비스의 새 인스턴스가 올라오면 레지스트리에 API 호출을 하고 자체와 해당 위치를 식별한다. 또는 프로세스를 시작하는 컨트롤러 또는 오케스트레이터는 API를 호출해 등록할 수 있다. 두 방법은 관리자가 영역 파일을 수정하고 named[1]를 리로드하도록 요구하는 것보다 훨씬 더 빠르다.

이러한 동적 API 기반 등록에도 클라이언트는 서비스 위치 변경을 알지 못한다. 여전히 TTL에 의존하고 서비스 검색을 다시 질의해 서비스가 이동했는지 또는 새 인스턴스를 사용할 수 있는지 여부를 찾아야 한다. 이를 최소화하려면 서비스 검색 솔루션은 기존 DNS 스타일의 TTL을 사용하는 대신 클라이언트에 데이터를 푸시하는 방법을 제공할 때가 많다. 이렇게 하면 마이크로서비스 인스턴스 크기 조정 때문에 실패한 요청이 줄어들고 새로 분사된 마이크로서비스 인스턴스 간의 트래픽 확산을 극대화한다.

DNS는 현재 푸시 기반 기능을 제공하지 않는다. 따라서 Consul과 같은 특수 목적의 서비스

---

1   DNS 네임 서버 데몬 – 옮긴이

검색 제품은 이 기능을 제공하려고 대체 프로토콜protocol을 구현한다. 유사한 수준의 기능을 제공하려면 CoreDNS는 구글에서 만든 오픈소스인 gRPC[2]에 의존한다. gRPC는 일반 동기 요청/회신, 비동기 요청/회신 및 푸시 메커니즘을 포함한 다양한 원격 호출 의미semantic 체계를 구현한다. 일부 버전의 CoreDNS가 실험적인 푸시 기반 서비스 검색을 구현하는 데 사용한 마지막 버전이다. 현재 버전의 CoreDNS는 이 기능을 제공하지 않지만 수요에 따라 나중에 다시 추가될 수 있다.

DNS-over-gRPC

CoreDNS는 네임을 질의하기 위한 gRPC 서비스를 정의한다. 프로토콜 자체에는 프로토콜 버퍼(Protobuf) 메시지 내부에 DNS 패킷이 포함된다. 이것은 표준이 아니며 CoreDNS 개발자가 아는 한 CoreDNS 자체는 어디에서나 사용되지 않는다. 여기에 설명된 푸시 기반의 실험적인 서비스 검색의 기초를 제공하지만, gRPC는 표준 DNS보다 훨씬 덜 효율적인 프로토콜이라는 점에 유의해야 한다. 인포블록스에서 수행된 내부 분석을 기반으로, 하나의 패킷 전송 및 표준 사용자 데이터 그램 프로토콜(UDP)로 받은 하나의 질의에 gRPC를 사용할 때 8개의 패킷을 교환할 수 있다.

중앙 검색 서비스의 필요성을 이해했으므로 CoreDNS를 키-값key-value 데이터베이스와 결합해 어떻게 제공될 수 있는지 살펴본다.

CoreDNS 및 etcd로 서비스 검색

etcd[3]는 리눅스 머신의 플릿 업그레이드를 조정하는 데 도움이 되는 CoreOS[4](이름은 비슷하나 CoreDNS와 관계 없음)에서 개발한 분산 키-값 데이터 저장소다. 리더leader 선출에 대한 특

---

2   자유 소프트웨어 재단(Free Software Foundation)의 GNU's Not Unix!(GNU) 전통에 비슷하게 gRPC는 'gRPC 원격 프로시저 호출'을 의미하는 재귀적 약어다.

3   분산 키-값 저장소, https://etcd.io/ - 옮긴이

4   CoreOS는 레드햇에 인수되고, 그 후 IBM에 인수됐다.

수 알고리즘[5]을 구현하고 모든 인스턴스에서 일관되게 읽을 수 있는 분산 쓰기를 조정한다. 이렇게 하면 개별 인스턴스 실패에 매우 탄력적으로 처리가 가능하다. 실행 중인 인스턴스가 쿼럼을 달성할 수 있는, 즉 인스턴스의 절반 이상이 최대이고 서로 통신할 수 있는 한, etcd 에서는 계속 읽기와 쓰기를 실행하고 수락한다. 예를 들어 클러스터로 etcd 인스턴스 3개를 배포할 때 해당 인스턴스 중 하나를 잃을 수 있으며 시스템이 계속 작동한다.

etcd의 분산되고 탄력적인 설계로 컨테이너화된 마이크로서비스 환경에 적합하며, 이는 고도로 분산돼 있다. 이러한 환경에서는 구성 요소가 실패할 것으로 예상되므로 애플리케이션과 해당 종속성의 모든 측면은 복원력이 있어야 하며, 가능한 한 많은 에러 모드에서 계속 작동해야 한다.

etcd 플러그인

etcd와 CoreDNS 의 통합은 etcd 플러그인으로 이루어진다. 이 플러그인은 서비스 검색을 표현하려고 etcdv3 API[6]를 직접 사용해 etcd에서 데이터를 읽는다. 실제로 CoreDNS의 수석 개발자인 미에크 기븐이 만들었던 SkyDNS라는 서비스 검색 애플리케이션과 호환되도록 설계됐다. 부분적으로 CoreDNS는 SkyDNS의 '110% 대체'가 되도록 설계됐으며, 'SkyDNS 보다 더 나은 SkyDNS'라고 말한다. 이 기록 때문에 etcd 플러그인은 etcd에서 지원하는 범용 DNS 서버를 제공하지 않으며 서비스 검색 사용 사례에 중점을 두므로 몇 가지 제한이 있다.

서비스 레지스트리 및 검색하려고 CoreDNS 및 etcd를 사용할 때 모든 퍼시스턴트 상태(데이터)가 etcd로 처리된다. CoreDNS는 etcd에 연결하고 질의 및 캐시의 필요에 따라 데이터를 읽는다(활성화할 때). 구성 요소가 실패할 때 정보가 손실되지 않도록 상태를 중복 데이터 저장소로 격리하는 것이 중요하다. 스테이트리스 서비스로 실행하면 CoreDNS를 훨씬 쉽

---

5   Raft 알고리즘 - 옮긴이
6   1.2.0 이전의 CoreDNS 버전은 이전 etcdv2 API를 사용하지만 CoreDNS 1.2.0 이후 버전에서는 지원되지 않는다.

게 확장할 수 있다. 트래픽 부하를 처리하려고 로드 밸런서 뒤에 많은 인스턴스를 실행할 수 있다.

그렇다면 데이터는 어떤 모습일까? 앞에서 설명한 etcd는 키-값 저장소다. 즉 키를 제공할 수 있으면 값을 반환한다. 따라서 이 플러그인을 사용하면 각 서비스는 서비스명에 해당하는 특정 키로 표시된다. CoreDNS가 etcd에서 레코드를 제공하기 전에 이러한 레코드로 etcd 를 채워야 한다.

SkyDNS 메시지 형식

etcd를 사용하는 플러그인은 SkyDNS용으로 개발된 형식을 사용해 서비스를 저장한다. 사용되는 키는 서비스명에서 파생되며 값에는 SkyDNS 메시지가 포함된다. SkyDNS 메시지[7] 는 예 5-1에 표시된 대로 JSON 인코딩된 개체다.

예 5-1 SkyDNS 메시지 샘플

```
{
  "host": "192.0.2.10",
  "port": 20020,
  "priority": 10,
  "weight": 20
}
```

이것은 단지 다른 포트에 서비스를 등록할 때 사용되는 몇 가지 필드를 보여 준다. host 필드 는 서비스의 IP 주소를 보유하는 데 사용되며 port, priority, weight 필드는 서비스에 대한 SRV 레코드를 생성할 때 사용된다. 호스트 이외의 필드는 따옴표에 없다. 이것은 그들이 정 수이기 때문에 JSON은 그런 식으로 인코딩해야 한다. 그렇지 않으면 CoreDNS에서 제대로 검색되지 않는다. 추가 레코드 유형을 사용할 수 있도록 하는 데 사용할 수 있는 추가 필드가 많이 있다. 가장 유용한 것은 이 서비스 등록 항목이 생성하는 다양한 레코드에 TTL을 지정 할 수 있는 ttl일 수 있다. SkyDNS GitHub의 모든 세부 정보를 볼 수 있다.

---

7   자세한 내용은 SkyDNS GitHub(https://oreil.ly/W1iTk)를 참고하기 바란다.

etcd 플러그인으로 이 서비스에 대한 질의에 응답하려면 이 개체를 특정 키 아래에 등재해야 한다. 키의 형식은 유닉스 디렉터리 경로처럼 구조화돼 도메인명의 역순으로 진행된다. 경로의 루트는 기본적으로 /skydns로 구성할 수 있다. etcd 플러그인으로 이 서비스 질의에 응답하려면 이 개체를 etcd의 특정 키에 저장해야 한다. 키의 형식은 유닉스 디렉터리 경로와 같이 구성돼 있으며, 도메인명의 역순으로 돼 있다. 경로의 루트는 기본적으로 /skydns이지만, 이 경로는 얼마든지 설정 변경할 수 있다. 샘플 서비스를 users.services.example.com이라는 이름으로 사용할 수 있도록 하려면 키 /skydns/com/example/services/users에 있는 위의 JSON 개체를 etcd에 입력한다. 이렇게 하는 방법의 예를 예 5-3에 나와 있지만 먼저 etcd를 시작하고 실행해야 한다.

etcd 실행

예시를 시도하려고 etcd를 다운로드해 실행할 수 있다. https://github.com/etcd-io/etcd/releases HYPERLINK "https://github.com/etcd-io/etcd/releases"의 etcd 릴리스 페이지의 다양한 플랫폼에서 사용할 수 있다. 정적으로 연결된 실행 가능이므로 종속성 없이 사용자 환경에서 실행해야 한다. 예 5-2에 어떤 인수 없이, 표시된 대로 실행하는 내용을 보여 주고 있다.

예 5-2 etcd 실행

```
$ ./etcd
{"level":"info","ts":"2021-07-12T14:40:02.592Z","caller":"etcdmain/etcd.go:72","msg":"Running:
","args":["./etcd"]}
{"level":"warn","ts":"2021-07-12T14:40:02.593Z","caller":"etcdmain/etcd.go:104","msg":"'data-
dir' was empty; using default","data-dir":"default.etcd"}
{"level":"info","ts":"2021-07-12T14:40:02.593Z","caller":"embed/etcd.go:131","msg":"configuring
peer listeners","listen-peer-urls":["http://localhost:2380"]}
{"level":"info","ts":"2021-07-12T14:40:02.593Z","caller":"embed/etcd.go:139","msg":"configuring
client listeners","listen-client-urls":["http://localhost:2379"]}
{"level":"info","ts":"2021-07-12T14:40:02.593Z","caller":"embed/etcd.go:307","msg":"starting
an etcd server","etcd-version":"3.5.0","git-sha":"946a5a6f2","go-version":"go1.16.3","go-
os":"linux","go-arch":"amd64",
```

이 작업을 실행한 후 릴리스 패키지의 일부인 `etcdctl` 명령을 사용해 일부 메시지로 채울 수 있다. 기본적으로 `etcdctl`은 etcdv2 API를 사용하므로 etcdv3 API를 사용하도록 지시할 환경 변수를 지정해야 한다. 예 5-1에 표시된 JSON 메시지를 저장하려면 `etcdctl put` 명령을 사용한다. 예 5-3은 `etcdctl`로 이 항목을 저장하고 검색하는 것을 보여 준다.

예 5-3 SkyDNS 메시지 채우기

```
$ ETCDCTL_API=3 ./etcdctl put /skydns/com/example/services/users \
>     '{"host": "192.0.2.10","port ": 20020,"priority": 10,"weight": 20}'
OK


$ ETCDCTL_API=3 ./etcdctl get /skydns/com/example/services/users
/skydns/com/example/services/users
{"host": "192.0.2.10","port ": 20020,"priority": 10,"weight": 20}
```

이제 etcd 항목이 있으므로 DNS로 해당 항목을 제공하려면 CoreDNS를 구성하는 방법을 살펴볼 수 있다.

구성 구문

가장 간단한 형태로, 당신은 단순히 etcd 지시문을 포함해 플러그인을 사용할 수 있다. 예 5-4의 Corefile은 포트 5300에 example.com을 제공하며, etcd 플러그인이 있다.

플러그인은 gRPC(HTTP)으로 로컬 etcd 인스턴스 또는 프록시, 즉 URL http://localhost:2379에 연결된다.

예 5-4 Corefile 내 가장 간단한 etcd 플러그인 설정

```
example.com:5300 {
    etcd
}
```

또한 etcd 지시문 이후에 영역 목록을 제공해 목록을 특정 영역 집합으로 제한할 수도 있다. 없을 때 서버 스탠자^{server stanza}(example.com)에서 영역을 사용한다.

예 5-5는 이를 보여 준다. etcd 플러그인은 services.example.com을 제공하는 데 사용되며, 다른 모든 질의는 73페이지의 forward 플러그인으로 제공된다.

예 5-5는 이를 보여 준다. etcd 플러그인은 services.example.com을 제공하는 데 사용되며, 다른 모든 질의는 73페이지의 forward 플러그인으로 제공된다.

예 5-5 Corefile내 제한된 영역과 etcd 플러그인

```
example.com:5300 {
    log
    etcd services.example.com
    forward example.com /etc/resolv.conf
}
```

coredns -conf Corefile-etcd-1 커맨드를 사용해 Corefile로 CoreDNS를 실행한 다음 예 5-6에서 설명한 대로 다른 터미널 창에서 dig[8] 커맨드를 사용해 서비스에 대한 질의를 사용해 이것을 테스트할 수 있다.

예 5-6 etcd 플러그인 질의

```
$ dig -p 5300 users.services.example.com @localhost
[INFO] 127.0.0.1:56979 - 49990 "A IN users.services.example.com. udp 55 false 4096" NOERROR
qr,aa,rd 86 0.002104809s

; <<>> DiG 9.11.4-P2-RedHat-9.11.4-26.P2.amzn2.5.2 <<>> -p 5300 users.services.example.com @
localhost
;; global options: +cmd
;; Got answer:
;; ->>HEADER<<- opcode: QUERY, status: NOERROR, id: 49990
;; flags: qr aa rd; QUERY: 1, ANSWER: 1, AUTHORITY: 0, ADDITIONAL: 1
;; WARNING: recursion requested but not available

;; OPT PSEUDOSECTION:
; EDNS: version: 0, flags:; udp: 4096
;; QUESTION SECTION:
;users.services.example.com.          IN       A

;; ANSWER SECTION:
```

---

8   dig(domain information groper)는 DNS 네임 서버에 질의하기 위한 네트워크 관리 명령 줄 인터페이스 툴이다. – 옮긴이

```
users.services.example.com. 300      IN       A        192.0.2.10
```

```
;; Query time: 2 msec
;; SERVER: 127.0.0.1#5300(127.0.0.1)
;; WHEN: 월  7월 12 14:58:02 UTC 2021
;; MSG SIZE rcvd: 97
```

이렇게 하면 etcd로 등록한 IP로 예상 A 레코드를 반환한다. 그러나 이 등록은 다른 유형의 레코드, 특히 예 5-7에 표시된 대로 포트를 포함하는 SRV 레코드도 반환한다.

예제 5-7 etcd 플러그인이 포함된 SRV 질의

```
$ dig -p 5300 -t SRV users.services.example.com @localhost
[INFO] 127.0.0.1:54768 - 24521 "SRV IN users.services.example.com. udp 55 false 4096" NOERROR
qr,aa,rd 158 0.001105326s

; <<>> DiG 9.11.4-P2-RedHat-9.11.4-26.P2.amzn2.5.2 <<>> -p 5300 -t SRV users.services.example.
com @localhost
;; global options: +cmd
;; Got answer:
;; ->>HEADER<<- opcode: QUERY, status: NOERROR, id: 24521
;; flags: qr aa rd; QUERY: 1, ANSWER: 1, AUTHORITY: 0, ADDITIONAL: 2
;; WARNING: recursion requested but not available

;; OPT PSEUDOSECTION:
; EDNS: version: 0, flags:; udp: 4096
;; QUESTION SECTION:
;users.services.example.com.          IN       SRV

;; ANSWER SECTION:
users.services.example.com. 300       IN       SRV      10 100 0 users.services.example.com.

;; ADDITIONAL SECTION:
users.services.example.com. 300       IN       A        192.0.2.10

;; Query time: 1 msec
;; SERVER: 127.0.0.1#5300(127.0.0.1)
;; WHEN: 월  7월 12 15:01:43 UTC 2021
```

```
;; MSG SIZE  rcvd: 169
```

CoreDNS 터미널로 돌아가면 예 5-8에 표시된 것과 유사한 출력이 표시되며, 시도한 각 질의에 대한 로그 항목이 표시된다.

예 5-8 etcd로 CoreDNS 실행

```
$ coredns -conf Corefile-etcd
[WARNING] plugin/forward: Unsupported CIDR notation: 'example.com' expands to multiple zones.
Using only 'example.com.'.
example.com.:5300
CoreDNS-1.8.4
linux/amd64, go1.16.4, 053c4d5
[INFO] 127.0.0.1:57628 - 58219 "A IN users.services.example.com. udp 55 false 4096" NOERROR
qr,aa,rd 86 0.002119053s
[INFO] 127.0.0.1:48006 - 9433 "SRV IN users.services.example.com. udp 55 false 4096" NOERROR
qr,aa,rd 158 0.001066319s
```

여기까지 etcd 플러그인의 기본 사용법을 다뤘다. 다음으로 전체 구문을 살펴보겠다.

전체 구문

이 플러그인에 대한 여러 가지 추가 옵션을 사용할 수 있다.

```
etcd [ZONES...] {
    stubzones
    fallthrough [ZONES...]
    path PATH
    endpoint ENDPOINT...
    credentials USERNAME PASSWORD
    upstream [ADDRESS...]
    tls CERT KEY CACERT
}
```

다음은 각 옵션option 구성 키에 대한 설명이다.

stubzones

SkyDNS와 같은 스텁 도메인 기능이 가능하다. 플러그인으로 도메인 집합에 대한 질의를 다른 네임 서버로 전달할 수 있다. 도메인과 네임 서버는 etcd로 저장된다. 이는 SkyDNS에서 마이그레이션할 때의 역호환성에만 제공되며 실제로는 1.4.0 이전에 CoreDNS 버전에서만 유효하다. 현재 버전의 CoreDNS에서 동일한 결과를 달성하는 데 권장되는 방법은 73페이지의 'forward 플러그인' 절에서 설명하는 대로 fallthrough 옵션과 함께 사용한다.

fallthrough

나열된 영역에 대한 질의를 83페이지의 'fallthrough' 절에서 설명된 대로 플러그인 체인 다음 플러그인으로 전달할 수 있다.

path

기본 /skydns 경로를 다른 기본 경로로 오버라이드할 수 있다.

endpoint

etcd API 엔드포인트의 목록을 지정하는 데 사용된다. 예를 들어 endpoint https://192.0.2.2:2379, https://192.0.2.3:2379, https://192.0.2.4:2379 이러한 세 가지 엔드포인트를 사용해 etcd에 대한 가용성이 높은 액세스를 제공할 수 있다.

credentials

이 방법은 etcd 서버에 대한 사용자명과 암호를 지정하는 데 사용된다. CoreDNS 1.4.0에서 사용할 수 있다.

upstream

CNAME 레코드에 해당하는 A 레코드를 찾는 데 사용되지만 CoreDNS 1.3.0 이상에서는 사용되지 않는다.

tls

이는 84페이지의 'tls' 절에 설명된 대로 etcd 연결에 대한 전송 레이어 보안^{TLS, Transport Layer Security} 클라이언트 매개 변수^{parameter}를 구성하는 데 사용된다.

다음으로 몇 가지 추가 서비스 검색 옵션을 살펴보겠다.

서비스 검색 옵션

물론 etcd는 서비스 등록을 위한 하나의 가능한 데이터 저장소다. 다른 동적 옵션은 관계형 데이터베이스를 사용할 수 있다. CoreDNS는 SQL 데이터베이스의 액세스 데이터에 대한 내장 플러그인을 제공하지 않지만 이를 가능하게 하는 외부 플러그인인 pdsq1이 있다(225페이지의 'plugin.cfg 수정' 절에서는 외부 플러그인으로 CoreDNS를 빌드하는 방법을 보여 준다). 동적 옵션은 95페이지의 'hosts 플러그인' 절에서 설명한 대로 표준 /etc/hosts 형식으로 파일을 읽을 수 있는 호스트 플러그인을 사용한다. CoreDNS는 5초마다 변경 내용을 파일을 확인하므로 간단한 파일을 변경해 DNS 레코드를 변경할 수 있다.

이는 다음에 논의되는 컨테이너 오케스트레이션과 CoreDNS를 사용할 때를 제외하고 CoreDNS를 사용하는 기본 서비스 검색 옵션을 다룬다.

서비스 검색 및 컨테이너 오케스트레이션

102페이지의 '서비스 검색 문제 해결' 절에서 서비스 검색 솔루션에 서비스를 등록해야 한다고 언급했다. 예를 들어 CoreDNS 및 etcd를 사용할 때 항목은 etcd로 작성해야 한다. 컨테이너화된 환경(VM을 사용하는 환경과는 달리)에서 이 등록은 이제 쿠버네티스와 같은 컨테이너 오케스트레이터로 더 자주 처리된다.

 현재 쿠버네티스1.21 기준으로 보면 CoreDNS는 쿠버네티스의 기본 서비스 검색 솔루션이다.

오케스트레이터가 컨테이너 사용 사례에서 레지스트리를 채울 때에도 여기에 설명된 대로 서비스 검색이 필요한 환경과 애플리케이션이 여전히 많이 있다. 애플리케이션에서 컨테이너가 아닌 VM을 회전해야 할 때 이러한 기술을 사용해 다시 사용할 필요가 있다. 다른 서비스 검색 옵션에 비해 CoreDNS의 장점은 이러한 두 시나리오를 모두 처리할 수 있으며 동일한 서버 인스턴스에서 모두 지원할 수 있다는 점이다.

5장에서는 서비스 검색의 기본 사항과 CoreDNS 및 etcd를 사용해 동적 환경에서 서비스 검색을 수행하는 방법을 다뤘다. 6장은 쿠버네티스 클러스터에서 CoreDNS가 어떻게 사용되는지에 대한 구체적인 사용 사례를 자세히 설명할 예정이다. 쿠버네티스 CoreDNS 부분이 전체 장을 통틀어 가장 중요한 주제라 할 수 있다.

6장

쿠버네티스

쿠버네티스는 컨테이너 기반 서비스를 관리하기 위한 지배적인 솔루션이 됐다. 클라우드 네이티브 컴퓨팅 재단^{CNCF, Cloud Native Computing Foundation} 관련 프로젝트로서 CoreDNS 커뮤니티는 쿠버네티스 커뮤니티에도 긴밀하게 참여하고 있다. 영역 데이터 파일에 대한 초기 지원을 추가하고 SkyDNS의 기능을 대체한 후 CoreDNS 커뮤니티는 쿠버네티스와 통합 작업을 시작했다.

CoreDNS 커뮤니티는 두 가지 주요 이유로 다른 컨테이너 오케스트레이션 시스템[1] 이전에 쿠버네티스와 통합하기로 결정했다. 기존의 쿠버네티스 DNS 서비스, kube-dns, SkyDNS를 기반으로 해서 그 기능을 향상시킬 수 있는 기회를 봤다. 또한 쿠버네티스 API의 개방성은 다른 컨테이너 오케스트레이션 솔루션보다 훨씬 쉽게 통합됐다.

6장에서는 먼저 쿠버네티스의 기본 사항을 논의한다. 여기에는 내부 구조와 설계의 배경이 되는 원칙과 쿠버네티스가 정의한 다양한 유형의 네트워크 서비스가 포함된다. 그런 다음 124페이지의 '쿠버네티스 DNS 명세' 절에서 이러한 다양한 유형의 서비스가 DNS 레코드에 표시되는 방법을 설명한다. 마지막으로 쿠버네티스 클러스터 내에서 CoreDNS 자체가 어떻

---

1   CoreDNS 커뮤니티의 로드맵에 다른 시스템은 메소스(Mesos)/마라톤(Marathon)과 도커 스웜(Docker Swarm)이었다.

게 실행되고 확장되도록 구성되는지, CoreDNS가 표준 쿠버네티스 기능을 넘어서는 몇 가지 특수 기능 및 최적화를 설명할 예정이다.

기본 개념

DNS가 쿠버네티스에 어떻게 맞는지, 그리고 CoreDNS가 어떻게 통합되는지 이해하려면 쿠버네티스의 일부 기본 개념을 명확하게 이해해야 한다. 이 책으로 이러한 중요한 사항을 살펴보지만 『쿠버네티스 시작하기 2/e』(에이콘, 2020)와 같은 추천할 만한 쿠버네티스 도서로 볼 수 있다.

쿠버네티스는 클러스터라고 하는 분산된 컴퓨터에서 워크로드를 관리하기 위한 소프트웨어 컴포넌트 집합체다. 클러스터의 일부인 컴퓨터를 노드라고 한다. 노드는 마스터 및 워커 노드로 분할될 때가 많지만 반드시 필요한 것은 아니다. 마스터 노드는 컨트롤 플레인 컴포넌트를 실행하는 반면 워커 노드는 사용자 워크로드를 실행하고 클러스터의 일부로 작동하는 데 필요한 최소한의 컨트롤 플레인 컴포넌트를 실행한다.

쿠버네티스 클러스터에 워크로드가 배포되면 포드^{pod}로 배포된다. 포드는 네트워킹 스택과 같은 일부 공유 리소스와 함께 밀접하게 관련된 컨테이너 집합체다. 즉 포드에서 실행되는 모든 컨테이너는 동일한 리눅스^{Linux} 네트워크 네임스페이스를 공유한다. 컨테이너의 관점에서 볼 때 모두 동일한 네트워크 호스트에서 실행된다. 포드는 쿠버네티스의 스케일 단위다. 애플리케이션을 확장하려면 해당 애플리케이션을 제공하는 포드를 추가한다.

컨트롤 플레인의 핵심은 다른 모든 컴포넌트를 조정하는 API 서버다. 쿠버네티스 API는 일반적인 REST$^{REpresentational\ State\ Transfer}$ 규칙을 따르는 HTTP 기반의 리소스 지향 API다. 대부분의 작업은 단순히 리소스를 생성, 읽기, 업데이트, 삭제$^{CRUD,\ Creating,\ Reading,\ Updating,\ Deleting}$한다. API 서버는 이러한 다양한 리소스가 저장되는 etcd 분산 키-값 저장소로 뒷받침된다. 사용자는 kubectl 클라이언트 프로그램을 접속하거나 또는 HTTP를 직접 사용해 API와 상호 작용한다.

쿠버네티스 API는 선언적declarative API이다. 즉 클라이언트는 API를 사용해 클러스터의 원하는 상태를 선언하고 해당 상태를 렌더링rendering하고 유지하는 것은 쿠버네티스에 달려 있다. 이는 일회성 작업을 실행하는 일반적인 필수 API와는 대조적이다. 차이점을 설명하려면 가상 API를 사용해 프로세스를 실행한다. 필수 API를 사용하려면 클라이언트가 실행 명령을 보내고 서버는 명령을 실행하고 값을 반환한다. 선언적 API를 사용하면 클라이언트는 API를 명령에 따라 항상 실행되는 프로세스가 있어야 한다는 선언을 보낸다. 프로세스를 실행한 다음 프로세스를 모니터링하고 항상 실행 중인지 확인하는 선언적 API를 구현하는 시스템의 담당 역할이다. 프로세스가 충돌하면 필수 API 구현이 이미 종료돼 프로세스 상태를 추적하지 않는다. 선언적 API 구현은 프로세스를 모니터링하고 실패한 것을 확인하며 다시 시작해야 한다. 이 프로세스를 실행하려는 의도를 선언하는 리소스가 있는 한 시스템은 프로세스가 있는지 다시 확인한다. 일부 문헌에서는 의도 기반 API라고 하는 선언적 API도 표시될 수 있다.

쿠버네티스에서 의도한 상태를 보장하는 컴포넌트를 컨트롤러controller라고 한다. 일반적으로 컨트롤러는 조정 루프reconciliation loop를 실행해 관련 리소스 집합을 관리한다. 다음은 컨트롤러가 수행하는 반복적인 조정 루프다.

1. API 서버에서 의도한 리소스 상태를 읽는다. 대부분 리소스의 명세(Spec) 필드에 정의돼 있다.

2. 리소스의 상태(Status) 필드를 읽거나 클러스터를 직접 관찰하거나 둘의 일부 조합을 통해 리소스의 현재 상태를 관찰한다.

3. 적절한 조치를 취해 원하는 상태와 관찰된 상태의 차이를 조정하려고 시도한다. 상태를 수정하면 사용자(또는 다른 컨트롤러)가 프로세스에 대한 가시성을 가질 수 있도록 상태 필드에 진행 상황을 저장한다.

이 설명에서 컨트롤러는 원하는 상태에 대한 변경이 있었는지 여부를 알려면 지정된 리소스를 지속적으로 모니터링해야 한다. 이렇게 하는 한 가지 방법은 컨트롤러가 조정 루프로 반복으로 API 서버를 폴링^{polling}하도록 하는 것이다. 이것은 간단하지만 몇 가지 단점이 있다. 사용자가 원하는 상태를 변경하면 다음 폴링이 있을 때까지 컨트롤러가 반응하지 않는다. 변화에 대한 응답이 느려지지 않도록 하려면 폴링 간격이 매우 짧은 간격이 필요하다. 그러나 빈번한 폴링으로 API 서버에 큰 부하가 발생해 자체 지연, 리소스 낭비, 전체 솔루션의 확장성이 제한된다.

API 서버는 다른 RESTful API에서 일반적으로 볼 수 없는 감시^{watch} 기능으로 이 문제를 해결한다. 클라이언트가 특정 리소스에 대한 질의를 만들 때 지속적 연결을 만들고 서버에 해당 연결로 리소스에 대한 업데이트를 푸시하도록 요청할 수 있다. 이 동작은 폴링을 방지하며 쿠버네티스 클러스터의 효율적인 작동에 매우 중요하다. 컨트롤러는 이 기능을 사용해 API 서버를 반복적으로 폴링할 필요 없이 리소스의 의도된 상태를 추적한다.

이는 사용자가 상호 작용하고 리소스가 저장되는 API 서버와 리소스의 변화를 모니터링한 다음 몇 가지 작업을 수행한다. 그러나 컨트롤러 문제 발생 시 조치는 어떻게 취해지는가? 컨트롤러는 모든 노드에서 실행되지 않는다. 오직 컨트롤 플레인 노드에서만 실행된다. 예를 들어 노드에서 포드를 만드는 몇 가지 작업을 수행하려면 해당 노드에 설치된 다른 소프트웨어의 확인이 필요하다. 이것은 마지막 중요한 인프라 구성 요소인 kubelet이다. kubelet은 모든 노드에서 실행되는 에이전트이며 포드를 시작, 모니터링, 삭제하고 노드 수준 리소스의 관리를 담당한다. 또한 스케줄러가 새 포드의 노드를 선택할 수 있도록 노드 기능과 상태를 API 서버에 전달한다.

다른 노드에 이러한 모든 포드를 배포하는 것은 좋지만 상호간 검색하고 통신할 수 있으려면 포드 간 네트워킹이 필요하다. 이것은 다음 절의 주제다.

쿠버네티스 네트워킹

이전 절에서는 기본 쿠버네티스 컨트롤 플레인의 기본 컴포넌트와 기능을 다뤘다. 이러한 기능 위에 DNS와 로드 밸런싱을 포함한 네트워킹 서비스가 계층화된다. 이러한 기능은 기술적으로 '추가 기능add-on'(선택 사항optional)이지만 대부분의 클러스터에서 이러한 기능을 배포한다. 이 절에서는 쿠버네티스가 클러스터에서 실행되는 서비스에 대한 로드 밸런싱을 제공하는 방법과 클러스터 DNS에 대한 기대치expectation를 설명한다. 이 두 가지 주제는 밀접하게 연관돼 있다.

클러스터에서 실행되는 다른 클라이언트에서 사용할 수 있도록 하려는 포드에서 실행되는 서비스가 있다고 가정한다. 모든 포드는 IP 주소를 가져온다. 모든 쿠버네티스 클러스터에서 모든 포드는 다른 포드에 도달할 수 있어야 한다.[2] 단순히 모든 클라이언트가 포드 IP를 알 수 있도록 하면 대상 포드에 도달할 수 있다.

물론 그것은 매우 효과적인 방법이 아니다. 특히 디플로이먼트deployment에서 관리되는 포드는 언제든지 생성되고 지워질 수 있다. 디플로이먼트에서 포드는 충돌crash 또는 애플리케이션 업그레이드로 인해 확장, 축소 또는 교체할 수 있는 동일한 복제본으로 간주된다. 포드가 삭제되고 다시 생성될 때마다 새 IP 주소가 할당된다. 이러한 환경에서는 IP 주소가 안정적으로 유지될 것으로 기대할 수 없다. 또한 서비스를 제공하는 포드가 여러 개 있을 때, 해당 주소를 주고 받을 때 모든 주소를 한 번에 전달해야 한다.

쿠버네티스는 서비스service 리소스로 이 문제를 해결한다. 이 리소스는 로드 밸런싱 구성, 서비스를 제공하는 포드를 선택하는 방법 및 네임을 결합한다. 클러스터의 다른 클라이언트에 서비스를 알려 주는advertising Cluster IP 서비스 및 headless 서비스라는 두 가지 유형의 서비스를 제공할 수 있다.

---

2 일부 쿠버네티스 네트워킹 구현에서는 네트워크 정책(policy) 기능을 사용해 포드 간의 통신을 제어할 수 있다.

클러스터 IP 서비스

클러스터 IP 서비스는 이전에 설명한 문제를 정확히 해결한다. 서비스에 안정적인 클러스터 전체의 가상 IP$^{VIP, Virtual IP}$ 주소를 만들고 네임과 연결한다. 서비스를 제공하는 모든 포드에는 특정 라벨이 제공되며, 서비스에는 해당 라벨에 대한 셀렉터^{selector}가 제공된다. 셀렉터는 포드를 선택하고 해당 리소스의 모든 주소와 포트를 포함하는 엔드포인트^{endpoint} 리소스로 그룹화하는 데 사용된다. 예 6-1은 클러스터 IP 서비스를 보여 준다.

예 6-1 클러스터 IP 서비스

```
apiVersion: v1
kind: Service
metadata:
  name: hello-world
  namespace: default
spec:
  selector:
    app: hello-world
  type: ClusterIP
  clusterIP: 10.0.0.100
  ports:
  - name: http
    port: 80
    protocol: TCP
```

이 예시에서 값이 `hello-world`인 라벨 애플리케이션이 있는 포드가 서비스의 일부로 선택되고 해당 주소는 서비스와 네임이 같은 엔드포인트 오브젝트^{object}에 저장된다. 실제로 해당 포드의 균등한 트래픽을 로드하려면 컨트롤 플레인의 또 다른 컴포넌트가 필요하다. 이것은 kube-proxy라고 하는 각 노드에서 실행되는 바이너리 파일이다. 표준 Linux iptables를 사용해 노드의 넷필터^{netfilter} 테이블을 조작해 VIP에 바인딩^{binding}된 트래픽이 하나의 임의 엔드포인트 주소로 리디렉션^{redirect}되도록 한다.

헤드리스 서비스

헤드리스 서비스는 예 6-2에 표시된 것처럼 클러스터 IP(clusterIP) 필드가 없음(None)으로 설정돼 있다는 점을 제외하면 클러스터 IP 서비스와 똑같이 보인다. 이때 VIP가 없으며 kube-proxy는 서비스를 무시한다. 대신 DNS를 사용해 서비스의 모든 IP 주소를 찾으려고 클라이언트 자체에서 모든 로드 밸런싱이 수행된다. 예를 들어 gRPC 작성자는 해당 프로토콜을 사용할 때 클라이언트 측 로드 밸런싱을 권장한다. 단점은 클라이언트가 질의를 적극적으로 다시 수정해 엔드포인트 집합에 대한 변경 사항을 일일이 식별해야 한다는 점이다.

예 6-2 헤드리스 서비스

```
apiVersion: v1
kind: Service
metadata:
  name: headless
  namespace: default
spec:
  selector:
    app: headless
  type: ClusterIP
  clusterIP: None
  ports:
  - name: http
    port: 80
    protocol: TCP
```

헤드리스 서비스는 고정된 피어peer 집합을 찾아야 하는 애플리케이션에도 유용하다. 예를 들어 etcd 클러스터를 실행할 때 각 인스턴스는 클러스터의 다른 etcd 인스턴스를 검색해야 한다. 이러한 인스턴스 중 하나가 네임을 변경할 때 etcd에 문제가 발생할 수 있다. 쿠버네티스는 워크로드 집합을 보장하는 문제를 스테이트풀셋statefulset을 사용해 일관된 네임을 제공해 해결한다. 이는 배포를 사용할 때 볼 수 있는 레플리카셋replicaset과 유사한 워크로드 관리 리소스다. 차이점은 실행되는 각 포드를 동일한 복제본으로 취급하지 않는다는 점이다. 대신 각 포드에는 서수ordinal number(0, 1, 2 등)가 주어지며 이 순서로 네임이 명명, 생성, 크기가 조정되며, 포드가 삭제되고 다시 생성될 때 퍼시스턴트볼륨persistentVolume이 적절한 포드와 다시 연결된다. 헤드리스 서비스와 함께 사용할 때 스테이트풀셋은 다음 절에서 볼 수 있듯이 각 포드에 안정적인 네트워크 ID(네임)를 제공할 수 있다.

다음 절에서는 표준 쿠버네티스 DNS 명세에 대한 논의로 쿠버네티스의 DNS 서비스에서 다양한 유형의 서비스가 어떻게 표시되는지 설명한다.

쿠버네티스 DNS 명세

DNS는 쿠버네티스에서 '애드온add-on'으로 간주되며 클러스터는 DNS 없이도 작동한다. 그러나 DNS 없이 실행되는 클러스터는 거의 없으며, 쿠버네티스의 DNS 명세는 표준으로 적합한 제품군의 일부로 간주된다. DNS 배포는 명세(https://oreil.ly/X8Ou-)에 따른 DNS 서비스를 제공하지 않고서는 쿠버네티스 배포를 준수한다고 할 수 없다.[3] 이 명세는 클러스터에서 실행되는 서비스를 찾는 데 사용할 수 있는 DNS 네임을 정의한다.

이 명세는 기본적으로 고정된 DNS 스키마schema다. 즉 API 서버의 내용을 기반으로 있어야 하는 특정 네임 집합을 정의한다. 쿠버네티스 서비스 리소스는 사용자가 서비스 검색 방법에 대한 의도를 지정할 수 있는 주요 방법이다.

명세의 모든 레코드는 cluster domain인 단일 도메인에 속한다. 클러스터 도메인이 cluster. local로 설정됨을 자주 볼 수 있는데, 이는 일반적으로 온라인에서 찾을 수 있는 예제에서 볼 수 있다. GKEGoogle Kubernetes Engine와 같은 일부 매니지드managed 솔루션에서는 이 도메인을 변경할 수 없지만 바닐라vanilla[4] 오픈소스 쿠버네티스를 사용하면 도메인을 선택할 수 있다.

---

3 이에 대한 현재 유일한 예외는 윈도우(Windows)가 리눅스(Linux)와 동일한 검색 경로 동작을 제공하지 않기 때문에 윈도우 기반 워크로드가 '짧은 네임(short-name)' 질의를 사용할 수 없다는 점이다.

4 복잡하고 화려한 UI나 사용하기 편리한 부가 기능을 제외한 기본적인 기능만 구현한 상태 – 옮긴이

명세는 각 클러스터 IP를 서비스명 및 네임스페이스에서 파생된 네임과 함께 클러스터 IP를 포함하는 레코드가 있어야 한다(예: service.namespace.svc.cluster-domain). 예를 들어 예 6-1에 정의된 서비스가 클러스터 도메인 cluster.example.com이 있는 클러스터에 배포될 때 dig 명령어를 실행하면 예 6-3에 표시된 것과 같이 출력된다.

예 6-3 클러스터 IP 서비스 레코드

```
dnstools# dig hello-world.default.svc.cluster.local

; <<>> DiG 9.11.3 <<>> hello-world.default.svc.cluster.local
;; global options: +cmd
;; Got answer:
;; WARNING: .local is reserved for Multicast DNS
;; You are currently testing what happens when an mDNS query is leaked to DNS
;; ->>HEADER<<- opcode: QUERY, status: NOERROR, id: 26752
;; flags: qr aa rd; QUERY: 1, ANSWER: 1, AUTHORITY: 0, ADDITIONAL: 1
;; WARNING: recursion requested but not available

;; OPT PSEUDOSECTION:
; EDNS: version: 0, flags:; udp: 4096
; COOKIE: 42d710e87aa9347c (echoed)
;; QUESTION SECTION:
;hello-world.default.svc.cluster.local. IN A

;; ANSWER SECTION:
hello-world.default.svc.cluster.local. 5 IN A 172.20.241.52

;; Query time: 1 msec
;; SERVER: 172.20.0.10#53(172.20.0.10)
;; WHEN: Mon Jul 12 15:25:23 UTC 2021
;; MSG SIZE  rcvd:
```

dnstools 이미지

6장의 많은 예는 infoblox/dnstools 컨테이너 이미지를 실행하는 포드에서 실행된다. 이 이미지는 host, dig, dnsperf 등과 같은 DNS별 유틸리티뿐만 아니라 curl 및 tcpdump를 포함한 일반 네트워킹 도구를 포함하는 DockerHub에서 공개적으로 사용할 수 있는 이미지다. dnstools 포드를 실행하려면 다음 명령어를 사용한다.

```
$ kubectl run --restart=Never -it --image infoblox/dnstools dnstools
dnstools#
```

클러스터 IP에 해당하는 PTR 레코드도 있다.

헤드리스 서비스는 클러스터 IP 서비스를 설명된 동일한 네임으로 서비스의 모든 엔드포인트 IP 주소에 대한 레코드가 있다. 이로 클러스터 IP의 넷필터 기반 로드밸런싱 대신 클라이언트 측 로드밸런싱을 사용할 수 있다. 즉 동일한 네임이 예 6-4에 표시된 대로 여러 주소를 반환한다.

예 6-4 헤드리스 서비스 A 레코드

```
dnstools# dig -t a headless.default.svc.cluster.local.

; <<>> DiG 9.11.3 <<>> -t a headless.default.svc.cluster.local.
;; global options: +cmd
;; Got answer:
;; WARNING: .local is reserved for Multicast DNS
;; You are currently testing what happens when an mDNS query is leaked to DNS
;; ->>HEADER<<- opcode: QUERY, status: NOERROR, id: 32238
;; flags: qr aa rd; QUERY: 1, ANSWER: 4, AUTHORITY: 0, ADDITIONAL: 1
;; WARNING: recursion requested but not available

;; OPT PSEUDOSECTION:
; EDNS: version: 0, flags:; udp: 4096
; COOKIE: 43f06420894d8db7 (echoed)
;; QUESTION SECTION:
;headless.default.svc.cluster.local. IN      A

;; ANSWER SECTION:
headless.default.svc.cluster.local. 5 IN A    100.90.3.26
```

```
headless.default.svc.cluster.local. 5 IN A    100.90.9.93
headless.default.svc.cluster.local. 5 IN A    100.90.11.143
headless.default.svc.cluster.local. 5 IN A    100.90.0.186

;; Query time: 0 msec
;; SERVER: 172.20.0.10#53(172.20.0.10)
;; WHEN: Mon Jul 12 15:42:38 UTC 2021
;; MSG SIZE  rcvd: 275
```

A 레코드 외에도 각 엔드포인트 주소와 명명된 포트 조합에 대한 SRV 레코드가 있다. SRV 레코드에는 IP 주소뿐만 아니라 포트도 포함되며 포트명과 프로토콜로 질의한다. 예 6-5 에서는 dig 명령어를 사용해 SRV 레코드를 질의하는 방법을 볼 수 있다. 일반적으로 밑줄 underscore은 DNS 네임으로 허용되지 않는다. 그러나 SRV 레코드를 정의하는 RFC 2782는 밑줄을 사용해 이러한 라벨이 네임의 일반적인 부분이 아님을 나타낸다. 오히려 포트명과 프로토콜이 예약돼 있다. 이때 TCP로 실행되는 HTTP 서비스를 찾으려고 질의한다.

예 6-5 헤드리스 서비스 SRV 레코드

```
dnstools# dig -t srv _http._tcp.headless.default.svc.cluster.local.

; <<>> DiG 9.11.3 <<>> -t srv _http._tcp.headless.default.svc.cluster.local.
;; global options: +cmd
;; Got answer:
;; WARNING: .local is reserved for Multicast DNS
;; You are currently testing what happens when an mDNS query is leaked to DNS
;; ->>HEADER<<- opcode: QUERY, status: NOERROR, id: 37179
;; flags: qr aa rd; QUERY: 1, ANSWER: 1, AUTHORITY: 0, ADDITIONAL: 5
;; WARNING: recursion requested but not available

;; OPT PSEUDOSECTION:
; EDNS: version: 0, flags:; udp: 4096
; COOKIE: a0d3f443613efa8f (echoed)
;; QUESTION SECTION:
;_http._tcp.headless.default.svc.cluster.local. IN SRV

;; ANSWER SECTION:
```

```
_http._tcp.headless.default.svc.cluster.local. 5 IN SRV 0 25 80 myhost.headless.default.svc.
cluster.local.

;; ADDITIONAL SECTION:
myhost.headless.default.svc.cluster.local. 5 IN        A 100.90.9.93
myhost.headless.default.svc.cluster.local. 5 IN        A 100.90.3.26
myhost.headless.default.svc.cluster.local. 5 IN        A 100.90.11.143
myhost.headless.default.svc.cluster.local. 5 IN        A 100.90.0.186

;; Query time: 1 msec
;; SERVER: 172.20.0.10#53(172.20.0.10)
;; WHEN: Mon Jul 12 15:45:16 UTC 2021
;; MSG SIZE  rcvd: 420
```

결과의 ANSWER SECTION에는 A 레코드 요청에 대한 응답과 유사한 각 엔드포인트 주소에 대한 SRV 레코드가 포함된다. 그러나 SRV에는 우선 순위, 가중치, 포트, 엔드포인트 주소에 해당하는 A 레코드의 네임도 포함된다. 쿠버네티스 SRV 레코드에서 우선 순위와 가중치는 의미가 없다. 그러나 포트는 서비스 리소스의 명명된 포트를 반영한다. 네임의 첫 번째 라벨인 _http 포트는 'http'에 해당하며, 두 번째 라벨인 _tcp는 'TCP'가 있는 프로토콜 필드에 해당한다. 명명된 포트가 여러 개 있을 때 각 엔드포인트 및 포트 조합에 대한 SRV 레코드가 있다. 서비스에서 명명되지 않은 포트는 SRV 레코드를 받지 않는다.

SRV 질의의 결과의 ADDITIONAL SECTION에는 SRV 레코드의 대상에서 언급한 A 레코드가 포함된다. 이렇게 하면 해당 네임에 대한 추가 조회[lookup] 없이 즉시 사용할 수 있다. 이러한 A 레코드에 사용되는 네임은 기본 포드에 대한 PodSpec의 설정에 따라 다르다. PodSpec이 hostname과 subdomain 필드를 설정하지 않거나 subdomain 필드가 이 서비스명과 일치하지 않을 때 첫 번째 라벨은 임의의 고유 식별자가 된다.[5] 이러한 조건이 참(true)이 아닐 때 hostname 값은 여기에서 사용된다.

예 6-6은 해당 포드 템플릿에서 이 설정을 가진 디플로이먼트 리소스의 예를 보여 준다.

---

5   명세에 따라 라벨은 아무거나 명시할 수 있다. 오래된 kube-dns는 내부 해시를 사용한다. CoreDNS는 포드 IP 주소의 대시(dash) 버전을 사용한다.

```
apiVersion: apps/v1
kind: Deployment
metadata:
  name: headless
  namespace: default
spec:
  replicas: 4
  selector:
    matchLabels:
      app: headless
  template:
    metadata:
      labels:
        app: headless
    spec:
      hostname: myhost
      subdomain: headless
      containers:
      - image: nginx
        name: nginx
        ports:
        - containerPort: 80
          name: http
          protocol: TCP
```

이 서비스를 검색할 수 있도록 만드는 해당 서비스는 앞서 예 6-2에 표시된 서비스다. 배포의 포드 템플릿을 변경해도 서비스에 대한 변경이 필요하지 않다. 예 6-7에서는 hostname과 subdomain이 설정된 이 서비스의 SRV 레코드를 질의할 때 어떤 일이 발생하는지 보여 준다.

예 6-7 호스트명 및 하위 도메인을 가진 디플로이먼트를 위한 헤드리스 서비스 SRV 레코드

```
dnstools# dig -t srv headless.default.svc.cluster.local

; <<>> DiG 9.11.3 <<>> -t srv headless.default.svc.cluster.local
;; global options: +cmd
;; Got answer:
;; WARNING: .local is reserved for Multicast DNS
```

```
;; You are currently testing what happens when an mDNS query is leaked to DNS
;; ->>HEADER<<- opcode: QUERY, status: NOERROR, id: 35933
;; flags: qr aa rd; QUERY: 1, ANSWER: 1, AUTHORITY: 0, ADDITIONAL: 5
;; WARNING: recursion requested but not available

;; OPT PSEUDOSECTION:
; EDNS: version: 0, flags:; udp: 4096
; COOKIE: 2a6ad71f16704695 (echoed)
;; QUESTION SECTION:
;headless.default.svc.cluster.local. IN        SRV

;; ANSWER SECTION:
headless.default.svc.cluster.local. 5 IN SRV  0 25 80 myhost.headless.default.svc.cluster.local.

;; ADDITIONAL SECTION:
myhost.headless.default.svc.cluster.local. 5 IN        A 100.90.0.186
myhost.headless.default.svc.cluster.local. 5 IN        A 100.90.9.93
myhost.headless.default.svc.cluster.local. 5 IN        A 100.90.3.26
myhost.headless.default.svc.cluster.local. 5 IN        A 100.90.11.143

;; Query time: 1 msec
;; SERVER: 172.20.0.10#53(172.20.0.10)
;; WHEN: Mon Jul 12 15:46:58 UTC 2021
;; MSG SIZE  rcvd: 398
```

이 예는 실제 많이 유용하지는 않다. 디플로이먼트는 동일한 포드를 생성하므로 모든 엔드포인트에 단일 네임이 표시된다. 이는 서비스명을 사용하는 것과 기능적으로 다르지 않다.

이 기능이 정말 중요한 것은 디플로이먼트 대신 스테이트풀셋을 사용할 때다. 스테이트풀셋은 만드는 각 포드를 동일한 호스트명으로 사용하지 않는다. 대신 서수(0, 1, 2 등)를 기반으로 호스트명을 설정하고 포드가 삭제되고 다시 생성될 때에도 이 네임을 유지한다(디플로이먼트는 이때 새 포드명을 생성한다). 이렇게 하면 포드에 대한 안정적인 네트워크 ID가 제공된다. 또한 포드에 연결된 퍼시스턴트볼륨을 추적하고 포드가 삭제될 때 동일한 볼륨이 동일한 이름의 포드에 장착되는지 확인한다(예: 노드가 다운되면 다른노드로 재스케줄링).

예 6-8에는 스테이트풀셋 리소스가 표시된다. 자세히 보면 PodSpec 템플릿에는 실제로

hostname과 subdomain 필드가 포함돼 있지 않다. 스테이트풀셋을 사용할 때 컨트롤러는 자동으로 포드명과 hostname을 생성하므로 수동으로 설정할 필요가 없다. 실제로 템플릿에서 설정하면 컨트롤러에서 무시되고 덮어쓴다. serviceName 필드는 스테이트풀셋 컨트롤러에게 subdomain 필드에 사용할 값을 알리는 데 사용된다.

예 6-8 스테이트풀셋

```yaml
apiVersion: apps/v1
kind: StatefulSet
metadata:
  name: headless
  namespace: default
spec:
  replicas: 4
  serviceName: headless
  selector:
    matchLabels:
      app: headless
  template:
    metadata:
      labels:
        app: headless
    spec:
      containers:
      - image: nginx
        name: nginx
        ports:
        - containerPort: 80
          name: http
          protocol: TCP
```

해당 Service 리소스는 예 6-2에 표시된 디플로이먼트 예시에 사용된 리소스와 동일하다. 예 6-9에서는 이 서비스에 해당하는 SRV 레코드를 질의할 때 발생하는 작업을 보여 주며, 이제 디플로이먼트 대신 스테이트풀셋으로 지원된다.

```
dnstools# dig -t srv headless.default.svc.cluster.local

; <<>> DiG 9.11.3 <<>> -t srv headless.default.svc.cluster.local
;; global options: +cmd
;; Got answer:
;; WARNING: .local is reserved for Multicast DNS
;; You are currently testing what happens when an mDNS query is leaked to DNS
;; ->>HEADER<<- opcode: QUERY, status: NOERROR, id: 35933
dnstools# dig -t srv headless.default.svc.cluster.local

; <<>> DiG 9.11.3 <<>> -t srv headless.default.svc.cluster.local
;; global options: +cmd
;; Got answer:
;; WARNING: .local is reserved for Multicast DNS
;; You are currently testing what happens when an mDNS query is leaked to DNS
;; ->>HEADER<<- opcode: QUERY, status: NOERROR, id: 52954
;; flags: qr aa rd; QUERY: 1, ANSWER: 4, AUTHORITY: 0, ADDITIONAL: 5
;; WARNING: recursion requested but not available

;; OPT PSEUDOSECTION:
; EDNS: version: 0, flags:; udp: 4096
; COOKIE: 388e69d7c194e445 (echoed)
;; QUESTION SECTION:
;headless.default.svc.cluster.local.    IN      SRV

;; ANSWER SECTION:
headless.default.svc.cluster.local. 5 IN SRV  0 25 80 headless-0.headless.default.svc.cluster.
local.
headless.default.svc.cluster.local. 5 IN SRV  0 25 80 headless-1.headless.default.svc.cluster.
local.
headless.default.svc.cluster.local. 5 IN SRV  0 25 80 headless-2.headless.default.svc.cluster.
local.
headless.default.svc.cluster.local. 5 IN SRV  0 25 80 headless-3.headless.default.svc.cluster.
local.

;; ADDITIONAL SECTION:
headless-2.headless.default.svc.cluster.local. 5 IN A 100.90.10.88
```

```
headless-3.headless.default.svc.cluster.local. 5 IN A 100.90.7.139
headless-0.headless.default.svc.cluster.local. 5 IN A 100.90.12.224
headless-1.headless.default.svc.cluster.local. 5 IN A 100.90.5.105

;; Query time: 0 msec
;; SERVER: 172.20.0.10#53(172.20.0.10)
;; WHEN: Mon Jul 12 15:57:09 UTC 2021
;; MSG SIZE  rcvd: 715
```

이 응답에서는 각 엔드포인트에 대한 개별 네임이 표시된다. 컨트롤러가 다시 새로운 포드를 생성하도록 이전 포드를 삭제하더라도 IP가 변경될 수 있지만, 동일한 네임이 표시된다. 예 6-10에서는 모든 포드가 강제로 삭제될 때 어떤 일이 발생하는지 보여 준다. 컨트롤러는 디플로이먼트와 마찬가지로 포드를 다시 시작한다. 포드를 다시 시작해도 포드에 대한 안정적으로 네트워크를 식별해 정보를 유지한다. 이러한 포드에 퍼시스턴트볼륨을 연결할 때 이전과 동일한 네임의 포드에 올바르게 연결된다.

예 6-10 스테이트풀셋을 사용해 안정적인 네트워크 식별

```
$ kubectl get po
NAME          READY   STATUS    RESTARTS   AGE
dnstools      1/1     Running   0          38m
headless-0    1/1     Running   0          7m31s
headless-1    1/1     Running   0          7m27s
headless-2    1/1     Running   0          7m23s
headless-3    1/1     Running   0          7m18s
$ kubectl delete po headless-{0,1,2,3} && kubectl get po
pod "headless-0" deleted
pod "headless-1" deleted
pod "headless-2" deleted
pod "headless-3" deleted
$ kubectl get po -w
NAME          READY   STATUS              RESTARTS   AGE
dnstools      1/1     Running             0          39m
headless-0    1/1     Running             0          13s
headless-1    1/1     Running             0          9s
headless-2    0/1     ContainerCreating   0          4s
```

```
$ kubectl attach -it dnstools
Defaulting container name to dnstools.
Use 'kubectl describe pod/dnstools -n default' to see all of the containers in this pod.
If you don't see a command prompt, try pressing enter.
dnstools# dig -t srv headless.default.svc.cluster.local

; <<>> DiG 9.11.3 <<>> -t srv headless.default.svc.cluster.local
;; global options: +cmd
;; Got answer:
;; WARNING: .local is reserved for Multicast DNS
;; You are currently testing what happens when an mDNS query is leaked to DNS
;; ->>HEADER<<- opcode: QUERY, status: NOERROR, id: 35647
;; flags: qr aa rd; QUERY: 1, ANSWER: 4, AUTHORITY: 0, ADDITIONAL: 5
;; WARNING: recursion requested but not available

;; OPT PSEUDOSECTION:
; EDNS: version: 0, flags:; udp: 4096
; COOKIE: 81287b1649aa948d (echoed)
;; QUESTION SECTION:
;headless.default.svc.cluster.local.    IN      SRV

;; ANSWER SECTION:
headless.default.svc.cluster.local. 5 IN SRV  0 25 80 headless-0.headless.default.svc.cluster.
local.
headless.default.svc.cluster.local. 5 IN SRV  0 25 80 headless-1.headless.default.svc.cluster.
local.
headless.default.svc.cluster.local. 5 IN SRV  0 25 80 headless-2.headless.default.svc.cluster.
local.
headless.default.svc.cluster.local. 5 IN SRV  0 25 80 headless-3.headless.default.svc.cluster.
local.

;; ADDITIONAL SECTION:
headless-2.headless.default.svc.cluster.local. 5 IN A 100.90.9.93
headless-3.headless.default.svc.cluster.local. 5 IN A 100.90.3.26
headless-1.headless.default.svc.cluster.local. 5 IN A 100.90.7.91
headless-0.headless.default.svc.cluster.local. 5 IN A 100.90.11.82

;; Query time: 1 msec
;; SERVER: 172.20.0.10#53(172.20.0.10)
```

```
;; WHEN: Mon Jul 12 16:05:24 UTC 2021
;; MSG SIZE  rcvd: 715
```

명세에는 각 포드에 대한 A 레코드도 포함돼 있지만, 이 레코드는 사용되지 않는다. 이 명세는 기존 kube-dns 동작을 나타내려고 작성됐기 때문에 더 이상 모범 사례로 간주되지 않더라도 이러한 레코드가 포함됐다. 이러한 레코드를 사용하면 DNS 서버가 a-b-c-d.namespace.pod.cluster.local 형식과 같은 질의에 응답하며, 여기서 a, b, c, d는 0에서 255까지의 정수다. IP는 a.b.c.d 형태로 A 레코드가 표시된다. 포드는 실제 해당 IP 주소가 있는 지정된 네임스페이스에 존재한다. 이 형식은 와일드카드 인증서(*.namespace.pod.cluster.local)와 함께 사용하기 위한 것이었다. 그러나 DNS에서 나오는 식별 보증을 약화시켜 보안이 약화된다. 악의적인 행위자는 이 자동 동작을 사용해 네임스페이스 외부의 포드가 네임스페이스에 있는 포드로 다른 서비스에 표시되도록 할 수 있다. 따라서 이러한 레코드는 명세에서 사용되지 않는다.

이는 쿠버네티스의 DNS 레코드가 일반적으로 작동하도록 설계된 방법을 다룬다. 다음 절에서는 CoreDNS가 쿠버네티스와 통합돼 클러스터의 클라이언트에서 이러한 레코드를 사용할 수 있도록 하는 방법을 살펴본다.

CoreDNS 통합

이제 쿠버네티스에서 서비스가 어떻게 만들어지는지, 그리고 이러한 서비스를 찾는 데 어떤 DNS 항목을 사용하는지 이해할 것이다. 그러나 CoreDNS가 쿠버네티스에게 DNS 요청에 대한 응답을 제공하는 방법을 알려 주지는 않았다. CoreDNS 쿠버네티스 플러그인은 API 서버에 데이터를 다시 쓰지 않는다는 점을 제외하고는 컨트롤러와 매우 유사하게 작동한다. 서비스 및 엔드포인트 리소스에 대한 감시 체계를 만들고 해당 데이터를 캐시한다. 그림 6-1에 나와 있는 것과 같이 플러그인이 처리할 요청이 들어올 때마다 리소스에 일치한 네임을 조회하고 적절한 데이터를 반환한다.

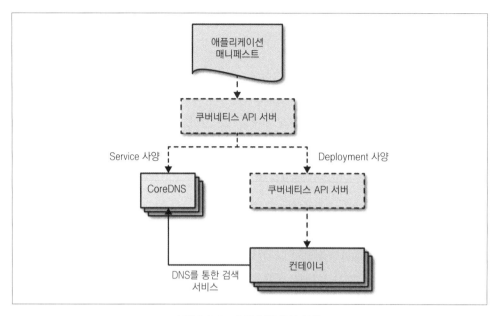

그림 6-1 CoreDNS/쿠버네티스 통합

응답 레코드가 생성되더라도 어딘가에 저장되지는 않는다. 응답 레코드는 들어오는 요청에 따라 임시로 저장돼 있다. 쿠버네티스 리소스는 인메모리 캐시에 저장되므로 레코드를 작성하는 것은 매우 빠르다. API 서버의 감시 기능을 사용하면 이러한 메모리 내 레코드는 최신 상태로 유지가 된다. CoreDNS는 DNS 질의에 직접 응답해 API 서버를 질의할 필요가 없으며, DNS 응답을 빠르게 유지할 필요가 없다.

쿠버네티스 오브젝트 인메모리 캐시는 cache 플러그인이 있는 CoreDNS에서 활성화된 DNS 캐시와 완전히 관련이 없다. CoreDNS가 클러스터 내 요청에만 응답하고 클러스터 외 질의를 더 큰 네트워크에 처리하지 않을 때 cache 플러그인을 사용하도록 설정하는 이점이 거의 없다. cache 플러그인은 DNS 질의에 응답을 저장해 쿠버네티스 플러그인 메모리로 생성된 리소스 레코드를 유지한다. 이러한 레코드를 반환하는 것이 레코드를 재구성하는 것보다 약간 빠를 수 있지만 데이터를 해시[hash]하고 검색[retrieve]하는 데 추가 오버헤드[overhead]가 발생해 캐시 히트에 대한 성능 향상이 최소화되고, 캐시 불일치 발생으로 성능이 저하된다.

Kubernetes 플러그인은 서비스 및 엔드포인트 모두 감시한다. 클러스터 IP 서비스에 대한 질의에 응답을 제공하기 위해 서비스가 필요하며, 엔드포인트는 헤드리스 서비스 질의에 응답해야 한다. 헤드리스 서비스(스테이트풀셋과 함께 사용될 때)를 지원할 필요가 없을 때 플러그인 옵션 noendpoints를 사용해 엔드포인트 감시를 비활성화할 수 있다.

그렇게 설정하는 이유는 쿠버네티스의 엔드포인트 구조가 복잡하기 때문이다. 리소스 자체는 다수의 엔드포인트가 포함돼 있다. 단일 엔드포인트 리소스에는 단일 서비스를 준비하고 그렇지 않을 때에는 모든 엔드포인트 주소가 포함돼 있기 때문이다. 백엔드^{backend}가 많은 서비스는 매우 큰 데이터 구조일 수 있다. 뿐만 아니라 해당 감시 시스템이 리소스가 변경될 때마다 리소스 데이터를 전송한다. 엔드포인트는 특정 서비스에 대한 포드가 생성, 삭제되거나 준비되지 않은 상태 간에 전환할 때마다 전체 엔드포인트 개체가 전송된다.

서비스에 백엔드가 많을수록, 엔드포인트 개체가 클수록(주소가 많을수록) 백엔드 중 하나가 변경될 가능성이 높다. 즉 더 큰 엔드포인트가 작은 엔드포인트보다 더 자주 감시 시스템에게 전송되므로 수천 개의 백엔드가 포함된 매우 큰 서비스에 대한 확장 문제가 발생한다. CoreDNS는 대규모 서비스에서 소규모 서비스보다 메모리와 CPU를 실질적으로 더 많이 소비하게 된다.[6] 헤드리스 서비스가 필요하지 않으면 엔드포인트 감시를 사용하지 않도록 설정하면 리소스 사용을 줄이는 데 도움이 된다.

이제 kubernetes 플러그인이 어떻게 작동하는지 이해했다면 그것이 어떻게 구성돼 있는지 볼 필요가 있다. 실제로 kubernetes 플러그인은 일반적으로 쿠버네티스에 배포되는 CoreDNS 구성의 일부일 뿐이다. 다음 절에서는 다른 플러그인 구성을 포함해 쿠버네티스에서 사용되는 일반적인 기본 CoreDNS 구성을 자세히 설명한다.

6 　더 고려해야 할 부분은 etcd에는 저장할 수 있는 객체의 크기에 제한이 있다는 점이다. 백엔드 수가 너무 높아지면 주소 목록이 잘린다(truncate). 주소의 순서가 결정적이지 않기 때문에 잘림이 끝점 컨트롤러의 조정 루프로 매번 서로 다른 주소를 남길 수 있으므로 더 많은 변동(churn)이 발생할 수 있다.

기본 구성

여러 가지 방법으로 쿠버네티스 클러스터를 만들 수 있으며, CoreDNS를 포함해 각 구성 요소의 정확한 구성을 지정하는 것은 클러스터를 만드는 사용자에 따라 다르다. 이를 보다 쉽게 만들려고 kubeadm, kube-spray 또는 minikube와 같은 다양한 배포 도구가 있고, 각 도구는 클러스터에 필요한 모든 쿠버네티스 리소스를 만드는 데 도움을 준다. 여기에는 CoreDNS Corefile이 포함된다. 이론적으로 이러한 각 도구는 Corefile이 포함하려는 내용을 정확하게 설정할 수 있다. 그러나 실제로는 대부분 CoreDNS의 기본 권장 사항을 따른다.

CoreDNS GitHub 사용자 조직^{Organization}에는 https://github.com/coredns/deployment/tree/master/kubernetes 디렉터리에 CoreDNS의 기본 권장 사항이 포함된 배포 리포지터리가 있다. 대부분의 도구는 특정 워크플로를 작은 변경 사항만 사용해 이 구성을 사용한다. 권장되는 Corefile 버전은 예 6-11에 표시된다.

예 6-11 쿠버네티스 Corefile

```
.:53 {
    errors
    health
    kubernetes CLUSTER_DOMAIN REVERSE_CIDRS {
      pods insecure
      upstream
      fallthrough in-addr.arpa ip6.arpa
    }
    prometheus :9153
    forward . UPSTREAMNAMESERVER
    cache 30
    loop
    reload
    loadbalance
}
```

각 라인이 여기에 있는 이유를 이해하려고 Corefile을 자세히 살펴본다. 한 가지 주목할 점은 ALL_CAPS 값은 이 파일을 처리하는 배포 도구로 대체되는 변수다. 예를 들어 kubeadm과 같다. 쿠버네티스 자체는 kubeadm을 인식하지 못하거나 제어하지 못하며, 이 파일을 있는 것처럼 직접 사용할 때, 쿠버네티스에서 CoreDNS 디플로이먼트를 중단해야 한다.

3장에서 설명한 대로 .:53 { 포트에서 실행되는 서버에 대한 새 서버 블록을 시작하고 해당 서버가 루트 도메인 및 그 아래에 있는 모든 것(예: 모든 도메인)에 대한 질의를 해석^{resolve}하도록 지시한다. 즉 질의와 일치하는 다른 특정 서버 블록이 없는 한 모든 질의가 이 서버 블록에 나열된 플러그인 집합으로 전달된다(예: 142페이지의 '스텁 도메인 및 페더레이션' 절 참조).

다음 라인에 있는 error 구문은 errors 플러그인 활성화를 나타낸다. 이 플러그인은 질의 처리 중에 반환된 에러를 로깅한다. 여기에는 업스트림 네임 서버에 대한 네트워킹 타임아웃과 같은 에러가 포함된다. 이 플러그인은 실제 DNS 응답 코드가 아닌 에러가 로깅됐는지 여부에만 영향을 준다. 이 플러그인이 없으면 CoreDNS는 대부분은 SERVFAIL로 여전히 응답하지만 아무것도 로깅하지 않는다. 에러가 기록될 때 문제 해결이 훨씬 쉬워진다.

health 플러그인은 kubelet에 대한 상태 확인^{health-check} 엔드포인트를 노출해 CoreDNS가 살아 있는지 여부를 모니터링하고 작동한다. 포트 8080에 HTTP 서버를 열어 /health에 대한 HTTP 요청에 응답한다. 144페이지의 '클러스터 DNS 디플로이먼트 리소스' 절에 설명된 대로 kubelet 상태 확인으로 구성된다.

세 번째 라인, kubernetes CLUSTER_DOMAIN REVERSE_CIDRS { 부분은 쿠버네티스 플러그인을 활성화해 CLUSTER_DOMAIN에 대한 권한을 부여한다. 이 예시에서는 cluster.example.com을 사용한다. 또한 클러스터에서 실행되는 서비스에 대한 PTR 요청에 응답할 수 있어야 하므로 REVERSE_CIDRS에는 쿠버네티스 서비스의 CIDR로 채워져야 한다. 예를 들어 서비스 CIDR이 10.7.240.0/20일 때 이 값을 REVERSE_CIDR 사용한다. 서비스 엔드포인트에 대한 PTR 질의를 확인하려면 이 목록에 있는 모든 포드 CIDR도 필요하다. 쿠버네티스 API로 서비스 및 포드 CIDR을 검색할 수 없기 때문에 CoreDNS는 자체적으로 이를 파악할 수 없다. 또는 in-addr.arpa 및 ipv6.arpa를 지정할 수 있으며, 모든 역방향 DNS 요청은 플러그인으로 대체된다.

kubernetes 플러그인 구성 블록 내부에는 세 가지 기능이 활성화된다. 포드의 insecure 라인은 포드 IP 주소에 대한 특별한 질의 양식에 응답하는 DNS 사양의 사용되지 않는 부분에 대한 지원을 제공한다. 이는 이전 기본 클러스터 DNS 솔루션인 kube-dns와의 이전 버전과 이전 호환성을 제공된다. 이 부분이 필요가 없을 때 이 줄을 제거해야 한다. 포드 구성에 대한 자세한 내용은 162페이지의 'CoreDNS 확장' 절에서 확인할 수 있다.

upstream 라인은 CoreDNS 자체로 질의를 다시 전송해 CNAME 레코드를 해결하려고 플러그인을 지시한다. CNAMEs는 서비스가 type: ClusterIP 대신 type: ExternalName으로 정의될 때 사용된다. upstream 옵션을 사용하면 스텁 도메인 및 기타 설정을 수행할 수 있으며, 클러스터 내에서 서비스를 제공하는 CNAME도 사용할 수 있다. 이 라인은 CoreDNS 버전 1.4 및 이후 버전에서는 기본으로 동작하기 때문에 별개로 설정하지 않아도 된다.

마지막 kubernetes 플러그인 구성은 fallthrough in-addr.arpa ip6.arp다. 이렇게 하면 PTR 조회를 수행할 때 레코드를 찾을 수 없을 때 플러그인 체인 아래로 요청을 전달한다. 이 때 구성이 일반적으로 kubernetes 플러그인으로 모든 PTR 요청을 보내기 때문에 Corefile에 있는 모든 서비스 및 포드 CIDR을 명시적으로 나열하지 않을 때 특히 중요하다. 이 fallthrough 라인이 없으면 플러그인은 모든 IP에 대한 PTR 요청을 처리한다. 여기에 대체 fallthrough 라인이 있으면 알 수 없는 IP가 체인 아래로 전달되더라도 forward 플러그인으로 포착된다.

kubernetes 플러그인 이후 라인에는 prometheus :9153이 나타나며, 프로메테우스의 스크레이핑scraping을 위한 메트릭을 내보내는 prometheus 플러그인을 사용할 수 있다. 기본적으로 prometheus 플러그인은 로컬 호스트에서만 수신 대기하므로 잠재적으로 중요한 메트릭에 우발적으로 노출되는 것을 방지한다. :9153을 지정해 포트 9153의 모든 주소에서 수신 대기하도록 지시한다. 프로메테우스는 네트워크 전체에서 메트릭을 스크레이프scrape하므로 액세스할 수 있도록 해야 한다.

forward .이라고 명시된 라인 다음에 UPSTREAMNAMESERVER 라인이 다음에 나타난다. 그것은 루트 영역(.)에 대한 forward 플러그인을 활성화할 수 있다. 이전 플러그인에서 처리하지 않는 이 서버에서 받은 모든 질의는 지정된 네임 서버(들)로 전달된다. 주의해야 할 한 가지 중요한 점은 '이전earlier'이 'Corefile에 이전에 나열됨' 부분을 참조하지 않는다. 3장에서 설명된 바와 같이 질의는 컴파일 시간에 결정된 고정 순서로 플러그인으로 처리된다. Corefile의 순서는 플러그인 전반에 걸쳐 관련이 없지만, 서버 블록 내에서 여러 인스턴스를 허용하는 플러그인은 순서가 중요하다.

cache 30 라인을 사용하면 cache 플러그인을 사용해 레코드의 TTL을 30초로 제한한다. 지정된 레코드에 사용되는 실제 TTL은 레코드의 구성된 TTL과 캐시의 구성된 TTL보다 작다. 여기에 캐시를 사용하는 것은 이상적이지 않다. 업스트림 요청에 유용하지만 클러스터 도메인 내부의 요청은 캐시에서 많은 가치를 얻지 못한다. kubernetes 플러그인 자체는 이미 모든 쿠버네티스 리소스를 메모리에 보유하고 있으므로 추가 캐싱이 필요하지 않다. 152페이지의 '더 나은 구성' 절에서 이 문제를 해결한다.

loop 플러그인은 loop 지시문directive으로 활성화된다. DNS 질의 루프를 검색하는 데 사용되는 방어 플러그인이다. 루프가 감지되면 CoreDNS는 문제를 설명하는 에러 로그 항목으로 종료된다. 종료가 심한 것처럼 보일 수 있지만 루프가 처리되도록 하기 위함이다. 이렇게 하면 간헐적이고 디버깅하기 어려운 DNS 오류가 방지된다.

reload 지시문을 사용하면 reload 플러그인을 사용할 수 있으므로 CoreDNS는 프로세스를 다시 시작하지 않고도 Corefile을 리로드reload할 수 있다. 즉 단순히 kubectl -n kube-system edit configmap coredns를 할 수 있으며, 변경한 사항은 자동으로 리로드된다. ConfigMap을 변경하면 변경이 필요한 모든 노드에 전파propagate하는 데 1~2분 정도 걸릴 수 있다. CoreDNS는 MD5 체크섬을 주기적으로(기본적으로 30초마다) 변경하고 변경될 때 파일을 리로드한다.

리로드는 위험할 수 있다

실습할 때에는 중복 배포의 변경 사항을 먼저 테스트해야 한다. Corefile에 구문 에러가 있을 때 CoreDNS는 에러를 기록하고 원래 Corefile에서 계속 제공한다. CoreDNS 포드가 삭제되거나 나중에 다른 노드로 스케줄링되면 새로 시작된 프로세스는 잘못된 Corefile을 읽고 포드를 시작할 수 없다.

마지막으로 loadbalance 지시문은 loadbalance 플러그인을 사용할 수 있으며, 이는 응답에서 A/AAAA 레코드를 임의로 섞는다. 헤드리스 서비스를 사용할 때 다른 클라이언트가 다른 순서로 레코드를 수신한다는 것을 의미한다. 많은 클라이언트가 반환된 첫 번째 IP를 가져가기 때문에 모든 인스턴스에서 부하를 분산하는 데 도움이 된다.

이는 쿠버네티스를 위한 CoreDNS의 필수 구성을 다룬다. 특히 스텁 도메인과 페더레이션 구성에 대한 몇 가지 세부 사항을 생략했다. 이는 다음 절에서 다룰 예정이다.

스텁 도메인 및 페더레이션

예 6-12에 표시된 GitHub 리포지터리의 Corefile을 보면 최종 Corefile을 생성할 때 대체되는 몇 가지 다른 변수를 알 수 있는데 바로 STUBDOMAINS 및 FEDERATIONS다. 이러한 변수는 더 일반적으로 사용되는 변수에 초점을 맞추려고 이 파일의 첫 번째 목록에서 제외됐다.

예 6-12 모든 변수가 포함된 쿠버네티스 Corefile

```
.:53 {
    errors
    health
    kubernetes CLUSTER_DOMAIN REVERSE_CIDRS {
        pods insecure
        upstream
        fallthrough in-addr.arpa ip6.arpa
    }FEDERATIONS
    prometheus :9153
    forward . UPSTREAMNAMESERVER
```

```
    cache 30
    loop
    reload
    loadbalance
}STUBDOMAINS
```

STUBDOMAINS 변수는 UPSTREAMNAME SERVER 이외의 네임 서버를 사용해 특정 도메인을 해결할 때 추가 서버 스탠자를 채우는 데 사용된다. 일반적으로 예 6-13과 같이 내부 DNS 서버를 사용해 로컬 도메인을 해석resolve하는 데 사용된다.

예 6-13 스텁 도메인이 있는 쿠버네티스 Corefile

```
.:53 {
    errors
    health
    kubernetes cluster.local in-addr.arpa ip6.arpa {
        pods insecure
        upstream
        fallthrough in-addr.arpa ip6.arpa
    }
    prometheus :9153
    forward . /etc/resolv.conf
    cache 30
    loop
    reload
    loadbalance
}

corp.example.com:53 {
    errors
    cache 30
    loop
    forward . 10.0.0.10:53
}
```

이 예시에서는 질의가 가장 길게 일치한 서버 블록으로 전달되므로 corp.example.com 아래 모든 질의가 두 번째 서버 블록을 통과한다. 그런 다음 /etc/resolv.conf에 정의된 네임 서버를 통하지 않고 10.0.0.10의 로컬 네임 서버로 전달된다.

FEDERATIONS 변수는 쿠버네티스 페더레이션 v1 네임을 지원하는 데 사용된다. federation 플러그인을 가능하게 하고 페더레이션 영역의 명세를 허용한다. 페더레이션 v1은 여러 클러스터에서 워크로드를 관리하기 위한 컨트롤 플레인이었지만 더 이상 개발 활성화된 상태는 아니다. federation 플러그인은 이전 버전 호환성을 제공되며, 향후 버전에서 제거될 예정이다. 쿠버네티스 커뮤니티에서 페더레이션 v2를 포함해 여러 가지의 클러스터 관리 프로젝트를 찾고 있다. 이러한 지원은 외부 플러그인으로 빌드해 시작할 수 있다.

Corefile은 클러스터 DNS로 실행할 때 CoreDNS의 행동 방식을 설명하지만 클러스터에 CoreDNS를 관리하고 배포하는 데 필요한 다른 리소스가 많이 있다. 다음 절에서는 이러한 리소스를 설명할 예정이다.

클러스터 DNS 디플로이먼트 리소스

배포용 GitHub 리포지터리에는 CoreDNS를 가동하고 실행하는 데 필요한 쿠버네티스 리소스 정의가 포함돼 있다. 여기에는 API 서버에 액세스하는 방법, 사용된 컨테이너 이미지, 실행할 포드 수, 기타 배포 세부 정보가 포함된다. 이 절에서는 배포 리포지터리에 매니페스트가 포함된 쿠버네티스 리소스를 자세히 설명한다.

CoreDNS를 실행하는 데 필요한 리소스에는 다음과 같은 네 가지 카테고리가 있다. API 서버에 대한 액세스를 허용하는 리소스, Corefile을 보유하는 ConfigMap, 클러스터에서 DNS를 사용할 수 있도록 하는 서비스, 실제로 포드를 실행하고 관리하기 위한 디플로이먼트 등이 CoreDNS에서는 필요하다. ConfigMap은 138페이지의 '기본 구성'으로 다뤄졌기 때문에 다음에 다른 카테고리를 살펴본다. CoreDNS가 API 서버에 액세스하는 데 필요한 쿠버네티스 리소스로 시작한다.

역할 기반 액세스 제어

CoreDNS는 서비스 및 엔드포인트 데이터를 읽으려고 API 서버에 액세스해야 한다. 기본적으로 쿠버네티스의 포드에는 API 서버를 질의하는 데 사용할 수 있는 서비스 어카운트[service account] 토큰에 액세스할 수 있다. 이 기본 토큰은 일반적으로 포드가 실행되는 동일한 네임스페이스에만 액세스할 수 있다. CoreDNS가 클러스터 전체의 모든 서비스를 API 서버에서 데이터를 읽을 수 있도록 하려면 더 많은 접근 권한을 가진 서비스 어카운트가 필요하다.

이러한 이유로 클러스터 내 DNS에 대한 CoreDNS를 배포하는 데 사용되는 기본 매니페스트는 RBAC[Role-Based Access Control] 리소스를 만든다. 이 중 가장 간단한 것은 예 6-14에 표시된 coredns 서비스 어카운트다. 이렇게 하면 디플로이먼트를 만들 때 나중에 참조할 수 있는 명명된 계정을 만든다. PodSpec은 이 명명된 서비스 어카운트를 사용하도록 구성된다.

예 6-14 CoreDNS 서비스 어카운트

```
apiVersion: v1
kind: ServiceAccount
metadata:
    name: coredns
    namespace: kube-system
```

이 서비스 어카운트에 권한을 부여하려면 롤[Role]이 필요하다. 이때 클러스터는 예 6-15에 표시된 롤과는 반대로 클러스터롤[ClusterRole]은 특정 네임스페이스에 연결되지 않는다. CoreDNS는 모든 네임스페이스에서 데이터를 읽어야 하기 때문에 클러스터롤을 사용해야 한다.

예 6-15 CoreDNS 클러스터롤

```
apiVersion: rbac.authorization.k8s.io/v1
kind: ClusterRole
metadata:
  labels:
    kubernetes.io/bootstrapping: rbac-defaults
  name: system:coredns
rules:
```

```
  - apiGroups:
      - ""
    resources:
      - endpoints
      - services
      - pods
      - namespaces
    verbs:
      - list
      - watch
  - apiGroups:
      - ""
    resources:
      - nodes
    verbs:
      - get
  - apiGroups:
      - discovery.k8s.io
    resources:
      - endpointslices
    verbs:
      - list
      - watch
```

그러나 클러스터롤은 서비스 어카운트와 연결될 때까지 쓸모가 없다. 이는 예 6-16에 명시된 바와 같이 ClusterRoleBinding의 목적이다. 특정 서비스 어카운트에 롤을 할당하므로 쿠버네티스는 해당 서비스 어카운트와 연결하는 모든 클라이언트에 롤의 권한을 부여한다.

예 6-16 CoreDNS ClusterRoleBinding

```
apiVersion: rbac.authorization.k8s.io/v1
kind: ClusterRoleBinding
metadata:
  annotations:
    rbac.authorization.kubernetes.io/autoupdate: "true"
  labels:
    kubernetes.io/bootstrapping: rbac-defaults
  name: system:coredns
```

```
roleRef:
  apiGroup: rbac.authorization.k8s.io
  kind: ClusterRole
  name: system:coredns
subjects:
- kind: ServiceAccount
  name: coredns
  namespace: kube-system
```

클러스터롤^{ClusterRole}을 자세히 살펴보겠다. 클러스터롤은 기본적으로 리소스 중 엔드포인트, 서비스, 포드, 네임스페이스의 list(목록 나열) 및 watch(변화 감시) 기능을 부여한다. 또한 노드 정보를 상세 출력하는 get 기능을 부여한다. DNS 명세에 따라 엔드포인트 및 서비스를 감시하고 목록을 나열하는 기능은 클러스터 IP 및 헤드리스 서비스에 대한 레코드를 구성하는 데 이러한 리소스가 필요하다. 그러나 포드, 네임스페이스, 노드에도 이러한 롤이 필요할까?

네임스페이스를 액세스해야 하는 몇 가지 이유가 있는데 대표적으로는 도메인명 space.svc. cluster.local 질의가 들어올 때 데이터 없이 NXDOMAIN 또는 SUCCESS를 반환할지 여부를 결정한다. DNS를 제대로 구현하려고 CoreDNS는 해당 하위 도메인 내에 도메인명이 있을 때, 즉 네임스페이스에 있을 때 NXDOMAIN을 반환할 수 없다. 163페이지의 '와일드카드 질의' 절에 설명된 CoreDNS 확장인 와일드카드 질의를 사용할 때도 네임스페이스 레코드가 필요하다.

포드와 노드가 필요한지 여부에 대한 대답은 '아마 그렇지 않을 것'이다. 이 액세스가 필요한 Corefile에는 여러 가지 선택적 기능이 있지만 기본 Corefile은 이러한 기능을 활성화하지 않는다. CoreDNS 작성자는 배포 지침이 복잡하지 않도록 이러한 권한을 부여하는 것이 좋다. 이렇게 하면 Corefile에서 기능을 사용하도록 설정하면 클러스터롤에 대한 변경이 필요하지 않다. 이러한 기능을 사용하지 않을 때 해당 추가 권한을 제거할 수 있다.

CoreDNS는 162페이지의 '포드 옵션' 절에 설명된 pods verified 옵션을 사용하도록 설정할 때에만 포드를 감시^{watch}해야 한다. 이 옵션을 사용하지 않으면 포드를 읽을 수 있는 권한을 유지할 필요가 없다.

이제 CoreDNS가 API 서버에 액세스하는 방법을 이해하도록 배포 스크립트에 정의된 서비스를 검사해 클라이언트가 네트워크로 CoreDNS를 찾고 액세스하는 방법을 살펴볼 예정이다.

서비스

CoreDNS는 122페이지의 '클러스터 IP 서비스' 절에서 설명한 것과 같은 표준 클러스터 IP 서비스를 사용한다. 매니페스트에 정의된 특정 서비스는 예 6-17에 나와 있다.

예 6-17 kube-dns 서비스

```
apiVersion: v1
kind: Service
metadata:
  name: coredns
  labels:
    app: coredns
spec:
  selector:
  app: coredns
clusterIP: 10.7.240.10
ports:
- name: dns
  port: 53
  protocol: UDP
- name: dns-tcp
  port: 53
  protocol: TCP
- name: metrics
  port: 9153
  protocol: TCP
```

가장 먼저 눈에 띄는 것은 서비스가 'coredns' 대신 'kube-dns'라는 이름으로 지정된다. 서비스명은 DNS 서비스 공급자에 관계없이 동일하다. 쿠버네티스의 이전 버전에서 kube-dns는 DNS 서버의 이름이기도 하다. 그러나 해당 서버에서 CoreDNS에 이르는 서비스 손실 없이 원활한 업그레이드를 제공하려고 서비스명을 동일하게 유지해야 한다. 쿠버네티스에서는 서비스의 name과 clusterIP를 변경할 수 없다. 따라서 서비스명을 변경하려면 서비스를 삭제하고 다른 이름으로 다시 만들거나 clusterIP를 변경해야 한다. 이러한 옵션 중 하나가 서비스 중단을 일으킬수 있다.

이 예에서 clusterIP는 10.7.240.10이지만 클러스터에 따라 다르다. 클러스터의 생성 시점에 결정된 고정 값이며 쿠버네티스로 자동 할당되지 않는다. 동일한 IP 주소가 kubelet의 각 인스턴스에 전달되며, 이 주소는 해당 포드에 대한 resolv.conf 파일을 만들 때 사용된다.

이 서비스는 명명된 3개의 포트를 정의한다. 첫 번째, 두 번째는 예상대로 DNS용 전송 제어 프로토콜^{TCP} 및 사용자 데이터그램 프로토콜^{UDP} 포트다. 세 번째는 프로메테우스가 메트릭을 스크레이프하는 데 사용하는 포트를 정의하는 메트릭 포트다. 여기서 이상한 점은 프로메테우스가 CoreDNS의 각 개별 인스턴스에서 스크레이프해야 한다는 점이다. 검색된 값은 매번 다른 백엔드에서 벗어나기 때문에 서비스에서 스크레이프하는 것은 의미가 없다. 그렇다면 왜 이것이 정의하는가? 실제로 프로메테우스는 서비스를 사용해 포드를 스크레이프하는 데 사용할 포트를 식별하지만, 실제로는 서비스로 포드를 스크레이프하지는 않는다. 대신 포드를 직접 스크레이프하지만 서비스에 정의된 포트를 사용한다.

이렇게 하면 디플로이먼트라는 리소스가 하나 더 남는다.

디플로이먼트

디플로이먼트^{Deployment} 리소스의 YAML 정의는 매우 길기 때문에 모든 리소스를 나열하는 대신 하나씩 살펴보겠다. 표준 필드로는 kind: Deployment, apiVersion: apps/v1, metadata는 name: coredns를 명시해 시작된다. 중요 부분은 spec 필드에서 시작되며, 첫 번째 부분은 예 6-18에 표시된다.

예 6-18 CoreDNS 배포 - 첫 번째 파트

```
spec:
```

```
  replicas: 2
  strategy:
    type: RollingUpdate
    rollingUpdate:
      maxUnavailable: 1
  selector:
    matchLabels:
      app: coredns
```

이 절에서는 기본 레플리카^{replica}를 2개로 지정한다. 대부분의 디플로이먼트에서 레플리카 수는 클러스터 오토스케일러^{autoscaler}로 스케일이 조정된다. 이는 클러스터의 노드 수에 따라 CoreDNS 레플리카 수를 실행하고 스케일을 조정하는 별도의 디플로이먼트다. CoreDNS 자동 크기 조정에 대한 자세한 내용은 154페이지의 '오토스케일링' 절을 참조하면 된다.

다음 필드인 strategy 필드는 포드를 다시 시작해야 하는 변경이 있을 때 디플로이먼트에서 포드를 업데이트하는 방법을 정의한다. 이는 새로운 버전의 CoreDNS에 대한 이미지를 업데이트하거나 요청된 리소스 또는 리소스 제한과 같은 다른 매개 변수로 변경될 수 있다. maxUnavailable을 1의 값을 가진 RollingUpdate strategy를 사용하면 단일 레플리카를 내려놓고 다음 레플리카로 이동하기 전 포드가 성공적으로 실행될 때까지 기다린다.

마지막으로 selector 필드는 디플로이먼트가 해당 제어 중인 포드를 식별하는 방법을 정의한다.

디플로이먼트 리소스의 나머지 부분에서는 포드 템플릿으로 구성된다. 이것의 첫 번째 부분은 예 6-19에 표시된다. 디플로이먼트 selector와 일치하도록 포드에 적용할 라벨을 정의하기만 하면 된다. 그 후 예 6-14에 설명된 CoreDNS 계정에 serviceAccountName을 설정하고 Corefile을 포함하는 포드에 대한 단일 볼륨을 정의하고 dnsPolicy를 Default로 지정한다.

안타깝게도 dnsPolicy라는 '기본값^{Default}'은 포드의 기본값이 아니다. 포드의 기본값은 ClusterFirst로, 이는 kube-dns 서비스를 포드의 DNS 서버로 사용하는 것을 의미한다. Default 정책은 실제로 호스트 노드의 DNS 구성을 사용하는 것을 의미한다. CoreDNS

는 이 정책을 사용해 노드를 구성된 업스트림 네임 서버를 통해 외부 도메인명을 확인할 수 있다.

```
template:
  metadata:
    labels:
      app: coredns
  spec:
    serviceAccountName: coredns
    volumes:
      - name: config-volume
        configMap:
          name: coredns
          items:
          - key: Corefile
            path: Corefile
    dnsPolicy: Default
```

이 디플로이먼트 리소스에 대한 포드 템플릿의 마지막 부분은 컨테이너 목록이다. CoreDNS 포드에는 단일 컨테이너만 있으며, 정의는 예 6-20에 표시된다. 이 컨테이너는 CoreDNS 인스턴스 자체의 단일 프로세스를 실행한다. 캐싱, 상태, 메트릭은 플러그인으로 구현된다. 이전 kube-dns 구현에서 이러한 서로 다른 함수는 별도의 프로세스로 실행된다.

CoreDNS 컨테이너 명세의 상단 부분은 사용할 이름과 이미지와 ConfigMap에서 Corefile 을 마운트하고 사용하는 방법을 정의한다. DNS용 TCP 및 UDP 포트와 프로메테우스가 메 트릭을 스크레이프하는 데 사용할 TCP 포트를 정의한다.

```
containers:
- name: coredns
  image: coredns/coredns:1.8.4
  imagePullPolicy: IfNotPresent
  args:
```

```yaml
        - -conf
        - /etc/coredns/Corefile
      volumeMounts:
        - mountPath: /etc/coredns
          name: config-volume
          readOnly: true
        - mountPath: /tmp
          name: tmp
      ports:
        - containerPort: 53
          name: dns
          protocol: UDP
        - containerPort: 53
          name: dns-tcp
          protocol: TCP
        - containerPort: 9153
          name: metrics
          protocol: TCP
      resources:
        limits:
          memory: 170Mi
        requests:
          cpu: 100m
          memory: 70Mi
      securityContext:
        allowPrivilegeEscalation: false
        capabilities:
          add:
            - NET_BIND_SERVICE
          drop:
            - all
        readOnlyRootFilesystem: true
      livenessProbe:
        failureThreshold: 5
        httpGet:
          path: /health
          port: 8080
          scheme: HTTP
        initialDelaySeconds: 60
```

```
      periodSeconds: 10
      successThreshold: 1
      timeoutSeconds: 5
  readinessProbe:
    failureThreshold: 3
    httpGet:
      path: /health
      port: 8080
      scheme: HTTP
```

다음은 리소스 제한 내용이다. CoreDNS는 CPU의 최소 1/10을 요청하지만 CPU 소비에 제한을 두지 않는다. CoreDNS는 CPU를 바인딩하므로 노드에서 사용 가능한 CPU로 확장할 수 있다. 노드에서 메모리를 너무 많이 소비하는 프로세스를 커널에서 종료하려는 프로세스가 시작될 수 있으므로 메모리를 사용하면 제한을 설정하는 것이 중요하다. 프로세스가 너무 많은 CPU를 소비할 때 수행이 느려지지만 커널 충돌이 발생하지는 않는다.

메모리의 170Mi^{mebibytes}[7]의 한계는 원래 kube-dns 컨테이너를 설정된 것과 동일한 양이다. CoreDNS로 업그레이드할 때 이를 동일하게 유지하면 클러스터가 kube-dns 포드와 동일한 수의 CoreDNS 포드를 예약할 수 있다. 스케일 테스트의 결과로는 CoreDNS는 5,000노드 클러스터를 처리할 때 이 메모리 제한 내에서 유지할 수 있다.

메모리 제한 추정

기본 Corefile 설정으로 클러스터에 필요한 제한을 추정하려면 다음 공식을 사용한다.

필요한 MiB = (포드 + 서비스) / 1000 + 54

따라서 10,000개의 포드와 6,000개의 서비스가 있는 클러스터는 한도를 (10,000 + 6,000) / 1,000 + 54 = 16 + 54 = 70 MiB로 설정할 수 있다.

CoreDNS에 정의된 보안 콘텍스트는 `NET_BIND_SERVICE`를 설정하고 다른 모든 프로세스 기능을 삭제한다. CoreDNS는 루트가 아닌 사용자로 실행되지만 여전히 1024 미만의 포트(예:

---

7   메가 이진 바이트로 2^{20}바이트를 의미한다. – 옮긴이

DNS 포트 53)에 바인딩할 수 있다.

마지막으로 준비^{readiness} 및 활성^{liveness} 프로브^{probe}가 정의된다. 둘 다 health 플러그인이라고 부르지만, 쿠버네티스는 서로 다른 목적으로 이를 사용한다. 활성 프로브가 다섯 번 이상 실패하면(timeoutSeconds 이상 소요), CoreDNS 프로세스가 죽어 다시 시작된다. 반면에 준비 프로브를 전달하면 CoreDNS 프로세스가 클러스터 IP의 로드밸런싱 풀에 추가해 트래픽을 수신할 수 있다. CoreDNS의 최신 버전은 별도의 health와 ready 플러그인을 갖고 있다.

그래서 모든 CoreDNS는 쿠버네티스에 배포하는 거의 고정된 방법이 있다. 이러한 리소스는 CoreDNS의 초기 배포를 완전히 정의한다. 정적 클러스터가 있을 때 필요하다. 그러나 많은 클러스터의 크기는 시간이 지남에 따라 변경된다. 다음 절에서는 쿠버네티스에서 CoreDNS에 대한 오토스케일링을 설정하는 방법을 설명한다.

오토스케일링

예 6-18에서 보았듯이 기본적으로 CoreDNS의 2개의 레플리카만 배포된다. 작은 클러스터에는 괜찮지만 더 큰 클러스터에서는 더 많은 레플리카가 필요하다. 이를 처리하려고 많은 배포판에서 dns-autoscaler 포드를 배포한다. 이 포드는 범용 클러스터 오토스케일러의 스케일을 기반으로 한다. 클러스터의 마스터노드 또는 워커노드 수가 증가함에 따라 새 레플리카가 추가된다. 기본적으로 항상 2개의 레플리카를 유지 관리하며, 클러스터에 코어 256개당 1개 또는 클러스터의 16개 노드당 1개씩 더 큰 레플리카를 설정한다.

클러스터 크기를 필요한 DNS 인스턴스 수에 따라 예측하는 방법은 부정확한 방법이다. 실제 요구 사항은 클러스터에서 실행 중인 워크로드에 따라 달라진다. 이 디플로이먼트에서 CoreDNS는 CPU에 바인딩된다. 즉 표준 쿠버네티스 HPA^{Horizontal Pod Autoscaler}를 사용해 CPU를 기반으로 오토스케일링 옵션을 적용할 수 있다. 예 6-21은 HPA 리소스 예시를 제공한다. 최대 레플리카 수는 필수 필드다. 클러스터에 부담을 주지 않는 값으로 설정해야 한다.

```
apiVersion: autoscaling/v1
kind: HorizontalPodAutoscaler
metadata:
  name: coredns
  namespace: default
spec:
  maxReplicas: 20
  minReplicas: 2
  scaleTargetRef:
    apiVersion: apps/v1
    kind: Deployment
    name: coredns
  targetCPUUtilizationPercentage: 50
```

포드당 3개의 별도 프로세스가 실행 중인 kube-dns에서는 실제 질의 성능과 관련돼 집계된 CPU 판독값이 무엇을 의미하는지 이해하기 어렵다. 그러나 CoreDNS는 단일 프로세스만 있으므로 문제가 발생하면 더 많은 레플리카가 도움이 될 것으로 분명하다. 이때 50%의 CPU 사용률을 목표로 하므로 오토스케일러를 조정하거나 짧은 질의를 처리할 수 있는 시간을 제공한다.

그러나 CoreDNS는 단일 프로세스만 있으므로 문제가 발생하면 더 많은 레플리카가 도움이 될 것으로 분명하다. 이때 50%의 CPU 사용률을 목표로 하므로 오토스케일러를 조정하거나 짧은 질의를 처리할 수 있는 시간을 제공한다.

쿠버네티스는 CPU 이외의 메트릭에서도 확장할 수 있다. CoreDNS는 CoreDNS가 상태 플러그인에 전송된 요청에 응답하는 데 걸리는 시간을 측정하는 coredns_health_request_duration_seconds라는 메트릭을 게시한다. health 플러그인 응답은 완전히 내부이기 때문에 매우 빠른 작업이어야 한다. 그렇지 않을 때 CoreDNS는 질의 부하를 처리하는 데 어려움을 겪을 수밖에 없다. 이것을 시그널로 사용, 오토스케일링을 통해 CoreDNS 인스턴스를 더 추가할 수 있다.

이제 CoreDNS가 쿠버네티스와 통합하는 방법, CoreDNS의 표준 구성, 쿠버네티스에 배포 및 확장 방법에 대한 모든 기본을 완전히 이해할 수 있다. 다음 절에서는 이러한 기본 사항을 넘어 개별 클러스터의 세부 사항에 따라 CoreDNS의 기능 및 성능을 향상시킬 수 있는 방법을 살펴볼 수 있다. 또한 표준 구성에 개선할 수 있는지를 살펴보고 시작할 수 있다.

향상된 구성

표준 구성 라인별 작업을 진행하면서 몇 가지 좋은 설정 사항을 짚어 봤다. 기본 쿠버네티스 리소스가 이미 메모리에 있기 때문에 **cache** 플러그인이 클러스터 내 네임을 실제로 중복한다. 하지만 클러스터 외 질의에 캐시가 적용되고자 한다. 이를 적용하려고 예 6-22에 표시된 대로 Corefile을 사용할 수 있다.

예 6-22 향상된 쿠버네티스 Corefile – 1단계

```
CLUSTER_DOMAIN REVERSE_CIDRS {
    errors
    health
    kubernetes {
      pods insecure
      upstream
      fallthrough in-addr.arpa ip6.arpa
    }
    prometheus :9153
    forward . UPSTREAMNAMESERVER
    loop
    reload
    loadbalance
}
. {
    errors
    forward . UPSTREAMNAMESERVER
```

```
    prometheus :9153
    cache
    loop
}
```

서버 블록의 시작인 CLUSTER_DOMAIN REVERSE_CIDRS 부분으로 이동해 CoreDNS에 cache 플러그인을 포함하지 않는 플러그인 집합을 통해서만 해당 영역에 대한 질의를 라우팅해야한다. 다른 영역에 대한 질의는 두 번째 스탠자를 통과하고 캐시된다. 이 서버 블록으로 오는 질의는 클러스터 서비스가 아니므로 업스트림 TTL에 따라 질의를 캐시할 수 있으므로 해당 캐시의 30초 캡을 제거할 수 있다.[8]

하지만 서버 블록의 시작 부분으로 CLUSTER_DOMAIN REVERSE_CIDRS를 사용하면 단점이 있다. 서버 블록의 전면에 나열된 각 영역을 CoreDNS는 독립적인 플러그인 체인을 생성한다. 즉 쿠버네티스 캐시는 CoreDNS 인스턴스 내에서 복제돼 메모리 소비가 증가된다. 큰 클러스터가 없을 때 이 클러스터는 무시할 수 있다. 그러나 더 큰 클러스터는 추가 캐시 플러그인 검사를 받는 작은 대기 시간 충돌과 여러 kubernetes 플러그인을 로드해 사용하는 메모리 간의 절충을 결정해야 한다. 이 문제를 해결하기 위한 작업이 진행 중이지만 CoreDNS 1.7.0 이전에 완료되지 않을 가능성이 높다.

두 번째 서버 블록에서는 health 및 reload 플러그인이 활성화되지 않는다. reload 플러그인은 전역 옵션이므로 Corefile에 한 번만 나열해야 한다. 버전 1.5.0 이상은 health 플러그인도 전역 옵션이다. 이전 비전은 health 플러그인이 상태 이상 유무를 체크했고, 집계된 상태를 다시 리포팅했다. 이로 인해 일부 운영 문제가 발생했기 때문에 더 간단한 전역 상태 옵션으로 채택됐다. 또한 1.5.0에 추가된 ready 플러그인은 쿠버네티스에 필요한 플러그인당 준비 기능을 허용한다.

이 Corefile을 향상되게 개선할 수 있는 몇 가지 방법이 여전히 남아 있는데 ready 플러그인

---

8   사실 이 부분은 권한 시작(SOA) 레코드의 TTL에 기초한 것이 아니라 원래 Corefile에서만 네거티브 응답이 30초 동안 캐시되도록 하는 부분에 좋다.

을 추가한다. 쿠버네티스 API 캐시가 가득차자마자 준비 상태를 나타내고자 하기 때문에 첫 번째 서버 블록에만 추가한다. 포드 레코드는 사용되지 않으며 향후 명세에서 제거되므로 새 배포에서 해당 레코드의 사용을 권장하지 않는다. 따라서 클러스터에 필요한 특별한 이유가 없다면 pods insecure 라인을 삭제하면서 조금 더 나은 설정을 할 수 있다.

forward 플러그인은 어떤가? 여전히 그것을 필요로 할 것인가? 대답은 '어쩌면'이다. kubernetes 플러그인으로 클러스터 서비스 CIDR 및 클러스터 포드 CIDR에 대한 반대 영역을 처리하고자 한다. 이러한 CIDR을 모두 확실하게 나열할 수 없을 때 모든 CIDR을 포함하는 더 큰 CIDR을 나열해야 하거나 in-addr.arpa 및 ip6.arpa[9] 영역 전체를 나열해야 한다. 그러나 더 큰 영역을 나열하면 쿠버네티스의 제어 아래에 있지 않은 많은 IP에 대한 질의가 이 서버 블록으로 제공되고, fallthrough in-addr.arpa ip6.arpa 및 forward . UPSTREAMNAMESERVER를 포함하지 않을 때 해당 IP에 대한 PTR 질의는 kubernetes 플러그인으로 처리되며 NXDOMAIN을 반환한다.

이러한 CIDR을 열거할 수 있을 때 두 라인을 모두 제거할 수 있다. CoreDNS 1.4 이상을 사용하고 있다고 가정할 때 이러한 버전의 CoreDNS의 기본 동작이라는 점을 감안할 경우 업스트림 라인은 중복된다. 이렇게 하면 예 6-23에 표시되는 것처럼 Corefile이 작성된다.

예 6-23 향상된 쿠버네티스 Corefile – 2단계

```
CLUSTER_DOMAIN REVERSE_CIDRS {
    errors
    health
    kubernetes
    ready
    prometheus :9153
    loop
    reload
    loadbalance
}
```

---

9   IPv6이 쿠버네티스에 적용될 날이 멀지 않았다.

```
.  {
    errors
    forward . UPSTREAMNAMESERVER
    cache
    loop
}
```

이 방식은 간단하며 운영 효율적이다. 한 걸음 더 나아가 auto 플러그인을 활성화해 161페이지의 'Autopath 및 ndots:5 이슈'에 설명된 질의 확대 효과를 완화할 수 있다. 그러나 클러스터가 크지 않고 외부 DNS 네임을 많이 조회할 때에만 의미가 있다.

자동 경로가 작동하려면 더 많은 메모리가 필요하고, 자주 변경되는 포드가 많을 때 API 서버에 과도한 부하를 넣을 수 있는 감시 포드(포드 확인 모드)가 필요하다.

이 Corefile은 표준 쿠버네티스 서비스 검색에 적합하다. Kubernetes 플러그인은 또한 특별한 목적으로 필요할 때 해당 표준에서 벗어날 수 있는 기능을 제공한다. 다음 절에서는 kubernetes 플러그인에 대한 모든 다양한 옵션을 다룬다.

kubernetes 플러그인

CoreDNS와 쿠버네티스 통합의 중심에는 kubernetes 플러그인이 있다. 이 플러그인에 대한 전체 구문은 6장에서 설명한 표준 배포와는 여러 가지 용도 사례를 허용한다. 이들 중 일부는 클러스터 외부에서 CoreDNS를 실행하고 외부 클라이언트로 API 서버에 액세스하는 기능, 네임스페이스 또는 라벨 셀렉터selector로 레코드 필터링, DNS 영역 전송 및 레코드가 클라이언트에 표시되는 방식에 대한 다양한 조정을 포함한다. 다음은 플러그인에 대한 전체 구문이다.

```
kubernetes [ZONES...] {
    resyncperiod DURATION
    endpoint URL
    tls CERT KEY CACERT
```

```
kubeconfig KUBECONFIG CONTEXT
namespaces NAMESPACE...
labels EXPRESSION
pods POD-MODE
endpoint_pod_names
noendpoints
ignore empty_service
ttl TTL
upstream [ADDRESS...]
transfer to ADDRESS...
fallthrough [ZONES...]
}
```

다음은 각 선택적 구성 키에 대한 설명이다.

resyncperiod

API 서버에서 리소스의 재동기화[10]를 수행하는 빈도를 정의한다. 기본값은 1.5.0 이전 버전에서는 5분이며 1.5.0 이상에서는 더 이상 사용되지 않는다. 이 옵션은 1.5.0 이후 버전에서 제거된다.

endpoint

사용할 특정 API 서버 URL을 지정할 수 있다. 이것은 주로 쿠버네티스 외부에서 실행할 때 사용된다.

tls

84페이지의 'tls' 절에 설명된 대로 엔드포인트와 함께 TLS 클라이언트 매개 변수를 구성한다.

kubeconfig

표준 kubeconfig 파일을 사용해 API 서버에 인증할 수 있다. 이것은 쿠버네티스 외부에서 사용된다. CoreDNS는 나열된 컨텍스트에 정의된 API 서버에 연결한다. 버전 1.5.0

---

10 이 용어는 쿠버네티스 API 클라이언트 라이브러리에서 비롯된다. 재동기화는 '모든 목록을 리로드'와 같지 않다. 일부 초기 클라이언트의 버그를 바로잡는 데 사용되는 내부 전용 프로세스다. 더 이상 필요하지 않다.

으로 CoreDNS는 클라이언트 인증서, 베어러 토큰[bearer token][11], HTTP 기본 인증, GCP, OpenStack, OIDC[12] 플러그인을 지원한다.

namespaces 및 labels

171페이지의 '레코드 수정 방법' 절에 설명된 대로 서비스를 선택적으로 노출하도록 허용한다.

pod

포드 질의 처리방식을 수정하는 데 사용한다. 자세한 내용은 162페이지의 '포드 옵션' 절을 참조하면 된다.

endpoint_pod_names

엔드포인트명이 결정되는 방식을 변경한다. 171페이지의 '레코드 수정 방법' 절을 참조하면 된다.

noendpoints

엔드포인트 레코드를 완전히 사용하지 않도록 설정한다.

ignore empty_service

백엔드가 없는 서비스를 존재하지 않는 것처럼 처리해 단순히 데이터를 반환하지 않고 NXDOMAIN을 반환한다. ignore 뒤에 공백이 있다. 이 부분을 향후 확장 가능하게 하기 위함이다.

ttl

클러스터 리소스와 관련된 모든 네임에 사용되는 TTL을 제어한다. 업스트림 네임 서버의 레코드 TTL에는 영향을 주지 않는다.

---

11   보안 토큰을 포함하는 HTTP 인증 체계로, 액세스 권한 부여 시 사용된다. 일반적으로 로그인 요청에 대한 응답으로 서버에 생성되는 암호 문자열이다. – 옮긴이

12   OAuth 2.0 프로토콜 위 ID 레이어로, 모든 유형의 클라이언트 대상 인증된 세션 및 최종 사용자에 대한 정보를 요청하고 수신할 수 있다. – 옮긴이

upstream

CNAME 레코드에 해당하는 A 레코드를 찾는 데 사용된다. CoreDNS 1.3.0 버전부터 더 이상 사용되지 않는다. 이유는 항상 내부적으로 A 레코드를 조회하기 때문이다.

transfer to

168페이지의 '영역 전달 지원' 절에 설명된 영역 전송 기능을 제어한다.

fallthrough

나열된 영역에 대한 질의를 83페이지의 'fallthrough' 절에 설명된 대로 플러그인 체인 다음에 있는 플러그인으로 전달할 수 있다. 이것은 종종 모든 in-addr.arpa에 대한 PTR 요청을 업스트림으로 전달하는 부분에 사용되는데, 이는 엔드포인트에 대한 모든 CIDR을 프로그래밍 방식으로 파악할 수 있는 방법이 없기 때문이다.

다음 절에서는 쿠버네티스의 다른 특수 CoreDNS 기능과 함께 포드 옵션이 어떻게 작동하는지 자세히 설명한다.

CoreDNS 확장

CoreDNS는 쿠버네티스 DNS 명세를 넘어서는 옵션을 제공한다. 다음 하위 절에 설명돼 있다. 확장 옵션 중 일부는 클러스터 호환성에 부적합하고 워크로드 이식성에 영향을 줄 수 있으므로 이러한 사항을 주의해 사용해야 한다.

포드 옵션

124페이지의 '쿠버네티스 DNS 명세' 절에 설명된 바와 같이 포드 레코드는 더 이상 사용되지 않는다. CoreDNS는 포드명 요청을 처리하기 위한 세 가지 선택을 제공한다. 첫 번째로 CoreDNS는 기본적으로 pods disabled돼 있다. 포드 옵션을 생략하면 포드 질의는 NXDOMAIN를 반환한다. 두 번째로 기본 쿠버네티스 구성은 pods insecure가 사용되며 이는 더 이상 사용되지 않지만, kube-dns와 같이 이전 버전과 호환되는 동작을 유지한다.

세 번째 옵션은 pods verfied다. 이 옵션을 사용하면 CoreDNS 포드 리소스 모니터링을 시작하고 지정된 네임스페이스에 IP 주소 a.b.c.d 포드가 실제로 존재할 때에만 질의 a-b-c-d.namespace.pod.cluster.local의 IP 주소를 반환한다. 이렇게 하면 네임스페이스 외부의 포드가 네임스페이스에 있는 것처럼 표시되지 않고, 보안[13]이 향상된다.

대규모 클러스터에서는 두 가지 확장성^{scalability} 문제가 발생하기 때문에 pods verfied 옵션은 기본적으로 활성화돼 있지 않은데, 한 가지는 API 서버다. 개별 CoreDNS 인스턴스는 API 서버에 별도의 모니터를 배치한다. 포드가 많을수록 각 감시 시스템이 API 서버의 성능에 영향을 주고, 필요한 CoreDNS 인스턴스가 많아진다. 이는 포드의 수가 증가함에 따라 API 서버 부하에 비선형^{nonlinear} 효과가 발생한다.

pods verfied 옵션을 사용하면 CoreDNS에 필요한 메모리도 증가한다. 각 인스턴스는 서비스 및 엔드 포인트 이외에 모든 포드를 캐시해야 한다. 클러스터 내 25,000개 포드와 1000개 서비스는 CoreDNS의 pods verfied 모드에서 약 160MiB을 소비하고 pods insecure 또는 pods disabled는 80MiB을 소비한다. 클러스터 내 50,000개 포드와 2,000개 서비스 메모리 사용량은 각각 264MiB와 106MiB다. 메모리의 사용량은 포드와 서비스의 수에 비례한다. 메모리 제한 추정을 참고하면 되겠다.

기술적으로 pods insecure를 해제하는 것은 이식성^{portability}을 해칠 위험이 낮아지지만, 쿠버네티스 DNS 명세의 일부가 아니다. 그래서 이러한 레코드 방식은 추천하지 않는다.

와일드카드 질의

kubernetes 플러그인은 원래 SkyDNS과 etcd 플러그인과 같은 와일드카드 질의를 지원한다. 와일드카드 질의는 DNS 와일드카드 레코드 개념과는 완전히 별개이고, 서비스 검색

---

13 네임스페이스 외부의 포드가 실제로 네임스페이스에 있는 것처럼 보이는 것을 허용하면 TLS를 사용할 때 DNS 기반의 ID 보증이 약해진다. 따라서 '비보안(insecure)' 명칭이 붙게 된다.

을 지원하려고 추가된 특별한 기능이다.

와일드카드 질의를 사용하면 네임의 특정 부분의 라벨로 * 또는 단어 all을 사용할 수 있다. 이렇게 하면 서버의 라벨에 무엇이 포함돼 있는지에 관계없이 레코드가 반환된다. 예 6-24은 특정 네임스페이스의 모든 서비스를 조회하는 예를 보여 준다. 반환된 레코드는 실제 서비스와 일치하는 네임이 없음에 유의하면 된다. 대신, 네임은 질의에서 사용되는 네임과 일치한다. 많은 클라이언트는 응답의 네임이 질의의 네임과 일치하지 않을 때 응답을 거부한다.

예 6-24 네임스페이스의 모든 서비스에 대한 와일드카드 질의

```
dnstools# host *.default.svc.cluster.local.
*.default.svc.cluster.local has address 100.90.3.26
*.default.svc.cluster.local has address 100.90.9.93
*.default.svc.cluster.local has address 172.20.0.1
*.default.svc.cluster.local has address 172.20.99.142
*.default.svc.cluster.local has address 100.90.11.82
*.default.svc.cluster.local has address 100.90.7.91
*.default.svc.cluster.local has address 172.20.241.52
```

네임스페이스에 2개 이상의 서비스가 있을 때 이것이 무엇을 의미하는지 결정하는 것은 매우 어렵다. 마찬가지로 네임스페이스 라벨 또는 둘 다 와일드카드를 사용할 수도 있다. 그러나 응답에서 많은 의미를 찾기가 어렵다.

더 의미가 있는 몇 가지 사용 사례가 있다. 예를 들어 예 6-25에 명시된 것처럼 서비스의 모든 엔드포인트를 질의하는 데 사용할 수 있다.

예 6-25 엔드포인트에 대한 와일드카드 질의

```
dnstools# host kube-dns.kube-system.svc.cluster.local.
kube-dns.kube-system.svc.cluster.local has address 172.20.0.10
dnstools# host *.kube-dns.kube-system.svc.cluster.local.
*.kube-dns.kube-system.svc.cluster.local has address 100.90.9.203
*.kube-dns.kube-system.svc.cluster.local has address 100.90.5.23
```

이 예시에서는 첫 번째 질의에서 kube-dns가 클러스터 IP 서비스임을 보여 준다. 그러나 *.<service>.<namespace>.svc.cluster.local을 사용해 엔드포인트를 질의할 때 CoreDNS는 2개의 엔드포인트 레코드를 반환한다. 이것은 DNS로 이 정보를 얻을 수 있는 유일한 방법이다. SRV 질의는 일반적으로 헤드리스 서비스에 사용한다.

이 동작은 쿠버네티스 DNS 명세에 따라 유용할 수 있다. 와일드카드를 사용할 수 있는 유효한 장소는 A 레코드 요청의 엔드포인트, 서비스명, 네임스페이스와 SRV 레코드 요청의 포트 및 프로토콜이다. 여러 라벨에도 와일드카드를 사용할 수도 있다.

Autopath와 ndots:5 이슈

쿠버네티스의 DNS에 기본적인 기능은 포드의 resolv.conf를 구성하는 방법이다. 서비스명 (service.namespace.svc.cluster.local 대신 service)의 약어를 사용할 수 있도록 하려고 kubelet는 포드의 resolv.conf의 검색 경로를 다음 도메인에 아래와 같은 순서로 설정할 수 있다.

1. <namespace>.svc.cluster.local: <service>와 같은 네임을 허용한다.
2. svc.cluster.local: <service>.<namespace>와 같은 네임을 허용한다.
3. cluster.local: <service>.<namespace>.svc와 같은 네임을 허용한다.
4. 호스트 검색 경로는 일반적으로 여러 도메인이다.

첫 번째 도메인은 클러스터 내 네임을 확인할 때 매우 잘 작동한다. 네임으로 서비스를 요청할 수 있으며, 로컬 네임스페이스에서 서비스를 찾을 수 있다. 애플리케이션을 다른 네임스페이스에 배포할 때 구성이 변경되지 않은 상태로 유지될 수 있다. 마찬가지로 두 번째와 세 번째를 사용하면 클러스터 사이를 이동할 때 네임이 동일하게 유지되도록 한다.

그러나 외부 네임을 해결할 때 문제가 발생한다. 검색 경로가 제대로 작동하려면 kubelet은 ndots 옵션을 5로 설정한다. 즉 점 개수가 5개 미만인 도메인명은 가능한 상대 도메인으로 간주되므로 검색 경로가 적용된다. 예 6-26은 그 결과를 표시한다.

```
dnstools# host -v example.com
Trying "example.com.kube-system.svc.cluster.local"
Trying "example.com.svc.cluster.local"
Trying "example.com.cluster.local"
Trying "example.com.ap-northeast-2.compute.internal"
Trying "example.com"
;; ->>HEADER<<- opcode: QUERY, status: NOERROR, id: 10950
;; flags: qr rd ra; QUERY: 1, ANSWER: 1, AUTHORITY: 0, ADDITIONAL: 0
...snipped...
```

즉 단일 질의를 해결하려면 최종 성공적인 여섯 번째 질의 전에 5개의 실패한 질의가 수행된다. 질의 각각은 클라이언트로 시작됐고, 네트워크로 전송되고, 처리하고, CoreDNS로 응답됐다. 워크로드가 외부 네임을 많이 조회할 때 CoreDNS의 부하가 크게 증가할 수 있다.

여러 솔루션을 사용할 수 있는데 PodSpec의 `dnsConfig` 필드를 사용해 사용자 지정 정책을 설정하는 것이다. 클러스터를 사용하는 모든 사용자가 외부 네임을 많이 사용할 때 자체 포드 DNS를 구성해야 한다. 이 작업을 수행하는 것을 사용자의 기억에 의존하는 것은 효과적이지 않다. 마찬가지로 항상 후행^{trailing '.'}을 포함해 FQDN^{Full Qualified Domain Name}을 사용하도록 사용자에게 요청할 수 있다. 하지만 그럴 가능성은 적다.

또 다른 해결책은 쿠버네티스 1.15에서 베타이며 1.16 또는 1.17의 GA 예정인 노드 로컬 캐시다. 이렇게 하면 클러스터의 모든 노드에 CoreDNS의 특수한 작은 캐시가 배치된다. UDP보다 더 신뢰할 수 있는 TCP로 캐시에 있지 않은 것을 중앙 CoreDNS 서비스로 전달하며, 가능한 5초 시간 초과를 방지하는 데 좋은 해결책[14]이라 할 수 있다. 이것은 꽤 좋은 솔루션이라 할 수 있지만, 현재까지는 쿠버네티스 1.14 알파 버전이므로 사용할 수 있기 전까지는 시간이 걸린다. 또한 모든 노드에서 소량의 추가 리소스를 사용하며 각 노드의 로컬 캐시는 가용성이 높지 않다(단일 인스턴스만 실행).

---

14 또한 각 노드에서 스텁 도메인(전달자, forwarder)을 설정해 중앙 DNS의 부담을 줄이고 리눅스 conntrack 테이블을 채우는 DNS 질의 문제를 해결할 수 있다.

CoreDNS에는 `authpath`라는 또 다른 솔루션이 있다. CoreDNS는 이 플러그인을 사용해 서버 측의 검색 경로를 파악한다. 검색의 첫 번째 질의(예: example.com.default.svc.cluster.local)를 인식하면 내부적으로 해당 검색 경로 자체를 반복한다. 관련된 네트워크가 없기 때문에 훨씬 빠르다. 그것은 단지 내부 루프다. 결과가 나오면 예 6-27에 표시된 것처럼 해당 결과를 가리키는 CNAME을 반환한다.

예 6-27 오토패스 응답

```
dnstools# dig example.com +search

; <<>> DiG 9.11.3 <<>> example.com +search
;; global options: +cmd
;; Got answer:
;; ->>HEADER<<- opcode: QUERY, status: NOERROR, id: 35655
;; flags: qr rd ra; QUERY: 1, ANSWER: 1, AUTHORITY: 0, ADDITIONAL: 1

;; OPT PSEUDOSECTION:
; EDNS: version: 0, flags:; udp: 4096
; COOKIE: 0218d695fde15b4d (echoed)
;; QUESTION SECTION:
;example.com.          IN      A

;; ANSWER SECTION:
example.com.      30 IN    A          93.184.216.34

;; Query time: 1 msec
;; SERVER: 172.20.0.10#53(172.20.0.10)
;; WHEN: Mon Jul 12 17:18:01 UTC 2021
;; MSG SIZE  rcvd: 79
```

autopath 사용의 가장 큰 단점은 확장성이다. 검색 경로를 알아내려고 CoreDNS는 클라이언트 포드의 네임스페이스를 알아야 한다. 클라이언트 포드에 있는 유일한 정보는 질의의 소스 IP 주소이므로 CoreDNS는 클라이언트의 네임스페이스를 파악하는 데 사용해야 한다. 포드를 사용하도록 pods verified는 이 작업을 수행하지만 162페이지의 '포드 옵션' 절에 설명된 대로 메모리 소비가 증가한다.

영역 전달 지원

CoreDNS는 쿠버네티스 영역 전달을 지원한다[AXFR, Authoritative Transfer][15]. 권한 이전(AXFR)은 하나의 요청으로 쿠버네티스 클러스터에 사용할 수 있는 모든 레코드를 볼 수 있기 때문에 멋진 디버깅 도구다. 포드 조직에 라우팅할 수 있는 포드 IP가 있을 때 외부 클라이언트에서 헤드리스 서비스 엔드포인트에 직접 액세스할 수 있다.

영역 전송을 사용하도록 설정하려면 `kubernetes` 플러그인에서 옵션으로 `transfer to`를 구성해야 한다. 이는 84페이지의 'transfer to' 절에 설명된 대로 다른 플러그인과 동일한 방식으로 작동한다. 예 6-28과 같이 표시된다.

예 6-28 영역 전송 구성

```
kubernetes cluster.local in-addr.arpa ip6.arpa {
  pods verified
  fallthrough in-addr.arpa ip6.arpa
}
secondary {
  transfer from 172.20.0.10
}
transfer {
  to *
}
```

영역 전송을 시도하려면 예 6-29에서와 같이 `host -t axfr cluster.local.`을 사용한다.

예 6-29 cluster.local의 영역 전송

```
dnstools# host -t axfr cluster.local. kube-dns.kube-system.svc
Trying "cluster.local"
Using domain server:
Name: kube-dns.kube-system.svc
Address: 172.20.0.10#53
Aliases:
```

---

15   영역 버전에 상관없이 무조건 영역 전송 요청 – 옮긴이

```
;; ->>HEADER<<- opcode: QUERY, status: NOERROR, id: 59910
;; flags: qr aa; QUERY: 1, ANSWER: 29, AUTHORITY: 0, ADDITIONAL: 0

;; QUESTION SECTION:
;cluster.local.              IN      AXFR

;; ANSWER SECTION:
cluster.local.     5    IN      SOA      ns.dns.cluster.local. hostmaster.cluster.local.
1626112489 7200 1800 86400 5
headless.default.svc.cluster.local. 5 IN A    100.90.11.82
headless-0.headless.default.svc.cluster.local. 5 IN A 100.90.11.82
_http._tcp.headless.default.svc.cluster.local. 5 IN SRV 0 25 80 headless-0.headless.default.svc.
cluster.local.
.. 중략 ..
nginx.default.svc.cluster.local. 5 IN        A       172.20.99.142
nginx.default.svc.cluster.local. 5 IN        SRV     0 100 80 nginx.default.svc.cluster.
local.
cluster.local.     5    IN      SOA      ns.dns.cluster.local. hostmaster.cluster.local.
1626112489 7200 1800 86400 5

Received 2417 bytes from 172.20.0.10#53 in 0 ms
```

IXFR[16]은 지원되지 않으며 사용되지 않는 포드 레코드는 전송되지 않는다. 또한 fallthrough 를 사용할 때 다른 플러그인에서 제공되는 cluster.local의 레코드는 전송되지 않는다. 누락 된 NS 레코드가 있는 버그로 인해 영역 전송도 현재 BIND와 호환되지 않는다. 즉 영역 전 송은 설명된 대로 일부 제한될 때에 유용할 수 있지만 기존 DNS 분리 구조와 완전히 통합하 려고 몇 가지 작업이 필요하다.

---

16 IXFR는 증분식영역전송(Incremental Zone Transfer)의 약어이며(https://www.ietf.org/archive/id/draft-ah-dnsext-rfc1995bis-ixfr-02.html), 영역 버전을 비교해 상위 버전일 때 영역 전송 요청을 하는 기능을 제공한다. – 옮긴이

서비스 외부 노출

쿠버네티스 DNS 명세는 헤드리스 및 클러스터 IP 서비스를 다룬다. 이러한 유형의 서비스는 클러스터 내부에서 액세스할 수 있도록 허용한다. 그러나 클러스터에서 실행되는 서비스가 조직 전체에서 액세스할 수 있도록 할 때가 많다. 클러스터 외부의 클라이언트가 서비스에 도달할 수 있도록 하려면 어떻게 해야 하는가? 쿠버네티스는 몇 가지 질문에 ExternalIP, NodePort, LoadBalancer 및 Ingress와 같은 몇 가지 답을 제공한다.

이러한 방법을 사용하면 외부 IP 주소에 도달하는 트래픽이 서비스로 이동하게 된다. 그러나 클라이언트는 어떻게 이러한 IP 주소를 검색할 수 있는가? 쿠버네티스는 쿠버네티스 배포판의 일반적인 구성 요소가 이 서비스 검색을 제공할 수 없다는 점에서 표준 응답을 제공하지 않는다.

한 가지 해결책은 external-DNS 쿠버네티스 인큐베이터 프로젝트(https://oreil.ly/7nGIW)를 사용하는 것이다. 이 프로젝트는 DNS 서버와 상호 작용하는 선택적 컨트롤러를 제공해 이러한 ExternalIP 및 Ingress에 대한 레코드를 추가한다. 이렇게 하면 해당 서비스의 도메인을 제어하는 외부 DNS 서버는 API로 수정할 수 있다고 가정한다. 외부 DNS 프로젝트는 구글 클라우드 DNS, AWS Route53, 인포블록스, CoreDNS와 함께 `etcd` 및 `etcd` 플러그인을 실행하는 CoreDNS를 포함해 12개 이상의 다양한 DNS 서비스를 지원한다.

external-DNS 프로젝트에서 제공하는 요구 사항보다 요구 사항이 더 간단하다면 `k8s_external`이라는 특수 CoreDNS 플러그인을 사용해 LoadBalancer 및 ExternalIP 서비스를 노출할 수도 있다. 이렇게 하면 ExternalIP 주소를 게시할 영역을 `<service>.<namespace>.<zone>.`에서 지정할 수 있다. 예 6-30은 외부 영역에 대한 구성을 보여 주고 있다.

예 6-30 외부 영역 구성

```
k8s_external services.example.com {
    apex services
}
```

이 플러그인은 kubernetes 플러그인도 구성될 때에만 작동한다. 정점에 대한 SOA 및 NS 레코드를 처리해 해당 영역에 대한 CoreDNS로 위임할 수 있다. k8s_external 플러그인은 또한 이러한 레코드 TTL의 제어를 허용하는 ttl 옵션을 제공한다.

보조 CoreDNS 사용

내부 클러스터 DNS를 외부 사용자에게 노출하는 대신 외부 네임을 CoreDNS의 두 번째 디플로이먼트로 실행하는 것이 좋다. 이렇게 하면 클러스터 DNS가 클러스터 외부에서 발생하는 서비스 거부 공격(DoS, Denial-of-Service)에게서 보호될 수 있다. 클러스터 DNS를 잃으면 일반적으로 클러스터에서 많은 서비스가 중단되므로 약간의 추가 리소스를 사용해 장애 요소를 피할 수 있다.

레코드 수정 방법

kubernetes 플러그인의 구성을 조정할 수 있는 몇 가지 방법이 있다. 예를 들어 멀티테넌트 multitenant 사용 사례에서 특정 네임스페이스 레코드를 사용할 수 있도록 별도의 CoreDNS를 실행할 수 있다. 또는 이러한 네임을 쉽게 조회할 수 없는 프로세스로 공급해야 할 때 엔드포인트명을 보다 예측 가능한 것으로 만들 수 있다. 이러한 구성 옵션을 사용하면 표준 쿠버네티스 DNS 명세를 벗어날 수 있으므로 주의해서 사용해야 한다.

124페이지의 '쿠버네티스 DNS 명세' 절의 엔드포인트 레코드에 대한 설명을 기억해 보자. 거기에서 CoreDNS가 SRV 응답에서 엔드포인트 A 레코드명을 어떻게 결정했는지 설명한다. 기본적으로 CoreDNS는 포드의 IP 주소의 '대시dash' 버전을 포드의 라벨로 사용한다. 즉 엔드포인트명을 미리 알 수 없으며, 포드의 호스트명이 DNS의 라벨과 일치하지 않음을 의미한다.

endpoint_pod_names 옵션은 이 문제를 완화한다. 여전히 호스트명과 하위 도메인의 사용자 지정을 허용하지만 호스트명이 PodSpec에서 설정되지 않을 때 CoreDNS는 IP 주소의 대시 된 형태 대신 포드명을 사용한다. 기술적으로 이것은 여전히 DNS 명세 내에 있지만, 그것에 의존하는 것은 아니다.

엔드포인트 처리 방법을 수정하는 또 다른 방법은 ignore empty_service 옵션을 사용하도록 설정하는 것이다. 이렇게 하면 데이터가 없는 성공 응답 대신 NXDOMAIN으로 응답^{reply}한다. 호스트 검색 경로 수정과 함께 이 작업을 사용해 다른 클러스터로 트래픽을 직접 전달할 수 있다. 즉 NXDOMAIN을 보내면 클라이언트가 검색 경로의 다음 항목을 계속 진행할 수 있으며, 이 항목은 보조 클러스터를 가리키도록 구성될 수 있다.

헤드리스 서비스를 사용하지 않을 때 엔드포인트 리소스 로드와 관련된 리소스를 저장할 수 있다. nodendpoints 옵션을 사용해 엔드포인트 감시를 비활성화할 수 있다. 헤드리스 서비스 및 엔드포인트에 대한 NXDOMAIN 질의가 반환된다.

멀티테넌시^{multitenancy}와 같은 특수 목적 사용 사례는 사용자가 사용할 수 있는 레코드의 범위를 제한할 수 있다. 네임스페이스 또는 라벨 옵션을 사용해 이 작업을 수행할 수 있다.

네임스페이스 옵션은 네임스페이스 목록을 허용하며, 해당 네임스페이스의 레코드만 로드되고 제공된다. 테넌트^{tenant}에 특정 노드 및 네임스페이스를 할당할 때 kubelet에 옵션을 수정해 CoreDNS 서비스에 선택한 네임 서버를 설정할 수 있다. 이 CoreDNS는 해당 테넌트의 네임스페이스에 대한 레코드만 반환하도록 구성된다.

라벨^{label} 옵션은 동일한 방식으로 작동하지만 네임스페이스 목록 대신 라벨 셀렉터^{selector}를 제공한다.

쿠버네티스와의 통합은 CoreDNS에서 가장 일반적인 사용 사례 중 하나다. 6장에서는 해당 통합을 자세히 다뤘다. 쿠버네티스 내부의 기본 사항과 쿠버네티스 내에서 CoreDNS가 구성, 배포, 운영되는 방법을 배웠다. 또한 사용자 정의와 함께 이 두 제품을 사용하는 대체 방법을 다뤘다.

이전 장에서는 서비스 검색과 기존 DNS 모두를 쿠버네티스뿐만 아니라 다른 소스에서 데이터를 가져온 CoreDNS의 다른 플러그인을 알게 됐다. 그러나 CoreDNS의 힘은 단지 여러 백엔드 데이터 원본을 사용하는 기능에서 비롯되지 않는다. 또한 DNS 요청 및 응답이 흐를 때 수정할 수 있는 기능도 제공한다. 7장은 이러한 기능에 중점을 둘 예정이다.

7장

질의 및 응답 조작

CoreDNS를 사용하면 플러그인 체인을 통과할 때 요청에 무슨 일이 발생할지, 어떤 응답이 클라이언트에 제공할지 상관없이 광범위하게 제어할 수 있다. 따라서 DNS 작업을 특정 환경이나 사용 사례에 맞게 조작할 수 있다. 예를 들어 template 플러그인을 사용해 특정 영역을 표준명으로 쉽게 생성할 수 있다. 또한 rewrite 플러그인을 사용해 트래픽을 원래 정보로 리다이렉션할 수 있다.

7장에서는 이러한 방법으로 요청과 응답을 조작하려고 가장 일반적으로 사용되는 플러그인 중 일부를 설명한다.

template 플러그인

template 플러그인을 사용하면 요청에 따라서만 응답을 작성할 수 있다. 이것은 실제로 모든 영역 파일로 내보낼 필요가 없는데, 일반적인 사용 예는 예 7-1에 표시된 것처럼 PTR 질

의에 대한 응답을 작성한다.[1]

예 7-1 템플릿을 사용해 PTR 질의에 응답

```
example.com:5300 in-addr.arpa:5300 {
  # host-a-b-c-d.example.com A 요청에 일치하는 a.b.c.d를 반환한다.
  template IN A example.com {
    match (^|[.])host-(?P<a>[0-9]*)-(?P<b>[0-9]*)-(?P<c>[0-9]*)-(?P<d>[0-9]*)[.]example[.]
com[.]$
    answer "{{ .Name }} 60 IN A {{ .Group.a }}.{{ .Group.b }}.{{ .Group.c }}.{{ .Group.d }}"
    fallthrough
  }
  # d.c.b.a.in-addr.arpa PTR 요청에 일치하는 host-a-b-c-d.example.com을 반환한다.
  template IN PTR in-addr.arpa {
    match ^(?P<d>[0-9]*)[.](?P<c>[0-9]*)[.](?P<b>[0-9]*)[.](?P<a>[0-9]*)[.]in-addr[.]arpa[.]$
    answer "{{ .Name }} 60 IN PTR host-{{ .Group.a }}-{{ .Group.b }}-{{ .Group.c }}-{{ .Group.d
}}.example.com."
  }
  forward . /etc/resolv.conf
}
```

이 예시에서 대체^{fallthrough} 옵션을 사용하면 이러한 패턴과 일치하지 않는 질의를 후속 플러그인인 forward 플러그인으로 파일과 연결해 처리할 수 있는데, 플러그인 목록 내 템플릿 다음에 명시한다. 예 7-2은 CoreDNS에서 이 방식대로 질의한 결과를 보여 준다.

예 7-2 template 플러그인을 사용한 질의

```
$ dig +nostats +nocmd +nocomments -p 5300 -t ptr 1.2.3.4.in-addr.arpa @localhost
;1.2.3.4.in-addr.arpa. IN PTR
1.2.3.4.in-addr.arpa. 60 IN PTR host-4-3-2-1.example.com.
$ dig +nostats +nocmd +nocomments -p 5300 host-1-2-3-4.example.com @localhost
;host-1-2-3-4.example.com. IN A
host-1-2-3-4.example.com. 60 IN A 1.2.3.4
```

예 7-3은 템플릿의 일반 구문을 보여 준다.

---

1   ⌐는 라인이 여기에 묶여 있으나 실제 Corefile에 있지 않아야 함을 나타낸다.

```
template CLASS TYPE [ZONE...] {
    match REGEX...
    answer RR
    additional RR
    authority RR
    rcode CODE
    upstream
    fallthrough [ZONE...]
}
```

CLASS TYPE 및 ZONE의 최상위 인수[argument]는 들어오는 요청을 일치시키는 데 사용된다. 그 다음 라인에는 match에서 정규표현식을 체크하는데 기준을 충족하지 못할 때 질의는 단순하게 전달된다. answer, additional, authority, rcode 옵션은 들어오는 응답에 알맞은 값을 처리한다. 내부적으로 template 플러그인은 Go 텍스트/템플릿 라이브러리를 사용한다. 따라서 RR[Resource Record2] 값은 Go 템플릿 형식이어야 하며, https://golang.org/pkg/text/template에 문서가 명시돼 있다.

Go 템플릿 변수를 사용할 때 환경 변수가 Corefile에서 어떻게 처리되는지에 따라 {{$variable}} 대신 {{ $ variable }}과 같은 식을 사용해야 한다. 이 방식들의 Go 템플릿은 동일하지만 그러나 띄어쓰기를 한 후자는 64페이지에서 소개한 '환경 변수' 절에서 설명된 것처럼 Corefile에서 변수를 대체한다.

이 플러그인을 사용해 해석하고 싶지 않은 네임을 차단할 수 있다. 예 7-4의 Corefile은 example.com 도메인에 대한 어떤[any3] 요청에 대해 NXDOMAIN값으로 응답한다.

예 7-4 example.com에서 NXDOMAIN 반환하는 템플릿

```
.:5300 {
    template IN ANY example.com {
```

---

2   도메인명(DNS영역)과 관련된 개별 정보 항목을 갖는 레코드. 각각이 '네임'과 '값'으로 바인딩(binding)된다. — 옮긴이
3   ANY질의 타입뿐만 아니라 A, PTR 같은 질의를 포함한 모든 질의 타입과 일치한다.

```
        rcode NXDOMAIN
    }
    forward . /etc/resolv.conf
}
```

example.com 도메인명을 질의하려고 하면 예 7-5와 같이 NXDOMAIN의 응답을 받는다.

예 7-5 template 플러그인에서 NXDOMAIN 응답

```
$ dig +nostats +nocmd -p 5300 www.example.com @localhost
;; Got answer:
;; ->>HEADER<<- opcode: QUERY, status: NXDOMAIN, id: 37133
;; flags: qr aa rd; QUERY: 1, ANSWER: 0, AUTHORITY: 0, ADDITIONAL: 1
;; WARNING: recursion requested but not available

;; OPT PSEUDOSECTION:
; EDNS: version: 0, flags:; udp: 4096
;; QUESTION SECTION:
;www.example.com.              IN       A
```

template 플러그인은 요청에 따라 레코드를 생성하는 데 사용된다. CoreDNS가 제공하는
또 하나의 기능은 요청 및 응답을 변경하는 기능이다. 다음 절에서 설명하는 것처럼 rewrite
플러그인도 변경 기능을 제공한다.

rewrite 플러그인

CoreDNS용으로 구축된 가장 초기의 플러그인은 rewrite 플러그인이었다. 이것은 원래
Caddy[4] 서버와 동일한 네임의 HTTP 플러그인을 기반으로 만들어졌다. 이 플러그인의 목적
은 요청 및 응답을 변경한다. 요청 내용은 질의된 레코드 타입, 네임, 클래스, 또는 EDNS0[5] 옵

---

4   DNS 서버 애플리케이션의 종류 – 옮긴이
5   Extension Mechanisms for DNS – 옮긴이

션을 변경할 수 있다. 응답 내용은 TTL 및 경우에 따라서는 응답 섹션 레코드의 도메인명을 다시 쓸 수 있다. 예 7-6에서는 rewrite 플러그인의 기본 구문을 나타낸다.

예 7-6 기본 rewrite 플러그인 구문

```
rewrite [continue|stop] FIELD [FROM TO|FROM TTL] [ answer name FROM TO ]
```

각 옵션에 대한 자세한 내용은 다음과 같다.

continue와 stop

183페이지의 '다중 rewrite 룰' 절에 설명된 대로 다수의 룰 처리 방법을 결정한다.

FIELD

변경 요청의 구성 요소를 정의한다. 유효한 값은 type class, name, edns0 또는 ttl이다.

FROM

재작성 조건을 정의한다. 즉 필드는 무조건 고쳐 쓸 수 없다. 오히려 FROM 기준에 일치할 때에만 작성된다. class와 type은 단순히 질의의 현재의 클래스 또는 타입이다. name과 ttl 내용은 좀 더 복잡하다. 이것은 네임 표현식과 함께 exact, suffix, prefix, substring 또는 regex 중 하나를 한정지어[qualifier] 지정할 수 있다. 지정하지 않으면 exact가 매칭에 사용된다.

To 또는 TTL

필드를 설정하는 값을 지정한다.

answer name FROM TO

옵션에서 네이밍룰과 함께 사용해 응답 섹션을 다시 작성할 수 있다.

왜 이렇게 요청이나 응답을 재작성하는 것인가? 가장 일반적인 이유는 사이트에 액세스할 경우 다른 네임을 사용할 때에도 같은 전송 레이어 보안[TLS] 인증서의 사용을 활성화하기 때문이다. 예를 들어 쿠버네티스 클러스터의 내부 및 클러스터 외부에서 이것은 CNAME 레코드처럼 작동하지만 클라이언트에는 원래 정보처럼 보여진다.

쿠버네티스 클러스터에서 실행되는 사이트명 api.example.com 사례를 살펴보겠다. 사이트의 TLS 인증서는 api.example.com용이기 때문에 사이트에 액세스하려고 하는 클라이언트는 그 네임을 사용해 사이트에 액세스해야 한다. 그렇지 않으면 사이트의 신뢰성[authenticity]을 확인할 수 없다. 그러나 클러스터 내부에서 사이트에 액세스하려면 요청을 api.example.com에 전송하지 않는 것이 좋다. 이것은 헤어핀[hairpin6] 트래픽이 발생하기 때문인데, 실제 트래픽이 클러스터에서 외부로 나왔다가 클라우드 로드밸런서로 다시 돌아가 마지막으로 쿠버네티스 노드포트[NodePort]로 돌아오는 형태다. 요청을 처리하는 포드에 다시 도달하려면 또 다른 홉[Hop]이 있을 수 있기 때문에 이와 같은 형태로 액세스할 때 접속에 많은 지연이 발생할 수 있다. 그렇기 때문에 대신 api.example.svc.cluster.local 등과 같은 클러스터 DNS 네임에서 사이트에 액세스할 수 있도록 하는 것이 좋다.

하나의 옵션은 그 네임을 TLS 인증서에 추가한다. 그러나 이것은 많은 다른 클러스터에서 실행돼 있을 수 있다. 클러스터마다 각각의 다른 클러스터 도메인을 갖고 있을 수 있는데, 환경(개발, 테스트, 검증[Staging] 또는 운영[Production])으로 나뉘거나 지역마다 일일이 다른 클러스터 도메인명을 추가해야만 한다. 대신 `rewrite` 플러그인으로 이를 쉽게 구현할 수 있다. 예 7-7는 질의 요청[Question] 섹션을 변경하고 api.example.svc.cluster.local 도메인명이 api.example.com과 일치할 때에 그것을 검색하는 `rewrite` 플러그인 룰을 사용해 이 시나리오를 처리하는 Corefile을 보여 준다.

예 7-7 질의명을 재작성

```
.:53 {
  errors
  health
  rewrite name api.example.com. api.example.svc.cluster.local.
  kubernetes cluster.local in-addr.arpa ip6.arpa {
    fallthrough in-addr.arpa ip6.arpa
  }
```

---

6 트래픽이 한 소스에서 라우터 또는 유사한 장치로 유입돼 U턴을 하고 원래 방식으로 되돌아간다는 사실에서 비롯된다. 트래픽 흐름을 시각화하면 머리핀처럼 보이기 때문에 이러한 네임이 붙었다. – 옮긴이

```
    prometheus :9153
    forward . /etc/resolv.conf
    cache 30
    loop
    reload
    loadbalance
}
```

예 7-8은 이러한 레코드를 해석하면 어떻게 되는지 보여 준다.

예 7-8 rewrite 플러그인 적용 후 질의 결과

```
dnstools# host api.example.svc.cluster.local
api.example.svc.cluster.local has address 10.7.249.102
dnstools# host api.example.com
api.example.com has address 10.7.249.102
```

다양한 서비스가 있다고 가정한다. API뿐만 아니라 서비스마다 같은 동작을 구현하고 싶은 요구 사항이 있다. rewrite 플러그인은 이것을 가능하게 하려고 네임의 정규표현식 매칭 룰을 제공한다. 재작성 룰에서는 rewrite name regex ^ ([^ \.] *) \. example \ .com \. $ {1} .example.svc.cluster.local 형태로 사용한다. rewrite name api.example.com 대신 api. example.svc.cluster.local를 사용한다. 예 7-9는 이 룰을 적용해 질의가 어떻게 작동하는 지 보여 준다.

예 7-9 정규 표현식의 재작성 질의

```
dnstools# host api.example.com
api.example.svc.cluster.local has address 10.7.249.102
dnstools# host foo.example.com
foo.example.svc.cluster.local has address 10.7.251.161
```

예시를 수행하면, 문제가 발생하는 것을 확인할 수 있다. 질의는 api.example.com을 요청했는데 응답되는 도메인명은 api.example.svc.cluster.local이다. 이 룰을 적용하면 서버에서 리턴된 응답에서 요청^{Question} 섹션^{section}의 도메인명은 클라이언트에서 먼저 보낸 것과는 다르다.

보안상의 이유로 일부 해석자^{resolver} 라이브러리는 응답의 요청^{Question} 섹션이 라이브러리가 보낸 요청의 요청 섹션과 일치하지 않을 때 서버에서 응답을 거부한다. 이 구성에서는 많은 클라이언트가 응답을 거부한다.

rewrite 플러그인은 이전의 일치 룰을 사용해 원래의 요청^{question}에 자동으로 입력되게 할 수 있다. 정규 표현식 룰은 자동으로 입력되지 않지만, 예 7-10에 나타낸 것과 같이 플러그인 응답 네임 옵션을 사용해야 한다.

예 7-10 재작성 룰과 응답(answer) 네임

```
rewrite {
  name regex ^([^\.]*)\.example\.com\.$ {1}.example.svc.cluster.local.
  answer name ^([^\.]*)\.example\.svc\.cluster\.local\.$ {1}.example.com.
}
```

예 7-11에서 질의를 다시 시도하면 요청 및 응답의 네임이 일치하고 있는 것을 알 수 있다.

예 7-11 정규식과 응답 규칙을 사용해 질의

```
dnstools# host api.example.com
api.example.com has address 10.7.249.102
dnstools# host foo.example.com
foo.example.com has address 10.7.251.161
dnstools# host bar.example.com
Host bar.example.com not found: 3(NXDOMAIN)
```

bar.example.com의 마지막 질의는 존재하지 않는 서비스이지만 bar.example.svc.cluster.local로 변환되고, 따라서 사용자가 bar.example.svc.cluster.local 직접 입력한 것처럼 NXDOMAIN이 생성된다.

네임 재작성은 플러그인의 기능 중 하나다. 그러나 다른 방법으로 요청을 변경할 수 있다. 다음 절에서는 다시 플러그인을 사용해 EDNS0 옵션을 변경하는 방법을 설명한다.

EDNS0 옵션에 rewrite 플러그인 사용

RFC 6891은 'DNS 확장 메커니즘(EDNS(0))'을 정의하고 있다. 이렇게 하면 DNS 요청과 응답에 추가 옵션을 포함할 수 있다. rewrite 플러그인의 또 하나의 강력한 사용법은 요청에서 이러한 EDNS0 옵션을 사용하는 것이다.

rewrite 플러그인을 사용하면 다음 구문처럼 옵션을 추가 및 삭제할 수 있다.

예 7-12 EDNS0 rewrite 구문

```
rewrite [continue|stop] edns0 TYPE [set|replace|append] TYPE-FIELDS
```

여기서 TYPE은 재작성할 EDNS0 유형을 정의한다. CoreDNS 1.5.0 이후 TYPE에서 지원되는 값은 local, nsid, subnet이다. TYPE-FIELDS은 TYPE이 무엇인지에 따라 달라진다.

set 작업은 옵션을 지정된 값으로 설정하고 새로운 옵션을 만들거나 요청의 기존 옵션을 덮어 쓴다. replace 액션도 비슷하지만 새로운 옵션은 생성되지 않는다. 옵션이 이미 존재할 때에만 옵션이 변경된다. set 및 replace 모두의 매칭은 EDNS0 옵션 코드를 기반으로 한다. append 액션은 옵션이 이미 존재할 때에도 항상 옵션을 추가한다. 이것은 반복할 수 있는 옵션에 도움이 된다.

EDNS0의 재작성은 CoreDNS의 'edge' 배포에 특히 유용하다. 가정 혹은 회사에서 배포할 때 DNS를 로컬 장치에 제공한다. EDNS0룰에 rewrite 플러그인을 사용해 업스트림 네임 서버는 배포 위치 정보를 수신하고 필요에 따라 응답을 변경할 수 있다.

예를 들어 서브넷 유형을 사용하면 ECS^EDNS Client Subnet 옵션을 설정할 수 있다. RFC 7871에 설명된 대로 업스트림 DNS 서버는 이 옵션을 사용해 다양한 서브넷의 클라이언트에 다양한 응답을 제공할 수 있다. rewrite 플러그인의 edns0룰 중 subnet set 2464는 ECS 옵션 값으로 클라이언트의 IPv4 또는 IPv6 소스 IP 주소를 첫 24비트 또는 64비트로 각각 사용한다. 이렇게 하면 클라이언트가 어떤 서브넷에 있는지를 업스트림 DNS 서버에 통지해 응답을 사용자 정의^customize할 수 있다.

로컬 EDNS0 유형은 같은 종류의 작업을 수행하는 기능을 제공하지만 사용 사례 고유의 가능성이 있는 정보를 사용한다. 예를 들어, 인포블록스는 이것을 사용해 질의를 실행하는 클라이언트의 고객과 사용자를 식별하고 조직의 정책을 요청에 적용한다. 이 내용은 193페이지의 '사례 연구: 인포블록스의 위협 방어 프로젝트[BloxOne]'에서 자세히 설명한다. local 타입은 2개의 TYPE-FIELD으로, option code 및 data가 있다. 데이터는 간단한 문자열로 돼 있거나 16진수 문자열로 돼 있다. 16진수 문자열은 이진 데이터 형태의 옵션 데이터로 변환될 수 있다. 실제 데이터는 다음 필드 중 하나를 사용해 변수처럼 사용할 가능성이 있다.

{qname}

> 요청[question] 네임

{qtype}

> 요청 종류

{client_ip}

> 클라이언트의 소스 IP 주소

{client_port}

> 클라이언트 소스 포트

{protocol}

> 요청[request]에 사용된 프로토콜

{server_ip}

> 요청을 받은 서버의 IP 주소

{server_port}

> 요청을 받은 서버의 포트

예 7-13은 몇 가지 예시를 보여 준다. metadata 플러그인이 활성화돼 있을 때 어떠한 메타데이터[metadata] 값도 사용할 수 있다. 184페이지의 'metadata 플러그인' 절에서 메타데이터를 자세히 설명할 예정이다.

```
rewrite edns0 local set 0xffaa some-value
rewrite edns0 local set 0xffab 0xaabbccdd
rewrite edns0 local set 0xffac {client_ip}
rewrite edns0 local set 0xffad {protocol}
```

여태까지 나온 예시는 첫 번째 재작성이 적용된 후 모두 중지된다. 다음 절에서는 동일한 요청을 다중 재작성으로 수행하는 방법을 설명한다.

다중 rewrite 룰

구문의 설명에서 언급한 바와 같이 다수의 rewrite 플러그인 룰을 지정할 수 있다. 기본적으로 일치하는 첫 번째 룰이 적용되고 룰의 처리를 중지한다. 다수 규칙이 동일한 질의에 영향을 주도록 하려면 예 7-14와 같이 continue 옵션을 지정할 수 있다. 이 예시에서는 bind.version에 추가된 TXT 레코드의 ChaosNet 클래스 질의 대신 쿠버네티스 DNS 버전의 TXT 레코드를 반환할 수 있다.

```
rewrite continue class CH IN
rewrite stop name bind.version dns-version.cluster.local
```

질의가 첫 번째 룰과 일치하면 rewrite 플러그인이 적용돼 처리는 다음 룰로 이어진다. 예 7-15은 CoreDNS가 이 구성에서 몇몇 다른 질의에 어떻게 반응하는지를 보여 준다.

```
dnstools# host -t txt dns-version.cluster.local.
dns-version.cluster.local descriptive text "1.0.1"
dnstools# host -t txt bind.version.
bind.version descriptive text "1.0.1"
dnstools# host -t txt -c ch bind.version.
;; Warning: Message parser reports malformed message packet.
bind.version descriptive text "1.0.1"
```

예시에서 마지막 질의는 잘못된 형식의 패킷에 대한 경고를 보여 준다. 이것은 응답 클래스가 요청question 클래스와 일치하지 않기 때문이다. 불행히도 CoreDNS 클래스 재작성에 해당하는 answer name 옵션을 제공하지 않는다.

서버 블록 내에서 다수의 재작성 룰이 지정돼 있을 때 순차적으로 처리되는 점에 유의한다. 또한 재작성 룰 사이에 다른 플러그인 지시문이 표시되는지 여부도 관계 없다. 룰은 나열된 순서로 차례대로 이어서 처리된다. rewrite 플러그인의 다른 예는 https://coredns.io/plugins/rewrite를 참조하면 된다.

rewrite 플러그인은 다른 플러그인인 metadata 플러그인과 연계해 다양한 방법으로 요청을 추출 및 확장할 수 있다. metadata 플러그인을 다음 절에서 설명한다.

metadata 플러그인

metadata 플러그인은 흥미롭다. 요청 또는 응답 자체를 조작할 수 없다. 그러나 다른 플러그인이 요청에 대한 데이터를 조작해 사용할 수 있도록 제공한다.

어떠한 플러그인도 메타데이터의 프로바이더 또는 컨슈머(또는 둘 다)가 될 수 있다. 활성화하면 체인 내의 각 플러그인은 요청에서 메타데이터를 일부 가져온다. 요청에 따라 메타데이터를 계산(검색)하고 다른 플러그인에서 사용할 수 있도록 '공개public'할 수 있다. 데이터를 사용하는 플러그인은 컨슈머다.

CoreDNS 1.5.0 버전의 시점에서는 log 및 rewrite 2개의 플러그인 내에 컨슈머가 있으나, 프로바이더를 가진 플러그인은 없다.[7]

향후 버전에서는 컨슈머로 trace, template은 dnstap이 활성화되고, 프로듀서로는 쿠버네티스가 활성화된다. 외부 프로듀서인 metadata_edns0도 포함시킬 수 있다.

---

7   CoreDNS 1.5.1 버전에서는 메타데이터 공개 부분에 kubernetes 플러그인이 추가된다.

예 7-16에 표시된 구성 예로 `metadata_edns0` 프로듀서를 살펴본다. 이것은 CoreDNS GitHub 조직(https://github.com/coredns 아래)에 있지만, 외부 플러그인이다. 이것은 기본 coredns 리포지터리 내에 포함된 게 아니기 때문에 기본적으로 컴파일돼 있지 않다. 이것은 `rewrite` 플러그인 `edns0` 함수의 반전reverse을 제공한다. 즉 EDNS0 옵션을 메타데이터 값에 패키징을 풀고 로깅하거나 다른 `rewrite` 플러그인을 재사용할 수 있도록 한다.

예 7-16 EDNS0 데이터를 메타데이터로 추출

```
metadata_edns0 {
    client_id 0xffed address
    group_id 0xffee hex 16
}
```

이 구성은 IP 주소인 것처럼 EDNS0 로컬 옵션 `0xffed`을 읽고 메타데이터명 {/metadata_edns0/client_id}에서 공개한다. 뿐만 아니라 16바이트의 옵션 `0xffee`을 추출하고 16진수로 인코딩해 메타데이터명 {/metadata_edns0/group_id}에서 사용할 수 있도록 한다.

일반 플러그인과 `metadata_edns0` 플러그인을 사용한 이 간단한 예시는 CoreDNS의 에지 배포에 'site'EDNS0 옵션을 추가하고 업스트림 CoreDNS 서버에서 디코딩해 로깅한다. 질의의 원본 사이트를 쉽게 확인할 수 있다.

`firewall` 플러그인은 DNS 요청 차단blocking을 가능하게 하는 개발 중인 외부 플러그인이다. 이 플러그인은 메타데이터 컨슈머도 되고 메타데이터를 기반으로 요청을 차단할 수 있다. `kubernetes` 플러그인에서 데이터의 공개publishing와 함께 `firewall` 플러그인을 사용해 쿠버네티스에서 멀티테넌트 서비스 검색을 구현할 수 있다.

모든 플러그인이 `metadata` 플러그인 기능을 지원하고 있기 때문에 대처할 수 있는 좋은 사례가 많이 있다.

DNS 보안 확장 기능을 사용한 응답 서명

DNS 보안 확장[DNSSEC]을 사용하면 DNS 영역[zone] 관리자는 이러한 영역의 레코드 암호화에 '서명'할 수 있다. 또한 재귀적 DNS 서버의 관리자는 서명된 레코드를 암호로 확인하도록 서버를 구성할 수 있다.

이렇게 하면 재귀적 DNS 서버의 캐시를 포이즈닝[poisoning]하는 것에 대한 보호가 제공된다. 예를 들어 카민스키 공격(https://oreil.ly/llaq0)을 사용할 때에 허용될 수 있는 대로 서명된 영역에서 가짜 레코드를 캐시하도록 유도된다.

DNSSEC는 매우 복잡하고 약 12 RFC 정도 문서화돼 있다. 코어 RFC만으로 RFC 4033, 4034, 4035은 총100페이지를 초과한다. 여기에서는 DNSSEC 이론을 모두 설명하기엔 어렵지만 관심이 있다면 도서 『DNS and BIND』(O'Reilly)의 설명, 특히 보안[Security]장을 참조하면 된다. 다행히 CoreDNS는 DNSSEC의 설치와 관리를 쉽게 하는 것을 목적으로 하고 있다. BIND가 지원하는 모든 DNSSEC 기능을 지원하는 것은 아니지만 필수적인 기능은 사용할 수 있다.

DNSSEC 서명 주 영역 관리

`auto` 플러그인 또는 `file` 플러그인을 사용해 CoreDNS를 주 DNS 서버로 실행할 때 영역[zone] 데이터 파일에 직접 서명[sign]해야 한다.

시간대 데이터 파일에 서명하기 위한 도구는 CoreDNS의 일부로 포함돼 있지 않지만, 키를 생성하고 해당 영역에 서명하고 그 서명된 영역을 관리할 수 있는 뛰어난 오픈소스 패키지가 몇 가지 있고(예를 들어 서명과 키 롤오버), BIND9 및 OpenDNSSEC을 포함한다. 이 예에서 BIND 9 배포판의 두 가지 도구, dnssec-keygen 및 dnssec-signzone을 사용하고 있다.

예 7-17에 나타낸 바와 같이 db.foo.example라는 영역 foo.example을 단순한 영역 데이터 파일로 설정해 본다.

```
@       IN SOA ns1.foo.example. root.foo.example. (
        2019041900
        3600
        600
        604800
        600 )
        IN NS ns1.foo.example.
        IN NS ns2.foo.example.

ns1     IN A 10.0.0.53
        IN AAAA 2001:db8:42:1::53
ns2     IN A 10.0.1.53
        IN AAAA 2001:db8:42:2::53
www     IN A 10.0.0.1
        IN AAAA 2001:db8:42:1::1
```

먼저 dnssec-keygen을 사용해 영역^{zone}의 DNSSEC 키 페어$^{key\ pair}$를 생성한다. 예 7-18은 키 유형 ECDSAP256SHA256(SHA-256를 사용한 타원 곡선 P-256 작은 서명의 생성에 적합하다)과 영역의 도메인명 foo.example을 지정한다.[8]

예 7-18 dnssec-keygen을 사용해 키 페어 생성

```
% dnssec-keygen -a ECDSAP256SHA256 foo.example
Generating key pair.
Kfoo.example.+013+49077
```

첫 번째 실행에서는 Zone-Signing Key^{ZSK} 페어라는 것이 생성된다. 이 키 페어의 비밀 영역의 모든 레코드에 서명하는 데 사용된 공개 키는 영역 내의 모든 레코드를 확인하는 데 사용된다.

여기서 예 7-19와 같이 새로운 인수 -f KSK를 지정하고 dnssec-keygen을 다시 실행해

---

8   물론 영역 서명에 사용할 수 있는 알고리즘은 여러 가지가 있다. SHA-256, SHA-384 또는 SHA-512를 사용하는 RSA는 DNSSEC 인증을 실행하는 대부분의 DNS 서버 구현과 호환성에 적합하나 긴 서명을 생성한다. CoreDNS은 NSEC3을 지원하지 않기 때문에 해당 옵션은 선택하지 않아도 된다.

foo.example의 KeySigning Key^{KSK} 페어를 생성한다.

예 7-19 dnssec-keygen을 사용해 KSK 페어 생성

```
dnssec-keygen -a ECDSAP256SHA256 -f KSK foo.example
Generating key pair.
Kfoo.example.+013+17035
```

네임에서 알 수 있듯이 KSK 페어의 개인 키는 영역^{zone}의 키에 서명하는 데에만 사용된다. DNSSEC에는 보통 2개의 키 페어를 사용하는 이유는 많은 레코드(ZSK 등)에 서명하는 데 자주 사용되는 키를 정기적으로 '롤오버'할 필요가 있기 때문이다. 그 영역의 상위 영역도 키에 대한 정보를 포함해야 한다. ZSK을 롤오버할 때마다 상위 영역에 통지하는 것은 번거로움이 있다. 그래서 다른 키 페어 방식으로 KSK를 소개한다. 이것은 키의 서명에만 사용되기 때문에(따라서 데이터가 줄어든다) 자주 롤오버할 필요가 없다. KSK는 상위 영역이 알고 있는 키가 된다.

키 롤오버에 대한 참고 사항

여기에서 다루는 대상보다 중요한 롤오버는 많을 수 있다. 미국국립표준기술연구소(NIST)는 보안 DNS 배포 가이드에서 1~2년 KSK 롤오버 간격 및 1~3개월의 ZSK 롤오버 간격을 설정하는 것을 권장한다. 키 롤오버에 대한 자세한 내용은 NIST Special Publication 800-81-2가이드 및 RFC 4641, DNSSEC 운영 사례를 참조하면 된다.

그런 다음 해당 파일에서 ZSK 및 KSK의 두 쌍의 DNSKEY 레코드를 추출하고 이를 foo.example 영역 데이터 파일에 추가한다. 키는 파일 Kfoo.example. + 013 + 50136.key 및 Kfoo.example. + 013 + 12016.key에, 파일명은 dnssec-keygen으로 '.key'가 추가돼 출력된 베이스명에 불과하다. 예 7-20에 설정한 결과를 보여 준다.

예 7-20 DNSKEY 레코드가 추가된 foo.example 영역 데이터 파일

```
@       IN  SOA  ns1.foo.example.  root.foo.example.  (
        2019041900
        3600
        600
```

```
                604800
                600 )
                IN  NS  ns1.foo.example.
                IN  NS  ns2.foo.example.

foo.example. IN DNSKEY 256 3 13 EU9ffKsmK99ZAhBXXp6DrMkvqqBOeENP5gfZ3xUIGjozGvg7KXEoP9Fc 4Y/4Dp5
ea8Pfl1joXmvLAiNJpP7XFg==
foo.example. IN DNSKEY 257 3 13 Uem3/aF08qo82urhiUgW+cUEBB+i1RqjncjDlaBocGUAKBLUDGjTQq4u WOS/sr/
Apl8zo3os1ba9JMEnrwAPTw==

ns1     IN  A  10.0.0.53
        IN  AAAA  2001:db8:42:1::53
ns2     IN  A  10.0.1.53
        IN  AAAA  2001:db8:42:2::53
www     IN  A  10.0.0.1
        IN  AAAA  2001:db8:42:1::1
```

이제 마지막으로 예 7–21에 나타낸 바와 같이 dnssec-signzone를 사용해 영역^{zone}에 서명할 수 있다.

예 7-21 dnssec–signzone을 사용해 영역 서명

```
% dnssec-signzone -o foo.example db.foo.example
dnssec-signzone: warning: db.foo.example:1: no TTL specified; using SOA MINTTL instead
Verifying the zone using the following algorithms: ECDSAP256SHA256.
Zone fully signed:
Algorithm: ECDSAP256SHA256: KSKs: 1 active, 0 stand-by, 0 revoked
                            ZSKs: 1 active, 0 stand-by, 0 revoked
db.foo.example.signed
```

결과는 원래의 레코드뿐만 아니라 RRSIG 레코드 형식으로 2개의 DNSKEY 레코드 서명을 포함하는 영역 데이터 파일이다. 이전보다 훨씬 길기 때문에 예 7–22의 첫 번째 부분과 같이 실제 그렇게 전달되는지 확인한다.

예 7-22 서명된 foo.example 영역

```
; File written on Tue Jul 13 13:36:14 2021
; dnssec_signzone version 9.11.4-P2-RedHat-9.11.4-26.P2.amzn2.5.2
```

```
foo.example.    600 IN SOAns1.foo.example. root.foo.example. (
                2019041900 ; serial
                3600       ; refresh (1 hour)
                600        ; retry (10 minutes)
                604800     ; expire (1 week)
                600        ; minimum (10 minutes)
                )
        600    RRSIG  SOA 13 2 600 (
                20210812123614 20210713123614 49077 foo.example.
                AgCWylvRfvM2YT5WaEvty1ls1FHfeOX9beSn
                Zqftx7Fh1eo0VHusM3MbDP1gmhnKrAF5Fii0
                9+s1L39kVRb0BQ== )
        600    NS ns1.foo.example.
        600    NS ns2.foo.example.
        600    RRSIG  NS 13 2 600 (
                20210812123614 20210713123614 49077 foo.example.
                RowqfWOu0pPmmWGtwwMw5vQxjdq4rHqW/+Lq
                4OgBa2juJIDEQ9Aro87E/qOAzptib9M18joj
                Nx/1f/LBhK9+Zg== )
```

CoreDNS 필요한 것은 예 7–23과 같이 새로운 서명^{sign}된 영역^{zone} 데이터 파일을 로드하도록 지시할 뿐이다.

예 7-23 서명된 영역 데이터 파일을 로드하는 Core

```
foo.example {
    file db.foo.example.signed
    errors
    log
}
```

그러면 예 7–24와 같이 서명과 다른 DNSSEC 레코드를 질의 DNSSECOK 비트를 설정하는 질의기^{querier}에서 리턴한다.

예 7-24 SOA를 통한 서명 및 DNSSEC 레코드 확인

```
% dig soa foo.example. +dnssec +norec @localhost
```

```
; <<>> DiG 9.11.4-P2-RedHat-9.11.4-26.P2.amzn2.5.2 <<>> soa foo.example. +dnssec +norec @
localhost
;; global options: +cmd
;; Got answer:
;; ->>HEADER<<- opcode: QUERY, status: NOERROR, id: 28599
;; flags: qr aa; QUERY: 1, ANSWER: 2, AUTHORITY: 3, ADDITIONAL: 1

;; OPT PSEUDOSECTION:
; EDNS: version: 0, flags: do; udp: 4096
;; QUESTION SECTION:
;foo.example.          IN      SOA

;; ANSWER SECTION:
foo.example.      600 IN    SOA      ns1.foo.example. root.foo.example. 2019041900 3600 600
604800 600
foo.example.      600 IN    RRSIG     SOA 13 2 600 20210812123340 20210713123340 49077 foo.
example. AOACi8i9+Jnq8NXbDLVVEyylbJblatETAHQkwULJvxoRpJnro94gQxIx t+PndPi5eoRyYANXJrvuDO4vFk+j
HA==

;; AUTHORITY SECTION:
foo.example.      600 IN    NS       ns1.foo.example.
foo.example.      600 IN    NS       ns2.foo.example.
foo.example.      600 IN    RRSIG     NS 13 2 600 20210812123340 20210713123340 49077 foo.example.
JbUo2dh+HbOGaSoTMXulZXKwqb9eDpOXu099igsZIOzJnivDf2tuuHzC qOCA9qkDnixqGIdRijckUPB2EIBG9A==

;; Query time: 0 msec
;; SERVER: 127.0.0.1#53(127.0.0.1)
;; WHEN: 화 7월 13 14:01:43 UTC 2021
;; MSG SIZE  rcvd: 434
```

DNSSEC 서명 영역을 유지하는 나머지(서명이 만료되기 전에 영역을 다시 서명 키를 롤오버)는 CoreDNS가 지원하지 않기 때문에 사용자가 직접 구현해야 한다. 그러나 OpenDNSSEC 및 BIND 배포판의 도구가 도움이 된다.

dnssec 플러그인을 사용한 DNSSEC 서명

CoreDNS 정적 영역 데이터에 서명할 뿐만 아니라 '즉각적'으로 영역 데이터에 서명할 수 있다. 예를 들어 kubernetes 플러그인으로 합쳐진 응답[response]의 리소스 레코드는 DNSSEC 를 사용해 서명할 수 있다. CoreDNS에서 즉시 DNSSEC 서명의 구성은 dnssec 플러그인을 사용해 이뤄진다. 예 7-25는 이 구문을 보여 준다.

예 7-25 dnssec 플러그인의 구문

```
dnssec [ZONES...] {
    key file KEY...
    cache_capacity CAPACITY
}
```

ZONES는 즉시 서명된 영역을 나열한다. 평소대로 지정돼 있지 않을 때 서버 블록의 모든 영역이 서명된다. 키 파일은 암호화 키를 읽을 키 파일명을 지정한다. CoreDNS는 키가 dnssec-keygen을 사용해 생성되는 것을 예상한다(이것은 이전에 키를 보여 준 이유다). 키 파일을 지정하려면 기본명 또는 파일명(basename.key 또는 basename.private) 중 하나를 사용할 수 있다.

CoreDNS는 구성된 키를 사용해 생성된 리소스 레코드에 즉각 서명한다. 이전에 생성한 것처럼, KSK와 ZSK의 두 페어를 구성할 때 CoreDNS은 KSK 개인 키 DNSKEY 레코드에 서명하고 ZSK 개인 키를 사용해 다른 모든 레코드에 서명한다. KSK 플래그를 설정하지 않고 단일 키만을 구성할 때 CoreDNS는 그것을 Common Signing Key[CSK]로 취급하고 그것을 사용해 모든 레코드에 서명한다.

CoreDNS 개발자는 다른 옵션보다 작은 서명을 생성하려면 즉시 ECDSA 알고리즘을 사용하는 것이 좋다.

마지막으로 cache_capacity는 dnssec 플러그인이 생성된 서명을 저장하는 데 사용하는 캐시 크기를 지정한다. dnssec 플러그인은 특정 합성된 리소스 레코드 서명을 생성한 후 서명을 저장하려고 나중에 동일한 서명을 다시 계산할 필요가 없다. 기본값은 10,000 서명이다.

예 7-26은 dnssec 플러그인과 kubernetes 플러그인을 사용해 쿠버네티스 클러스터에서 합성된 레코드에 서명하는 방법을 보여 준다.

예 7-26 dnssec 플러그인의 예시

```
cluster.local {
    kubernetes
    dnssec {
      key file Kcluster.local+013+47746
    }
}
```

dnssec 플러그인과 이전에 설명한 플러그인은 고급 DNS 기능을 구현하고 있다. 기업에서 이러한 플러그인의 일부를 클라우드 기반의 DNS 서비스로 어떻게 적용했는지 살펴보도록 한다.

사례 연구: 인포블록스의 위협 방어 서비스

CoreDNS를 사용해 요청을 해석하고 응답을 조작하는 방법에 대한 실제 사례 연구 내용은 인포블록스[Infoblox]의 위협 방어 서비스[BloxOne]를 참조하면 된다. 인포블록스의 전통은 고객의 네트워크에서 DNS 및 DHCP를 제공하는 어플라이언스 장비다. 실제로 인포블록스는 DNS, DHCP IP 주소 관리 등의 'DDI' 제품의 주요 공급 업체로 성장했다. 그러나 DDI 제품은 지난 몇 년 동안 진화해 왔다.

폴 빅시[Paul Vixie]와 버논 슈라이버[Vernon Schryver]가 인터넷 시스템 컨소시엄에 근무하는 동안 개발 한 RPZ[Response Policy Zones] 기능의 출시로 고객이 인포블록스 어플라이언스 장비를 포함한 DNS 서버에서 해석[resolution] 정책을 구성할 수 있게 됐다. 그들은 알려진 악성 도메인명이 해석[resolve]되는 것을 막고 도메인명에 악의가 있다고 생각되는 IP 주소로 확인되는 것을 방지하는 규칙을 만들었다. 그들은 스팸하우스[Spamhaus]와 SURBL 등의 존경을 받고 있는 인터넷 보안 조직으로 큐레이터된 악의적인 목적으로 인터넷으로 적극적으로 사용되는 도메인명의 목록을 포함 RPZ '피드'로 구독할 수 있다.

그러나 직원이 고용주 이외의 다른 사람이 제공한 DNS 인프라를 사용하기 시작한 이후에는 보호 기능을 사용할 수 없게 됐다. 재택 근무 또는 출장 중인 직원은 일반적으로 DHCP에서 할당된 DNS 서버를 사용한다. 여기에는 고용주가 신중하게 설정한 RPZ는 구성되지 않았다.

이 단점을 해결하려고 인포블록스는 위협 방어 서비스^{BloxOne}을 개발했다. 위협 방어 서비스는 클라우드 기반의 재귀적 DNS 서비스이며, 고객은 구성 가능한 해석 정책을 직원의 장치에 적용하고 직원의 DNS 활동의 가시성을 유지할 수 있다. 직원들은 기업 네트워크 외부에 있다.

이렇게 하려면 위협 방어 서비스^{B1TD, BloxOne Threat Defense}는 여러 가지 역할을 CoreDNS로 사용한다. CoreDNS 직원의 질의를 B1TD 클라우드로 전송하는 기능이 소프트웨어의 핵심이며, CoreDNS는 그 직원의 질의도 받는다. 클라우드에서 적용 가능한 정책을 확인하고 이를 적용한다. CoreDNS 플러그인과 플러그인 기반 아키텍처는 전혀 다른 방식의 여러 애플리케이션 적용에도 적합하다. 먼저 CoreDNS를 사용해 질의를 전송한 사용자를 식별하는 방법을 알아보도록 한다.

사용자 식별

B1TD를 설계할 때 첫 번째 과제는 개별 사용자를 식별하는 방법을 결정한다. 이것은 질의에 적용하는 해석 정책을 결정하고 질의 및 응답을 로깅 목적으로 생성한 사용자에 연결하는 데 필요하다.

기본적으로 DNS 메시지는 개별 사용자를 식별할 수 있는 정보는 포함돼 있지 않다. 질의 수신자의 IP 주소로 질의를 전송한 사용자를 식별할 수 있을 때도 있지만, 많을 때 IP 주소는 동적이며, DHCP를 사용해 할당되거나 NAT^{Network Address Translation}를 실행하는 리소스 뒤에 일련의 사용자가 공유하는 하나의 IP 주소다. 이럴 때 IP 주소를 사용자의 ID에 쉽게 매핑할 수 없다.

이를 대처하려고 인포블록스는 B1TD 클라이언트 stub 해결 프로그램을 구성해 루프백 주소에서 실행되는 CoreDNS의 로컬 인스턴스를 해석한다. CoreDNS 인스턴스는 다시 플러그인을 사용해 수신하는 질의에 EDNS0 옵션을 추가한다.

이 옵션은 클라이언트에 대한 식별 정보(MAC 주소, IP 주소, 클라이언트가 속한 조직 등)과 사용자의 로그인명이 포함돼 있다. 그다음 CoreDNS는 질의를 B1TD 클라우드 애니캐스트 주소로 전송한다. 추가 정보는 민감한 개인 정보이기 때문에 CoreDNS는 그림 7-1에 나타낸 바와 같이 forward 플러그인에서 DoT^{DNS over TLS}를 사용해 전달자^{forwarder}와의 통신을 암호화한다.

여러 B1TD 클라이언트가 하나의 네트워크 또는 사이트에서 B1TD 클라우드에 액세스할 때 인포블록스는 DNS 전달 프록시를 제공한다. DNS 전달 프록시는 CoreDNS 가상머신^{VM} 기반 또는 컨테이너 기반의 인스턴스이며, 클라이언트 기반의 버전과 동일한 기능을 수행하지만, 다수의 클라이언트에서 질의를 받을 수 있다.

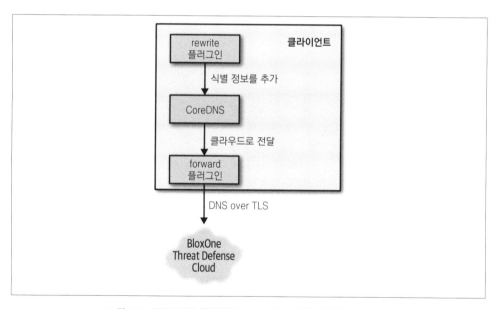

그림 7-1 식별 정보를 추가하려고 rewrite 플러그인을 사용하는 CoreDNS

질의에 ID 정보 태그가 붙었기 때문에 올바른 정책을 적용할 수 있다.

정책 적용

클라우드에서 CoreDNS는 클라이언트 기반 CoreDNS 또는 DNS 전달 프록시 중 하나에서 질의를 받는다. CoreDNS의 리소스가 작기 때문에 인포블록스는 로드밸런서 뒤에 많은 인스턴스를 실행(컨테이너로 실행되며 쿠버네티스로 관리)해 다양한 부하에 대응하려고 인스턴스를 빠르게 시작 및 중지할 수 있다. CoreDNS는 클라이언트의 식별 정보, 제공된 사용자 식별 정보, 검색할 도메인명, 요청된 타입 등 질의 속성을 사용해 정책 플러그인을 호출한다. policy 플러그인[9]은 사용자에게 적용되는 일련의 정책을 확인하고 그 정책 중 하나가 클라이언트 사용자 도메인명 및 유형의 조합에 적용됐는지 여부에 대한 정보를 리턴한다. 그렇지 않을 때 CoreDNS 질의를 Unbound 인스턴스에 전송한다. 이것은 응답을 항시 대기하면서 완전한 재귀를 지원하는 고속 DNS 서버다. 적용 가능한 정책이 있을 때 CoreDNS는 그것을 적용하고 일반적으로 에러 또는 Web 기반의 랜딩 페이지의 도메인명 또는 IP 주소로 리디렉션해 응답한다. 그림 7-2는 이 과정을 보여 준다.

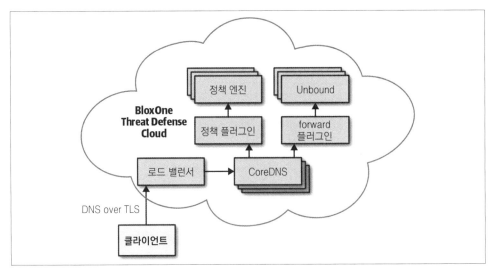

그림 7-2 BloxOne Threat Defense cloud CoreDNS

---

9 policy 플러그인은 인포블록스로 작성됐지만 아직 CoreDNS에 포함되지 않았다. 그러나 이 플러그인은 오픈소스이며, GitHub에서 무료로 다운로드할 수 있다.

CoreDNS의 다양성으로 인포블록스는 그것을 클라이언트의 주요 구성 요소로 클라우드 솔루션의 중요한 부분으로도 사용할 수 있다. 클라이언트는 필요한 리소스가 매우 적고, 질의 재작성(식별 정보를 추가하려고)과 TLS를 통한 전송(정보의 보안을 유지하려고)을 지원한다. 클라우드는 쿠버네티스를 사용한 수평 확장 및 사용자 정의 플러그인(이때 policy 플러그인)을 사용해 기능의 간단한 확장을 지원한다.

위협 방어 서비스BloxOne는 CoreDNS와 플러그인을 결합해 유용한 서비스를 제공한다. 8장에서는 서비스를 지원하는 CoreDNS 인스턴스를 모니터링하는 데 도움이 되는 플러그인을 설명한다.

8장

모니터링 및 트러블슈팅

서비스 DNS가 얼마나 중요한지를 생각하면 가용성 및 성능을 모니터링하고 발생 가능성이 있는 문제를 해결하는 트러블슈팅 기능을 갖는 것이 중요하다. 8장에서는 CoreDNS 모니터링, 질의 및 응답 로깅, 트러블슈팅에 도움이 되는 플러그인을 설명한다.

prometheus 플러그인

CoreDNS는 prometheus 플러그인을 사용해 많은 메트릭을 제공한다. 이름에서 알 수 있듯이 이 플러그인은 프로메테우스 모니터링 시스템에서 사용되는 형식으로 제공하며, 프로메테우스 또는 기타 도구의 포트를 열고 메트릭 정보를 정기적으로 수집한다. 예 8-1 prometheus 플러그인의 구문을 나타낸다.

예 8-1 prometheus 플러그인의 구문

```
prometheus [ ADDRESS ]
```

ADDRESS는 수신할 IP 및 포트다. 생략하면 기본적으로 localhost:9153이 설정된다.

플러그인은 /metrics 핸들러를 사용해 HTTP 서버를 시작한다. 다른 경로를 사용하면 HTTP 404 NotFound 에러가 발생한다. CoreDNS는 표 8-1에 설명된 대로 기본 프로세스와 Go 런타임 메트릭 및 CoreDNS별 메트릭을 export한다.

표 8-1 CoreDNS에서 내보낼(export) 수 있는 메트릭 목록

이름	라벨	설명
process_cpu_seconds_total		총 사용자 및 시스템 CPU 시간(초)
process_open_fds		열린 파일 디스크립터(descriptor) 수
process_max_fds		열린 파일 디스크립터의 최대 수
process_virtual_memory_bytes		가상 메모리 크기(바이트)
process_virtual_memory_max_bytes		사용 가능한 최대 가상 메모리 양(바이트)
process_resident_memory_bytes		상주 메모리 크기(바이트)
process_start_time_seconds		프로세스의 시작 시간(초 단위, Unix epoch time)[1]
go_goroutines		현재 존재하는 goroutine[2]의 수
go_threads		생성된 운영체제 스레드 수
go_gc_duration_seconds		가비지 컬렉션(garbage collection) 호출 지속 시간 요약
go_info	version	Go 환경에 대한 정보
go_memstats_alloc_bytes		메모리 할당돼 여전히 사용중인 바이트 수
go_memstats_alloc_bytes_total		메모리 해제될 때에도 할당된 총 바이트 수
go_memstats_sys_bytes		시스템에서 얻은 메모리 바이트 수
go_memstats_lookups_total		총 포인터(pointer)[3] 검색 수
go_memstats_mallocs_total		총 malloc(메모리 할당) 수
go_memstats_frees_total		총 free(메모리 해제) 수

(이어짐)

---

1 1970년 1월 1일 00:00:00 UTC 기준 – 옮긴이

2 Go 언어의 런타임이 관리하는 경량의 논리적(혹은 가상적) 스레드(thread)다. – 옮긴이

3 Go 언어에서 포인터는 값 자체보다는 값이 저장된 메모리상의 위치를 가리킨다. – 옮긴이

이름	라벨	설명
go_memstats_heap_alloc_bytes		할당돼 여전히 사용 중인 힙(heap) 메모리 바이트 수
go_memstats_heap_sys_bytes		시스템에서 얻은 힙 메모리 바이트 수
go_memstats_heap_idle_bytes		사용 대기 중인 힙 메모리 바이트 수
go_memstats_heap_inuse_bytes		사용 중인 힙 메모리 바이트 수
go_memstats_heap_released_bytes		OS로 반환된 힙 메모리 바이트 수
go_memstats_heap_objects		힙 메모리에 할당된 객체 수
go_memstats_stack_inuse_bytes		스택(stack) 할당기(allocator)가 사용 중인 바이트 수
go_memstats_stack_sys_bytes		스택 할당기용으로 시스템에서 얻은 바이트 수
go_memstats_mspan_inuse_bytes		mspan[4] 구조에서 사용 중인 바이트 수
go_memstats_mspan_sys_bytes		시스템에서 얻은 mspan 구조에 사용되는 바이트 수
go_memstats_mcache_inuse_bytes		mcache[5] 구조에서 사용 중인 바이트 수
go_memstats_mcache_sys_bytes		시스템에서 얻은 mcache 구조에 사용된 바이트 수
go_memstats_buck_hash_sys_bytes		프로파일링 버킷(profiling bucket) 해시 테이블에서 사용된 바이트 수
go_memstats_gc_sys_bytes		가비지 컬렉션 시스템 메타데이터에 사용된 바이트 수
go_memstats_other_sys_bytes		다른 시스템 할당에 사용된 바이트 수
go_memstats_next_gc_bytes		다음 가비지 컬렉션이 발생할 때의 힙 메모리 바이트 수
go_memstats_last_gc_time_seconds		마지막 가비지 컬렉션을 수집한 이후의 시간 (초 단위, Unix epoch time 기준)
go_memstats_gc_cpu_fraction		프로그램이 시작된 이후 가비지 컬렉션에서 사용되는 이 프로그램의 사용 가능한 CPU 시간의 일부

(이어짐)

---

4 힙메모리가 관리하는 일련의 메모리 페이지 – 옮긴이

5 여유 공간이 있는 mspans의 논리적 프로세서(logical processor)당 캐시 – 옮긴이

이름	라벨	설명
coredns_build_info	version, revision, goversion	이 메트릭의 값은 항상 1이지만, CoreDNS를 빌드하는 데 사용되는 CoreDNS 버전, Git 개정판 및 Go 버전의 라벨이 있다.
coredns_dns_request_count_total	server, zone, proto, family	영역, 프로토콜, 제품군별로 이뤄진 DNS 요청 카운터
coredns_dns_request_duration_seconds	server, zone	각 요청에 소요된 시간(초)의 히스토그램(histogram)
coredns_dns_request_size_bytes	server, zone, proto	바이트 단위의 EDNS0 UDP 버퍼 크기의 히스토그램(TCP일 때 64K)
coredns_dns_request_do_count_total	server, zone	영역당 DO[6] 비트가 설정된 DNS 요청 카운터
coredns_dns_request_type_count_total	server, zone, type	영역별, 유형별 DNS 요청 카운터
coredns_dns_response_size_bytes	server, zone, proto	반환된 응답 크기의 히스토그램(바이트 단위)
coredns_dns_response_rcode_count_total	server, zone, rcode	응답 상태 코드의 카운터
coredns_panic_count_total		치명적인 오류 수를 계산하는 메트릭
coredns_plugin_enabled	server, zone, name	플러그인이 서버 및 영역별로 활성화 여부를 나타내는 메트릭

개별 플러그인 목록에 메트릭을 추가할 수 있다. 자세한 내용은 이 플러그인의 문서를 참고하면 된다.

메트릭은 CoreDNS 질의를 처리하고자 얼마나 많은 리소스(CPU 포함)를 소비하는지 이해하는 데 큰 도움이 될 수 있다. 그러나 개별 질의를 확인하고자 한다면 log 플러그인을 입력하면 된다.

---

6   DNSSEC answer OK를 표시하는 플래그(flag) – 옮긴이

log 플러그인

log 플러그인을 사용하면 CoreDNS가 수신하는 모든 질의 메시지를 로깅할 수 있다. 특정 문제를 디버깅하려고 할 때(예를 들어 CoreDNS가 실제로 사용자의 컴퓨터에서 질의를 수신할 때) 또는 보안 목적으로 처리된 모든 질의의 로그를 유지할 때에 유용하다. 가장 간단한 형태의 log 플러그인은 예 8-2와 같이 된다.

예 8-2 로그 플러그인 구문

```
log
```

예 8-3은 사용 중인 log 플러그인을 보여 준다.

예 8-3 작동 중인 로그 플러그인

```
. {
    forward . 8.8.8.8 8.8.4.4
    cache 3600
    log
}
```

이것은 log 플러그인이 표시되는 서버 블록이 수신한 각 질의를 기본 로그 형식으로 메시지를 로깅하도록 CoreDNS에 지시한다. 다음은 로그 메시지의 예시다.

```
2021-07-06T14:03:32.286-07:00 [INFO] 127.0.0.1:35420 - 56452 "A IN www.nxdomain.com. udp 45
false 4096" NXDOMAIN qr,rd,ra 117 0.14592002s
```

2021로 시작하는 첫 번째 필드는 RFC 3339에 지정된 형식의 타임스탬프이며, 그다음에는 심각도^{severity}, 질의 수신자의 IP 주소(127.0.0.1)와 포트(35420)가 계속된다. 56452는 질의의 메시지 ID이고 A IN www.nxdomain.com는 질의 유형(A), 질의 클래스(IN), 질의 도메인명(www.nxdomain.com)[7]을 보여 준다. 질의는 udp로 수신된 길이는 45바이트이고, DNSSEC OK 비트가 설정되지 않았다(값은 false). 질의기^{querier}가 전달하는 최대 버퍼 크기는

---

7   nxdomain(Non-eXistent Domain)이란 DNS Response Code 중의 하나로, '질의한 도메인명은 전혀 존재하지 않음'이란 의미다.

4096바이트다. 나머지 필드는 응답[reply]과 관련이 있다. 응답 코드는 NXDOMAIN이며, www. nxdomain.com 등의 도메인명이 없다는 것을 보여 준다.

응답 플래그는 qr로 표시되며 메시지가 응답[response]임을 보여 준다. rd는 질의가 재귀를 요청 [request]한 것을 나타낸다. ra는 재귀를 사용할 수 있다는 것을 의미한다. 마지막으로 응답의 길이는 117 바이트에서 질의 처리(질의에 대한 응답에 걸리는 시간)은 약 0.146초였다.

특정 도메인의 질의만을 로깅할 때 예 8-4에 표시된 구문을 사용할 수 있다.

예 8-4 로그 플러그인에서 도메인 지정

```
log [도메인명...]
```

NAMES는 질의가 로깅되는 도메인의 목록이다. 나열된 도메인 중 하나에서 끝나지 않는 도메인명의 질의는 로깅되지 않는다. 예를 들어 예 8-5에 표시된 Corefile은 foo.example 또는 bar.example로 끝나는 질의만을 기록한다.

예 8-5 로그 플러그인에서 도메인 지정

```
. {
    forward . 8.8.8.8 8.8.4.4
    log foo.example bar.example
}
```

특정 '클래스'의 응답을 생성한 질의만을 로깅하도록 지정할 수도 있다. 클래스는 다음과 같다.

success

　　성공적인 응답

denial

　　NXDOMAIN(여기에서도 '그런 도메인명이 없음'을 의미) 또는 NODATA(지정된 도메인명 유형의 데이터

　　가 없다는 것을 의미)의 응답

error

　SERVFAIL(서버 실패) NOTIMP(구현되지 않음) 또는 REFUSED 등의 값을 응답하는데, 보통은 작업 에러(SERVFAIL)로 인해 DNS 서버가 응답하지 못하거나 질의를 처리할 수 없다는 (NOTIMP) 값을 보여 준다. 통신 구간에 액세스 제어 목록ACL 등의 정책이 적용돼 있으면 값을 응답하지 않는다.

all

　전체 응답

하나 이상의 클래스를 지정하려면 예 8-6 구문을 사용한다.

예 8-6 log 플러그인 클래스를 지정

```
log [NAMES...] {
    class CLASSES...
}
```

예 8-7은 foo.example 질의에 대한 거부 및 에러 응답만을 로깅하는 방법을 보여 준다.

예 8-7 log 플러그인에서 특정 클래스 표시

```
log foo.example {
    class denial error
}
```

기본적으로 모든 클래스가 로깅된다.

마지막으로 log 플러그인은 기록된 메시지의 형식을 다양한 방식으로 제어한다. 사용할 수 있는 필드는 다음과 같다.

{type}

　질의 유형

{name}

　질의 도메인명

{class}

질의 클래스

{proto}

프로토콜(TCP 또는 UDP)

{remote}

클라이언트의 IP 주소. IPv6 주소는 [::1]과 같이 대괄호로 묶는다.

{local}

서버의 IP 주소. IPv6 주소는 괄호로 묶는다.

{size}

질의의 크기(바이트)

{port}

클라이언트의 포트

{duration}

질의 처리 기간

{rcode}

응답 코드(RCODE)

{rsize}

원시(압축되지 않은) 응답 크기

{>rflags}

응답의 플래그. 각 설정 플래그가 표시됨(예: 'qr, rd, ra.')

{>bufsize}

질의의 버퍼 크기

{>do}

DNSSEC OK 비트가 질의에 설정됐는지 여부

{>ID}

메시지 ID

{>opcode}

질의의 OPCODE

{common}

공통 로그 형식(기본값)

{combined}

공통 로그 형식과 질의 연산 코드(opcode)

공통 로그 형식은 다음과 같다.

```
{remote}:{port} - {>id} "{type} {class} {name} {proto} {size} {>do} {>bufsize}"
{rcode} {>rflags} {rsize} {duration}
```

기본 공통 로그 형식 이외의 로그 형식을 지정하려면 로그 플러그인에 예 8-8에 표시된 형식을 사용한다.

예 8-8 로그 플러그인에서 형식을 지정하는 구문

```
log [NAMES...] [FORMAT]
```

포맷을 지정하려면 또한 예 8-9에서 보는 바와 같이 하나 이상의 NAMES를 지정해야 한다.

예 8-9 로그 플러그인 형식 지정

```
log foo.example "Query: {name} {class} {type}"
```

모든 도메인명의 질의를 로깅할 때 '.'을 NAMES로 사용한다. 물론 예 8-10에 표시된 것처럼 NAMES, FORMAT, CLASSES를 결합할 수 있다.

```
log . "Query: {name} {class} {type}" {
    class success
}
```

CoreDNS 로그 플러그인은 질의를 로깅하는 매우 유연한 메커니즘을 제공한다. 그러나 질의 외에 응답response과 같이 다른 정보를 로깅하려면 어떻게 해야 하는가? dnstap 플러그인을 사용하면 다른 정보도 로깅을 할 수 있다. dnstap을 다음 절에서 설명한다.

dnstap 플러그인

수신 질의마다 메시지를 기록하면 DNS 서버에 오버헤드가 발생한다. 이름에서 알 수 있듯이 질의 로그는 수신된 질의에 대한 정보가 대부분 포함돼 있지만, 그 질의에 대한 응답에 정보는 거의 포함돼 있지 않다(단, CoreDNS 로그 플러그인은 응답의 일부 측면에 정보를 포함할 수 있다). dnstap는 이러한 문제 모두를 해결하려고 개발됐으며, 최소한의 리소스를 사용해 전체 응답 데이터를 매우 효율적으로 기록하는 메커니즘을 제공한다.

dnstap 홈페이지(https://dnstap.info)에서 소개했듯이 dnstap는 DNS의 구조화된 바이너리 로그 형식을 적용해 유연하다. 유선 형식wire-format의 DNS 메시지를 인코딩하므로 DNS 서버가 응답을 받으면 모든 세부 사항을 확인할 수 있다. DNS 인프라에서 정보를 수집하고 나중에 보안, 연구, 운영 목적으로 마이닝하거나 여러 DNS 데이터베이스 중 하나로 전달해 동일 처리를 할 수 있다.

dnstap 플러그인의 구문은 매우 간단하며 이는 예 8-11에서 볼 수 있다.

```
dnstap SOCKET [full]
```

SOCKET은 CoreDNS의 정보를 dnstap로 기록하기 위한 TCP 또는 유닉스Unix 도메인 소켓이다. TCP 소켓을 지정하려면 예 8-12에 나타낸 것과 같이 tcp://〈IP주소〉:〈포트〉 형식을 사용한다.

예 8-12 TCP 소켓 dnstap 플러그인

```
dnstap tcp://127.0.0.1/8053
```

유닉스 도메인 소켓을 사용하려면 예 8-13에 나타낸 것과 같이 unix:///path 또는 단순히 path 형식을 사용할 수 있다.

예 8-13 유닉스 도메인 소켓 dnstap 플러그인

```
dnstap unix:///tmp/dnstap.sock
```

예 8-14은 비슷한 설정 형식을 보여 준다.

예 8-14 다른 형식의 유닉스 도메인 소켓 dnstap 플러그인

```
dnstap /tmp/dnstap.sock
```

소켓은 CoreDNS로 생성되지 않는다. 대신 다른 프로그램이 소켓을 만들고 CoreDNS(다른 DNS 서버)로 작성된 dnstap 형식의 정보를 수신한다. dnstap 데이터를 처리하기 위한 Go 언어 라이브러리의 일부를 https://github.com/dnstap/golang-dnstap에서 dnstap 데이터(자체 dnstap라고 함)를 리스닝^{listening}할 프로그램을 찾을 수 있다.

dnstap 프로그램은 JSON, YAML 또는 단축 텍스트 형식으로 파일 읽기 수행 시 TCP 소켓, 유닉스 도메인 소켓 생성 및 파일 쓰기 수행 시 표준 출력을 생성할 수 있다. dnstap 프로그램은 표준 출력 또는 파일에 쓴다. 다음은 dnstap을 실행 유닉스 도메인 소켓에서 읽기, JSON을 표준 출력에 쓰는 예시를 보여 준다.

```
dnstap -j -u /tmp/dnstap.sock -w -
```

해당 dnstap 플러그인은 예 8-15과 같이 명시된다.

```
dnstap /tmp/dnstap.sock
```

CoreDNS에 질의를 전송하면 예 8-16과 같이 출력될 수 있다.

```
% ./dnstap -j -u /tmp/dnstap.sock -w -
dnstap: opened input socket /tmp/dnstap.sock
2021/07/13 15:07:25 /tmp/dnstap.sock: accepted connection 1
{"type":"MESSAGE","message":{"type":"CLIENT_QUERY","query_time":"2021-07-
13T15:07:29.772012954Z","socket_family":"INET","socket_protocol":"UDP","query_
address":"127.0.0.1","query_port":39362}}
{"type":"MESSAGE","message":{"type":"CLIENT_RESPONSE","query_time":"2021-07-13T15:07:29.77
2012954Z","response_time":"2021-07-13T15:07:29.775895139Z","socket_family":"INET","socket_
protocol":"UDP","query_address":"127.0.0.1","query_port":39362}}
{"type":"MESSAGE","message":{"type":"CLIENT_QUERY","query_time":"2021-07-
13T15:07:41.776583681Z","socket_family":"INET","socket_protocol":"UDP","query_
address":"127.0.0.1","query_port":57883}}
{"type":"MESSAGE","message":{"type":"CLIENT_RESPONSE","query_time":"2021-07-13T15:07:41.77
6583681Z","response_time":"2021-07-13T15:07:41.777624148Z","socket_family":"INET","socket_
protocol":"UDP","query_address":"127.0.0.1","query_port":57883}}
```

질의가 수신된 시간, 전달자[forwarder]가 질의된 시간, 전달자가 응답한 시간과 마지막으로 응답이 클라이언트로 전송된 시간 등을 확인할 수 있다.

질의의 내용을 실제로 확인하려면 유선 형식의 DNS 메시지를 포함하도록 플러그인을 구성해야 한다. 예 8-17는 상세 DNS 메시지를 TCP 소켓에 쓸 dnstap 구성을 보여 준다.

```
dnstap tcp://127.0.0.1:8053 full
```

이번에는 dnstap 프로그램에 YAML 출력을 사용하고 TCP 소켓에서 읽는다.

```
dnstap -y -l 127.0.0.1:8053 -w -
```

이제 예 8-18에 나타낸 것과 같이 훨씬 더 많은 출력을 얻을 수 있다.

```
dnstap.FrameStreamSockInput: accepted a socket connection
type: MESSAGE
message:
    type: FORWARDER_QUERY
    query_time: !!timestamp 2021-07-06 21:22:43.146032
    socket_family: INET
    socket_protocol: UDP
    response_address: 10.102.3.10
    response_port: 53
    query_message: |
        ;; opcode: QUERY, status: NOERROR, id: 9193
        ;; flags: rd ad; QUERY: 1, ANSWER: 0, AUTHORITY: 0, ADDITIONAL: 1

        ;; QUESTION SECTION:
        ;berkeley.edu.  IN SOA

        ;; ADDITIONAL SECTION:

        ;; OPT PSEUDOSECTION:
        ; EDNS: version 0; flags: ; udp: 4096
 ---
```

보다시피 이 출력은 DNS 메시지 헤더와 메시지 내용도 표시된다. 질의가 아닌 응답^{response}일 때 응답에 리소스 레코드가 표시된다.

log 플러그인과 dnstap 플러그인에는 모두 질의 처리(단, 질의 처리로 네거티브 응답^{answer} 및 DNS 에러가 발생할 수 있다) 부분에 성공적인 결과가 나타난다. 질의를 처리하는 동안 발생하는 에러(예: 네트워크 문제 등) 처리 방법을 다음 절에서 설명한다.

errors 플러그인

errors 플러그인은 질의 처리 중에 발생한 에러를 로깅하도록 CoreDNS에 지시한다. 서버 블록 내에서 사용되는 예 8-19에 나타낸 섯과 같이 한 번만 사용힐 수 있다.

예 8-19 에러 플러그인

```
. {
    forward . 8.8.8.8 8.8.4.4
    errors
}
```

errors 플러그인을 사용하면 같은 정규식과 일치하는 여러 에러 메시지를 통합할 수 있다. 예를 들어 질의 전송 시 CoreDNS에서 지속적인 에러가 발생할 때 에러 메시지가 갑자기 많아지지 않는 것이 이 기능 때문이다.

에러 메시지를 통합하는 방법으로는 예 8-20에 표시된 구문을 사용한다.

예 8-20 에러 플러그인의 구문

```
errors {
    consolidate DURATION REGEXP
}
```

DURATION은 시간 사양(숫자 뒤에 달린 스케일링 인자factor 포함 – 's'는 초, 'm'은 분)이다. REGEXP은 큰 따옴표로 둘러싸인 정규표현식이며, 에러 메시지 타입(예: '^에러 메시지.*', '.* timeout $')과 일치해야 한다. 앞에 예처럼 정규표현식에서는 성능을 향상시키려고 ^ 및 $ 등의 앵커를 사용한다.

예 8-21은 에러 메시지 '모든 네트워크에 연결할 수 없습니다'를 10분 간격으로 통합하는 예시다.

예 8-21 에러 메시지 통합 error 플러그인

```
. {
    forward . 8.8.8.8 8.8.4.4
```

```
      errors {
        consolidate 10m ".* network is unreachable$"
      }
  }
```

통합된 에러 메시지는 다음과 같이 되기 때문에 통합 초과하지 않도록 주의해야 한다.

```
  5 errors like '^.* network is unreachable$' occurred in last 10m
```

정규 표현식으로 '.* unreachable $'만을 사용할 때 통합된 메시지에서 원래 에러 메시지가 무엇인지 알 수 없을 때가 있다.

에러로 해석^{resolution} 시간을 느려질 수 있지만, CoreDNS 자체의 성능도 저하될 수 있다. 다음에 설명하는 **trace** 플러그인은 CoreDNS 플러그인의 실행 시간을 추적하는 방법을 제공한다.

trace 플러그인

trace 플러그인을 사용하면 CoreDNS를 Zipkin, DataDog, Google의 Stackdriver Trace 등의 분산 추적 도구와 통합할 수 있다. 분산 추적 시스템은 코드 섹션 사이, 마이크로서비스 사이, 애플리케이션 사이를 이동할 때 단일 요청을 추적한다.

CoreDNS가 요청을 추적할 수 있도록 하려면 플러그인을 포함해야 한다.

기본적으로 추적 Zipkin을 사용해 추적을 localhost:9411로 보낸다. 예 8-22에서는 Corefile은 모든 요청 추적을 활성화한다.

예 8-22 추적이 활성화돼 있는 Corefile

```
.:5300 {
    trace
    log
    errors
```

```
    rewrite class CH IN
    forward . /etc/resolv.conf
}
```

이 Corefile을 사용하면 그림 8-1과 같이 추적 정보가 Zipkin에 표시된다.

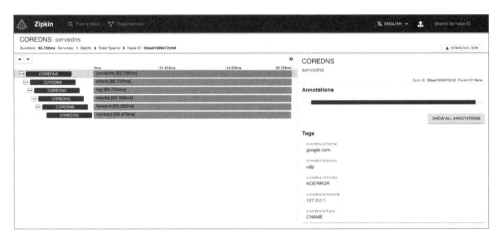

그림 8-1 Zipkin의 CoreDNS 추적

gRPC 프로토콜을 사용할 때 추적 서버를 통과할 수 있다. 즉 추적 스팬^{span} 식별자는 gRPC 연결로 전송된다. 다양한 서비스가 어떻게 상호 작용하는지를 확인할 수 있으며, 요청 후 응답까지의 가장 많은 시간이 소요되는 곳을 확인할 수 있다. 클라이언트 영역에는 CoreDNS에 DNS 조회를 포함한 다양한 서비스가 표시된다.

추적에는 몇 가지 주의 사항이 있다. 첫 번째는 성능에 큰 영향을 미친다. 다행히 CoreDNS는 이를 줄일 수 있는 방법을 제공한다. N개의 요청마다 하나만 추적을 사용할 수 있다. 예 8-23에는 이 방법대로 수행하는 것을 보여 준다.

예 8-23 일부 요청만 추적 방법

```
trace {
    every 10000
}
```

이 설정은 10,000요청[request]당 하나만 추적하도록 CoreDNS에 지시한다. 이것은 성능에 미치는 영향을 최소화할 수 있다. 그러나 요청에 소요된 시간에 대한 데이터를 계속 제공된다. 두 번째 주의점은 호스트 간의 시간 동기화에 관여하고 있다. DNS 요청은 매우 짧으며, 대부분은 1밀리초[ms]보다 훨씬 짧다. 예를 들어 클라이언트를 떠나기 전에 서버에서 시작 스팬 요청이 여러 호스트에 걸쳐 있을 때 시간의 몇 나노초[ns] 차이조차도 잘못된 결과로 이어질 수 있다. 추적은 유용한 시그널을 제공할 수 있지만, 주의 사항에는 유의해야 한다.

trace 플러그인의 전체 구문은 다음과 같다.

예 8-24 trace 플러그인 전체 구문

```
trace [TYPE] [ENDPOINT] {
    every AMOUNT
    service NAME
    client_server
}
```

AMOUNT는 추적이 실행되는 빈도를 제어한다. AMOUNT 요청당 하나의 추적이 있다.

NAME은 추적을 보낼 때 사용하는 서비스명을 정의한다. 이것은 기본적으로 coredns가 된다. 그러나 여러 CoreDNS 인스턴스가 다른 역할(예: CoreDNS가 다른 CoreDNS로 전송)을 할 때 또는 동일한 서비스에 CoreDNS 추적을 다르게 배포[deployment]할 때 구별하려고 이름을 지정할 수 있다.

client_server가 지정돼 있을 때 클라이언트와 서버는 같은 범위를 공유한다.

trace 플러그인은 CoreDNS 성능 문제를 진단하는 데 도움이 된다. 그러나 문제 때문에 CoreDNS에서 장애가 발생할 때 debug 플러그인이 필요할 수 있다. 다음 절에서 이것을 설명한다.

debug 플러그인

일반적으로 CoreDNS에서 장애가 발생할 때 자동으로 다시 시작한다. 그러나 장애의 원인이 된 문제의 디버깅을 검토하고 있기 때문에 이 동작을 금지하고 싶을 때가 있다. 그래서 debug 플러그인이 등장하게 됐다.

debug 플러그인은 CoreDNS를 장애에서 복구되지 않도록 지시한다. 이렇게 하면 스택 트레이스^{stack trace}를 분석해 문제를 해결할 수 있다. 장애 여파^{side effect}가 발생하면 debug 플러그인 CoreDNS에 log.Debug 및 log.Debugf 메시지를 표준 출력으로 보내도록 지시한다. 이것은 문제의 진단에 도움이 된다.

디버그 구문은 예 8-25에 나타낸 부분을 참고하면 된다.

예 8-25 debug 플러그인 구문

```
debug
```

디버깅 출력을 생성하는 서버 블록에서 예 8-26에 나타낸 것과 같이 debug 플러그인을 지정하는 것을 잊지 말아야 한다.

예 8-26 서버 블록 내 debug 플러그인

```
foo.example {
    file /db.foo.example
    errors
    debug
}

. {
    forward . 8.8.8.8 8.8.4.4
    errors
    debug
}
```

운영(production) 환경에서는 디버깅을 사용하지 않아야 한다!
debug 플러그인은 CoreDNS 자동 재시작이 동작하지 않으므로 운영 환경에서는 절대로 사용하지 말아야 한다.

8장에서는 DNS 서버 관리자에게 도움이 되는 몇 가지 플러그인을 설명했다. log, dnstap, errors, 개발자에게 많은 도움을 줄 수 있는 trace 및 debug 등이 포함된다(그중 하나인 프로메테우스는 관리자와 개발자 모두에게 확실한 편리성을 제공한다). 9장에서는 진취적인 개발자들이 자신만의 버전으로 사용자 정의 CoreDNS를 구성하고, 자신만의 사용자 정의 플러그인을 만드는 방법을 설명할 예정이다.

9장

사용자 정의 CoreDNS 구성

CoreDNS의 가장 좋은 점은 새 플러그인의 정의 및 추가가 쉽다는 점이다. 따라서 다양한 외부 플러그인을 사용할 수 있다. '외부externa'란 의미는 표준 CoreDNS 구성에 속하지 않거나, CoreDNS GitHub 리포지터리 및 사용자 조직에도 속하지 않은 사용자 정의 플러그인을 의미한다. 외부 플러그인을 사용하려면 CoreDNS를 재구성해야 한다. 외부 플러그인은 동적으로 로드되지 않기 때문에 컴파일로 빌드를 수행한다.

CoreDNS 코드도 라이브러리로 쉽게 사용할 수 있도록 구성돼 있다. 이 방식은 보통 소스코드 내 메인 루틴을 만들어 코드 전체를 라이브러리로 처리할 수 있는 것을 의미한다. 9장에서는 이러한 사용자 정의 CoreDNS 구축에 관련된 전반적인 것을 설명한다.

외부 플러그인을 사용한 CoreDNS 컴파일

외부 플러그인을 사용해 사용자 정의 CoreDNS를 구축하는 가장 쉬운 방법은 plugin.cfg 파일을 변경하고 CoreDNS를 빌드하는 방법이다. 여기서 표준 CoreDNS 메인 루틴을 사용한다. 바이너리 파일은 추가 플러그인과 지시문이 포함된 것을 제외한다면 일반적인

CoreDNS와 동일하게 작동된다.

사용자 정의 CoreDNS를 빌드하려고 Go 개발자가 될 필요는 없지만, Go 빌드를 하기 위한 PC 혹은 서버가 필요하다. 도커가 이미 설치돼 있으면 바로 빌드할 수 있으나 그렇지 않을 때는 Go 1.12 이후 버전과 Git, Make가 설치돼 있어야 한다.

먼저 도커만 사용해 CoreDNS을 구축하는 방법을 살펴보기로 한다. 앞으로 진행할 예시에서는 리눅스를 사용하지만 윈도우에서도 CoreDNS를 빌드할 수 있다.

도커 사용 빌드

도커를 사용하려면 먼저 CoreDNS 소스 코드를 PC 혹은 서버의 로컬 디렉터리에 다운로드해야 한다. 예 9-1과 같이 git을 설치하는 대신 git을 포함한 golang:1.16.6 버전 도커 이미지를 사용해 GitHub에서 리포지터리를 로컬 디렉터리에 복제할 수 있다. 복제 디렉터리가 로컬 내부에 어떤 경로에 있는지는 중요하지 않다.

예시의 명령어는 현재 디렉터리($PWD)를 /go 디렉터리 경로로 변환해 컨테이너에 탑재하고, bash로 몇 가지 명령어를 실행한다. git 명령어를 사용해 CoreDNS 1.8.4 버전(현재 최신) 브랜치를 리포지터리에서 /go/coredns로 복제한다. 여기서는 -u $ (id -u) : $ (id -g) 옵션 적용을 인지한다. 이 부분은 컨테이너 사용자 계정 및 그룹을 컨테이너 외부 현재 로컬 사용자 계정 및 그룹으로 동일 설정한다. 이 부분이 없으면 컨테이너 내에 생성되는 모든 파일이 root 계정 소유로 적용되기 때문에 모든 사용자가 편집할 수 없다.

예 9-1 CoreDNS 소스 코드 복제

```
$ docker run --rm -u $(id -u):$(id -g) -v $PWD:/go golang:1.16.6 \
/bin/bash -c \
"git clone https://github.com/coredns/coredns.git && \
cd coredns && \
git checkout v1.8.4"
Unable to find image 'golang:1.16.6' locally
1.16.6: Pulling from library/golang
```

```
0bc3020d05f1: Pull complete
a110e5871660: Pull complete
83d3c0fa203a: Pull complete
a8fd09c11b02: Pull complete
78287c648ba2: Pull complete
73162799ee02: Pull complete
5424e9528f06: Pull complete
Digest: sha256:777d13e40bc15456dceac9b37f926bd7b4c237645da9ff8e3c94d7a4916a909b
Status: Downloaded newer image for golang:1.16.6
Cloning into 'coredns'...
Note: checking out 'v1.8.4'.

You are in 'detached HEAD' state. You can look around, make experimental
changes and commit them, and you can discard any commits you make in this
state without impacting any branches by performing another checkout.

If you want to create a new branch to retain commits you create, you may
do so (now or later) by using -b with the checkout command again. Example:

  git checkout -b <new-branch-name>

HEAD is now at 053c4d5c Bump version and amend notes to include latest PRs (#4634)
```

수행 결과 로컬에 coredns 디렉터리가 생성돼 CoreDNS v1.8.4 소스코드를 빌드할 환경이
준비됐다. 예 9-2 역시 golang:1.16.6 버전의 도커 이미지를 사용해 coredns 소스코드 디
렉터리를 컨테이너에 마운트하고 make 명령어를 사용해 CoreDNS를 빌드한다.

예 9-2 도커를 사용한 빌드

```
$ cd coredns
$ docker run --rm -v $PWD:/coredns -w /coredns golang:1.16.6 make
go generate coredns.go
go: downloading github.com/coredns/caddy v1.1.0
go: downloading github.com/google/uuid v1.1.2
go: downloading github.com/infobloxopen/go-trees v0.0.0-20200715205103-96a057b8dfb9
go: downloading github.com/miekg/dns v1.1.42
go: downloading github.com/prometheus/client_golang v1.10.0
중략 ...
```

```
gopkg.in/DataDog/dd-trace-go.v1/ddtrace/opentracer
github.com/coredns/coredns/plugin/trace
github.com/coredns/coredns/plugin/whoami
github.com/coredns/coredns/core/plugin
github.com/coredns/coredns
$ ls -l coredns
-rwxr-xr-x 1 root root 47292416  7월 13 15:50 coredns
```

빌드가 완료되면 coredns 디렉터리에 리눅스 바이너리 파일[1] 형태의 coredns 파일이 만들어진다. coredns 파일은 빌드 단계에서 -u 옵션을 적용하지 않았기 때문에 root 계정이 소유하고 있음을 확인할 수 있다. root 계정 소유 설정이 필요한 이유는, 빌드 수행 시 일반 사용자가 만들 수 없는 경로에 어떤 특정 디렉터리를 생성하기 때문이다. coredns 바이너리 파일을 root 계정이 소유하는 부분은 진행에 있어 문제될 것은 없다.

앞 예시로 빌드한 coredns 바이너리 파일은 사용자 정의되지 않는 표준 파일이다. 220페이지의 'plugin.cfg 수정' 절로 사용자 정의된 coredns 바이너리 파일을 설정하는 방법을 살펴볼 예정이다.

다음 절에서는 도커를 사용하지 않고 CoreDNS를 빌드하는 방법을 설명한다.

워크스테이션에서 빌드

도커를 사용한 빌드는 큰 단점이 하나 있는데, 반복적인 개발을 수행할 때 많은 시간이 걸릴 수 있다는 점이다. 빌드로 매번 새로운 컨테이너를 실행하기 때문에 모든 패키지를 다시 다운로드해야 한다. 대안으로 로컬 환경에 Go 언어 개발 환경[2]을 구성해 빌드를 훨씬 빠르게 진행할 수 있다.

로컬 환경을 구성하려면 git과 make를 사용할 수 있어야 하고, Go 언어 버전은 최신 버전

---

1   다른 OS(MacOS 등)에서 빌드를 수행해도 리눅스 바이너리 파일이 생성되는데, 빌드를 수행하는 도커 컨테이너가 자체가 리눅스 기반으로 실행되기 때문이다.

2   빌드용 필수 패키지가 미리 구비된 도커 이미지도 준비할 수 있으나, 장기적으로는 패키지 업데이트로 인한 의존성 측면에서 불필요할 수 있다.

인 1.16.6 버전 이상으로 설치돼 있어야 한다. OS 리포지터리에서 제공되는 기본 배포 버전은 최신 버전이 아닐 때가 있다. Go 언어 최신 버전은 https://golang.org/dl/에서 확인할 수 있다. Go 언어를 직접 설치하려면 예 9–3과 같이 로컬 환경에 다운로드해 /usr/local 디렉터리 경로에 압축을 풀고 GOPATH를 환경 변수에 설정한다. 이 과정을 거치고 홈 디렉터리 ($HOME)에 Go 언어 개발용 디렉터리(Workspace)를 생성한다. Go 언어 다운로드 및 압축을 푼 위치가 다를 때 해당 경로를 GOPATH 환경 변수에 설정해야 한다.

예 9–3 Go 언어 설치

```
$ which go
/usr/bin/which: no go in (/usr/local/bin:/usr/bin:/usr/local/sbin:/usr/sbin)
$ curl -s https://dl.google.com/go/go1.16.6.linux-amd64.tar.gz \
  | sudo tar -C /usr/local -xz
$ export PATH=$PATH:/usr/local/go/bin
$ which go
/usr/local/go/bin/go
$ go version
go version go1.16.6 linux/amd64
$ mkdir ~/go
```

Go 언어의 이전 버전에서는 빌드하려면 GOPATH에 따라 CoreDNS 소스코드 디렉터리를 지정된 경로에만 배치해야만 했다. 현재는 CoreDNS 의존성 관리에 go 모듈을 사용하고 있기에 coredns 디렉터리는 어느 경로인지 상관 없이 빌드를 수행할 수 있다.

예 9–4에서는 Git 명령어를 사용해 CoreDNS Github 리포지터리를 복제하는데 v1.8.4 브랜치로 전환하고 마지막으로 Make 명령어를 사용해 CoreDNS를 빌드 수행도 보여 준다.

예 9–4 CoreDNS Github 리포지터리 복제 및 빌드

```
$ git clone https://github.com/coredns/coredns
'coredns'에 복제합니다...
remote: Enumerating objects: 59781, done.
remote: Counting objects: 100% (171/171), done.
remote: Compressing objects: 100% (122/122), done.
remote: Total 59781 (delta 97), reused 113 (delta 49), pack-reused 59610
```

오브젝트를 받는 중: 100% (59781/59781), 96.82 MiB | 16.17 MiB/s, 완료.

델타를 알아내는 중: 100% (32890/32890), 완료.

```
$ cd coredns/
$ git checkout v1.8.4
Note: switching to 'v1.8.4'.

You are in 'detached HEAD' state. You can look around, make experimental
changes and commit them, and you can discard any commits you make in this
state without impacting any branches by switching back to a branch.

If you want to create a new branch to retain commits you create, you may
do so (now or later) by using -c with the switch command. Example:

  git switch -c <new-branch-name>

Or undo this operation with:

  git switch -

Turn off this advice by setting config variable advice.detachedHead to false
```

HEAD의 현재 위치는 053c4d5c Bump version and amend notes to include latest PRs (#4634)

```
[ec2-user@ip-10-253-86-19 coredns]$ make
go generate coredns.go
go: downloading github.com/coredns/caddy v1.1.0
go: downloading github.com/google/uuid v1.1.2
go: downloading github.com/infobloxopen/go-trees v0.0.0-20200715205103-96a057b8dfb9
go: downloading github.com/miekg/dns v1.1.42
go: downloading github.com/prometheus/client_golang v1.10.0
```

중략 ...

```
gopkg.in/DataDog/dd-trace-go.v1/ddtrace/opentracer
github.com/coredns/coredns/plugin/trace
github.com/coredns/coredns/plugin/whoami
github.com/coredns/coredns/core/plugin
github.com/coredns/coredns
$ ls -l coredns
```

```
-rwxrwxr-x 1 ec2-user ec2-user 47325184  7월 13 16:13 coredns
```

이번 절에서는 기본 표준 CoreDNS 바이너리 파일을 만드는 방법을 소개했고, 다음 절부터는 사용자 정의 CoreDNS를 만드는 방법을 소개한다.

plugin.cfg 수정

plugin.cfg 파일은 CoreDNS 빌드 중에 컴파일된 플러그인을 제어하는 데 사용되는 간단한 설정 파일이다. 설정 부분은 콜론(:)으로 구분된 한 줄에 하나의 플러그인 지시어와 소스 디렉터리로 구성된다. 예 9–5에는 plugin.cfg 파일의 기본 내용을 보여 준다. 이 파일을 변경해 다시 빌드하는 방식은 사용자 정의 CoreDNS를 빌드하기 위한 가장 빠르고 쉬운 방법이다. plugin.cfg는 불필요한 플러그인을 제거하거나 필요한 외부 플러그인과 사용자 정의 플러그인을 추가할 수 있다.

예 9-5 plugin.cfg 파일 내용

```
# Directives are registered in the order they should be executed.
#
# Ordering is VERY important. Every plugin will feel the effects of all other
# plugin below (after) them during a request, but they must not care what plugin
# above them are doing.

# How to rebuild with updated plugin configurations: Modify the list below and
# run `go generate && go build`

# The parser takes the input format of:
#
#     <plugin-name>:<package-name>
# Or
#     <plugin-name>:<fully-qualified-package-name>
#
# External plugin example:
#
# log:github.com/coredns/coredns/plugin/log
```

```
# Local plugin example:
# log:log

metadata:metadata
cancel:cancel
tls:tls
reload:reload
nsid:nsid
bufsize:bufsize
root:root
bind:bind

중략 ...

whoami:whoami
on:github.com/coredns/caddy/onevent
sign:sign
```

plugin.cfg 파일 내용이 주석에 언급된 것처럼 이 파일 내에서 플러그인 순서 배치는 중요하다. CoreDNS에서 직접 적용되는 플러그인의 동적 정렬[3]을 지원하지 않기 때문이다. 따라서 지시문이 Corefile에 나열된 순서와 상관없이 plugin.cfg 파일 내 순차적인 플러그인 체인 형태로 구성된다. 요청이 CoreDNS로 처리되면 plugin.cfg 파일 내용에 정의된 각 플러그인 순서대로 처리된다. 명시된 목록의 플러그인 기준으로 이전 플러그인 요청을 처리한 이후, 다음 플러그인에 리턴하거나 전달 여부를 선택할 수 있다. 이러한 방식은 사용자에게 혼란을 줄 수 있기 때문에 특점 시점에서는 일반적인 방식으로 변경해야 할 수도 있다.

간단한 실습으로 CoreDNS v1.8.4 브랜치의 plugin.cfg 파일 내용에 명시된 **any** 플러그인 순서를 재배치하도록 한다. **Any** 플러그인은 기본적으로 CoreDNS에 포함된 플러그인으로, RFC 8482 형식[4] 기반으로 구현한다. 이 형식은 ANY 형태의 모든 질의를 폐지하고 최소한의 응답만을 리턴하도록 적용할 수 있는데 DNS 증폭 공격에 제거할 수 있는 방법으로 사용

---

3   동적 정렬 방식은 편리하게 보이지만 구성 디버깅이 매우 복잡해진다.

4   QTYPE=ANY인 DNS 질의에 최소 크기의 응답을 제공 – 옮긴이

된다.

CoreDNS any 플러그인 소스코드는 https://github.com/coredns/coredns/tree/master/ plugin/any에 있다. 여기서는 any 플러그인 소스코드를 직접 수정하지는 않고 plugin.cfg 파일만 변경한다. 이 파일에서 cancel:cancel 라인 바로 아래 any:github.com/coredns/ coredns/tree/master/plugin/any 라인을 배치한다. 그다음에는 로컬 환경 또는 도커를 사용해 make 빌드를 진행한다. 빌드 후 바이너리 파일이 생성되면 ./coredns -plugins 명령어를 실행한다. 그 결과 예 9-6과 같이 상단에 나열돼 있는 플러그인이 알파벳 순서대로 표시된다.

예 9-6 any 플러그인 출력

```
$ ./coredns -plugins
Server types:
  dns

Caddyfile loaders:
  flag
  default

Other plugins:
  dns.acl
  dns.any
  dns.auto
  dns.autopath
  dns.azure
  dns.bind
  dns.bufsize
  dns.cache

중략 ...

  dns.transfer
  dns.whoami
on
```

새로 빌드된 바이너리 파일을 검증하려고할 때 예 9-7과 같이 간단한 Corefile을 생성하고 CoreDNS을 실행 시 적용하게 되면 any 플러그인이 활성화되면서 CoreDNS로 들어오는 모든 질의를 처리하고, 결과값을 8.8.8.8 IP의 Google 공용 DNS 서버로 전달하게 된다.

예 9-7 any 플러그인 적용 Corefile

```
.:5300 {
    any
    log
    forward . 8.8.8.8
}
```

예 9-8은 CoreDNS가 ANY 질의를 응답하고 RFC를 가리키는 단일 HINFO 레코드를 반환하는 방법을 보여 준다. any 플러그인을 plugin.cfg 파일에서 forward 플러그인보다 먼저 배치를 적용하면 모든 질의에 대한 응답이 체인 형태로 forward 플러그인에 요청이 전달되지 않음을 볼 수 있다.

예 9-8 any 플러그인을 forward 플러그인보다 먼저 배치한 결과

```
$ dig -p 5300 -t ANY example.com @localhost

; <<>> DiG 9.11.4-P2-RedHat-9.11.4-26.P2.amzn2.5.2 <<>> -p 5300 -t ANY example.com @localhost
;; global options: +cmd
;; Got answer:
;; ->>HEADER<<- opcode: QUERY, status: NOERROR, id: 64774
;; flags: qr rd; QUERY: 1, ANSWER: 1, AUTHORITY: 0, ADDITIONAL: 1
;; WARNING: recursion requested but not available

;; OPT PSEUDOSECTION:
; EDNS: version: 0, flags:; udp: 4096
;; QUESTION SECTION:
;example.com.        IN    ANY

;; ANSWER SECTION:
example.com.    8482    IN      HINFO    "ANY obsoleted" "See RFC 8482"

;; Query time: 0 msec
```

```
;; SERVER: 127.0.0.1#5300(127.0.0.1)
;; WHEN: 화  7월 13 16:31:51 UTC 2021
;; MSG SIZE  rcvd: 90
```

plugin.cfg 파일의 순서로 인한 변동 사항을 확인하려면 any 플러그인을 forward 플러그인 아래로 배치하고 CoreDNS을 재기동한다. 새로 빌드한 CoreDNS 바이너리 파일로 서버를 기동한 후 질의를 다시 실행하면 예 9–9과 같은 결과가 나타난다.

예 9-9 forward 플러그인을 any 플러그인보다 먼저 배치한 결과

```
$ dig -p 5300 -t ANY example.com @localhost

; <<>> DiG 9.11.4-P2-RedHat-9.11.4-26.P2.amzn2.5.2 <<>> -p 5300 -t ANY example.com @localhost
;; global options: +cmd
;; Got answer:
;; ->>HEADER<<- opcode: QUERY, status: NOERROR, id: 23456
;; flags: qr rd; QUERY: 1, ANSWER: 1, AUTHORITY: 0, ADDITIONAL: 1
;; WARNING: recursion requested but not available

;; OPT PSEUDOSECTION:
; EDNS: version: 0, flags:; udp: 4096
;; QUESTION SECTION:
;example.com.            IN      ANY

;; ANSWER SECTION:
example.com.            499     IN      SOA     sns.dns.icann.org. noc.dns.icann...
example.com.            18499   IN      RRSIG   A 8 2 86400 ...
example.com.            18499   IN      RRSIG   NS 8 2 86400 ...
… 중략 ...

;; Query time: 0 msec
;; SERVER: 127.0.0.1#5300(127.0.0.1)
;; WHEN: 화  7월 13 16:37:06 UTC 2021
;; MSG SIZE  rcvd: 90
```

보통 any 플러그인이 모든 플러그인 앞에 배치돼 있기 때문에 이 방식은 특별할 때가 아니고 서는 사용할 일이 없다.

다음 절에서는 외부 플러그인을 추가하는 것보다 큰 변동 사항인 CoreDNS의 주요 기능을 대체하는 방법을 살펴보도록 한다.

main 함수 사용자 정의

크기와 기능을 최소화한 전용 DNS 서버가 필요할 때 plugin.cfg에서 활성화해야 하는 플러그인만을 사용해 CoreDNS을 구축할 수 있다. 그러나 표준 CoreDNS 기능의 일부가 아닌 사용자 정의 기능을 실행해야 할 때 추가 적용이 필요할 수 있다. 이때 plugin.cfg를 변경하는 것만으로는 충분하지 않다. 대신 필요한 초기화 및 기타 작업을 처리할 수 있는 사용자 정의 main 함수를 작성해야 한다.

main 함수에는 CoreDNS 기능을 라이브러리로 제공할 수 있는데, 라이브러리를 사용한 프로그램을 참조해 DNS 기능을 구현할 수 있다. 이 방식을 비유하자면 프로그램에 대한 별도의 저장소를 만들고 다른 Go 언어 패키지처럼 필요한 CoreDNS 부분을 import할 수가 있다. 프로그램은 자신의 명령어 플래그명 및 coredns 이외의 이름을 지정할 수 있다. DNS에 대한 많은 변동 사항이 있을 때 이 방식은 메인 CoreDNS 리포지터리를 분기해 적용하는 것보다 훨씬 편리하다.

다음과 같은 사용 사례를 들고자 한다. 쿠버네티스 Node-Local DNS Cache는 각 워커노드에 경량 DNS 캐시 서버를 배치해 CoreDNS 포함 DNS 성능 및 안정성을 향상시킬 수 있는 쿠버네티스 기본 기능[5]이다. Node-Local DNS Cache는 구현 요구 사항에 맞게 Go 루틴을 시작하는 자신의 메인 루틴에서 기본 CoreDNS 라이브러리를 참조해 구현했다.

이번 절에서는 개념을 명확히 하기 위한 간단한 예를 보여 줄 예정이다. 더 복잡한 예제가 필요할 때 쿠버네티스 DNS 리포지터리(https://github.com/kubernetes/dns)에 cmd/node-cache/main.go 파일로 내용을 확인할 수 있다.

---

5   쿠버네티스 Node-Local DNS Cache는 쿠버네티스 1.18 버전에서 GA 출시됐다.

이 예시에서는 최소한의 메모리를 사용해 사용자가 Corefile 형식과 CoreDNS 대해 아무것도 이해할 필요가 없는 간단한 캐시 DNS 서버를 실행한다. 자신의 플래그를 검증하고 Corefile를 생성하고 그 Corefile를 사용해 CoreDNS을 시작하는 새로운 메인 루틴을 작성할 수 있다.

Learning-coredns(https://github.com/coredns/learning-coredns) GitHub 리포지터리에는 dnscached 디렉터리에 main 함수 테스트가 가능한 프로그램이 포함돼 있다. 그 리포지터리를 복제하고 실습할 수 있다. 대상 소스코드 파일은 main.go, dnscached.go 및 dnscached_test.go다. 예 9-10에 명시된 것처럼 main.go 전체에서 중요한 부분은 다음 38번 라인이고, 이 코드를 기반으로 좀 더 자세하게 알아볼 예정이다.

예 9-10 dnscached의 main.go 소스코드

```go
package main

import (
    "fmt"
    "os"

    "github.com/mholt/caddy"
)

func init() {
    caddy.Quiet = true // don't show init stuff from caddy
    caddy.AppName = "dnscached"
    caddy.AppVersion = "1.0.0"
}

func main() {
    d := parseFlags()

    d.handleVersion()

    input, err := d.corefile()
    if err != nil {
        fmt.Fprintf(os.Stderr, err.Error())
```

```
        os.Exit(1)
    }

    d.handleDryRun(input)

    // Start the server
    instance, err := caddy.Start(input)
    if err != nil {
        fmt.Fprintf(os.Stderr, err.Error())
        os.Exit(1)
    }

    // Twiddle your thumbs
    instance.Wait()
}
```

main.go에서는 기본 시스템 라이브러리를 import한 후 github.com/mholt/caddy[6]에서 라이브러리를 import한다. CoreDNS는 Caddy 프레임워크를 사용해 기본적인 서버 관리(설정, 시작, 재시작, 다시 로드, 종료)를 수행한다. CoreDNS의 구성을 설정하고 서버를 시작하려면 Caddy 라이브러리의 일부 기능이 필요하다.

init 함수는 정상 부팅 및 초기화 출력을 출력하지 않도록 Caddy를 구성하고 나중에 사용할 수 있도록 이 애플리케이션명과 버전을 Caddy 변수에 저장한다. 이러한 방식은 사용자 정의 CoreDNS 바이너리 파일을 빌드하기 위한 간단한 모범 사례다.

main 함수의 기본적인 실행 흐름[7]은 다음과 같다.

1. 플래그를 파싱하고 dnscached 구조체를 생성한다(dnscached.go 소스코드에 정의돼 있다).
2. 생성된 구조체를 사용해 메모리에 Corefile을 생성한다.
3. Corefile을 사용해 서버를 시작한다.

---

6   현재는 Caddy 프레임워크의 URL이 github.com/caddyserver/caddy로 변경됐다. – 옮긴이
7   handleVersion과 handleDryRun 메서드는 특정 명령 플래그를 구현하는 것만으로 프로그램을 종료할 수 있다.

4. 서버가 종료될 때까지 대기한다(특정 시그널 처리를 별도로 구현하지 않는 이상 따로 종료 되지는 않는다).

`caddy.Start` 메서드를 호출하면 실행 중인 서버의 모든 상태를 포함해서 `caddy.Instance`가 반환된다. 여기에는 시작, 재시작, 종료 등 다양한 서버의 라이프사이클 이벤트를 수행하는 시간 동안 실행되는 콜백의 목록이 포함돼 있다. 이 핸들러는 Corefile 파싱 중에 등록할 수 있다. 이 내용은 238페이지의 '사용자 정의 플러그인 작성' 절에서 설명한다.

dnscached.go 소스코드는 다양한 플래그를 분석 및 처리하고 서버 시작에 사용되는 Corefile을 생성하는 데 사용되는 로직이 포함돼 있다. 이것은 약 140라인의 코드이므로 여기서는 가장 중요한 부분만 명시했다. 전체 소스코드는 GitHub 레포지터리에서 확인할 수 있다. 예 9-11은 dnscached.go 내에 명시된 특정 패키지를 import하는 일부 코드를 보여준다.

예 9-11 특정 패키지 import 코드(dnscached.go)

```
import (
    "bytes"
    "flag"
    "fmt"
    "os"

    _ "github.com/coredns/coredns/plugin/bind"
    _ "github.com/coredns/coredns/plugin/cache"
    _ "github.com/coredns/coredns/plugin/errors"
    _ "github.com/coredns/coredns/plugin/forward"
    _ "github.com/coredns/coredns/plugin/log"

    "github.com/mholt/caddy"
)
```

표준 라이브러리를 import하는 부분은 흥미로운 부분은 아니지만, CoreDNS 레포지터리에 명시된 import 코드를 보면 여기에는 필수적인 개별 플러그인이 나열돼 있음을 볼 수 있다(이름이 명시돼 있지 않은 import 부분은 아무것도 호출하지 않으므로 _를 라인 맨 앞에 명시한다). 이렇게 하면 바이너리 파일에 내장된 플러그인이 최소화되기 때문에 디스크와 메모리를 차지하는 플러그인의 자원 역시 최소화된다. 이러한 예로 기존 plugin.cfg 파일에 설정된 기본 플러그인 명시 부분을 github.com/coredns/coredns/tree/master/core/plugin에서 플러그인을 import하는 형태로 참조하는 방식으로 변경할 수 있다.

여기서 코드를 좀 더 살펴보면 main 함수 내에서 호출되는 몇 가지의 함수가 있다. 첫 번째는 dnscached 구조체를 만드는 데 사용되는 parseFlags 함수다. 예 9-12는 dnscached 구조체와 parseFlags 함수의 정의를 보여 준다.

예 9-12 dnscached 구조체의 정의 및 생성

```
type dnscached struct {
    printVersion, dryRun, enableLog bool
    bindIP                          string
    port, ttl, prefetchAmount       uint
    successSize, denialSize         uint
    destinations                    []string
}

func parseFlags() *dnscached {
    d := &dnscached{}
    f := flag.NewFlagSet(os.Args[0], flag.ExitOnError)
    f.StringVar(&caddy.PidFile, "pidfile", "", "pid 파일을 쓰기 위한 파일 `경로 `")
    f.BoolVar(&d.printVersion, "version", false, "버전 정보 출력")
    f.BoolVar(&d.dryRun, "dry-run", false,
        "내부에서 생성된 Corefile 내용을 출력하고 종료")
    f.BoolVar(&d.enableLog, "log", false, "질의 로그 활성화")
    f.StringVar(&d.bindIP, "bind", "127.0.0.1 ::1", "바인딩할 `IP`")
    f.UintVar(&d.port, "port", 5300, "사용하는 로컬 포트 `번호`")
    f.UintVar(&d.successSize, "success", 9984,
        "성공 캐시 `항목`의 수")
    f.UintVar(&d.denialSize, "denial", 9984, "거부 캐시 `항목`의 수")
    f.UintVar(&d.prefetchAmount, "prefetch",
        10, "프리페치의 대상이 되려고 1분당 질의를 실행해야 하는 횟수")
    f.UintVar(&d.ttl, "ttl", 60,
        "레코드를 캐싱하는 최대 `초`, 0초는 캐시를 비활성화")
```

```
f.Usage = func() {
    fmt.Fprintf(os.Stderr,
        "USAGE\n-----\n%s [ options ] [ destinations ]\n",
        os.Args[0])
    fmt.Fprintf(os.Stderr, "\nOPTIONS\n-------\n")
    flag.PrintDefaults()
    fmt.Fprintf(os.Stderr, "\nDESTINATIONS\n------------")
    fmt.Fprintf(os.Stderr, `
```

하나 이상의 전달 대상. /etc/resolv.conf 파일 또는 프로토콜("PROTO://") 구문 유무에 관계
없이 IP, IP:PORT를 대상으로 지정할 수 있고, PROTO 값으로는 'dns' 및 'tls'을 지정할 수
있다. 프로토콜 값을 생략하면 기본적으로 'dns'로 설정된다. 기본 전달 대상은 /etc/resolv.
conf 파일이다.

```
`)
    }

    flag.CommandLine = f
    flag.Parse()
    d.destinations = flag.Args()
    if len(d.destinations) == 0 {
        d.destinations = []string{"/etc/resolv.conf"}
    }

    return d
}
```

이 예시에서는 두 가지 방식을 보여 준다. 첫 번째는 먼저 전역 변수가 아니라 구조체를
사용해 모든 플래그 값을 캡처하는 방식이다. 이 방식으로 플래그를 사용하는 단위 테스
트 구성이 훨씬 쉬워진다. 이 구조체가 단위 테스트[8]에 어떻게 사용되는지에 대한 예시는
dnscached.go 파일과 같은 디렉터리 안에 있는 dnscached_test.go를 참조하면 된다.

---

8   명령 문자열을 다른 테스트 세트에서 사용하고 dnscached 구조체를 생성할 수 있도록 실제 파싱 부분을 분할하는 것이 좋다. 이
     부분은 직접 실습으로 진행하면 좋다.

두 번째로는 CoreDNS 패키지 import 프로그램에서 사용자 정의 플래그를 사용하는 방법이다. parseFlags 함수는 새로운 flag.FlagSet 메서드를 만든다. 그러면 dnscached 프로그램은 Caddy 패키지와 쿠버네티스 client-go 패키지 등 import 코드로 정의된 플래그를 제외할 수 있다. 이것이 없으면 import 플래그가 지정 플래그와 섞여 에러가 발생하거나 프로그램을 중단시킬 수 있다.

새로운 flag.FlagSet 메서드를 만들고 dnscached 구조 내에서 값을 설정하도록 플래그를 구성한 후에 사용자가 유용한 메시지를 받을 수 있도록 FlagSet의 Usage 함수를 설정한다. 이것은 dnscached가 전달 대상에 수행하는 명령이 플래그뿐만 아니라 위치 인수를 포함할 때에도 특히 중요하다. 마지막으로 dnscached 구조체를 만들려고 flag.CommandLine 전역 변수에 새로운 FlagSet이 설정된 플래그가 flag.Parse으로 파싱된다. parseFlags 함수로 리턴되면 dnscached 구조체를 완벽하게 사용할 수 있다.

main 함수는 handleVersion 메서드와 handleDryRun 메서드도 호출하지만 방식이 단순하기 때문에 여기서는 설명하지 않는다. 마지막에 명시된 함수는 corefile 메서드로, 리시버에 dnscached 포인터가 있다. 이 함수는 dnscached 구조체의 옵션을 해석하고 서버의 동작을 구성하려면 메모리에 Corefile을 생성한다. 예 9-13은 함수의 요약 버전을 보여 준다.

예 9-13 corefile 메서드

```
func (d *dnscached) corefile() (caddy.Input, error) {
    var b bytes.Buffer
    _, err := b.WriteString(fmt.Sprintf(".:%d {\n errors\n bind %s\n",
        d.port, d.bindIP))
    if err != nil {
        return nil, err
    }

// ... Corefile 문자열을 구성하는 많은 조건문 중략...

    _, err = b.WriteString("\n}\n")
    if err != nil {
        return nil, err
```

```
    }

    return caddy.CaddyfileInput{
        Contents:       b.Bytes(),
        Filepath:       "<flags>",
        ServerTypeName: "dns",
    }, nil
}
```

이 함수는 버퍼를 만들고 Corefile을 버퍼에 쓰는 기능을 구현한다. 또한 가독성을 위해 Corefile를 포맷하고 -dry-run 옵션에서 출력할 수 있도록 한다. 서버 코드에서 직접 구성하는 것은 기술적으로는 가능하나 많은 Caddy 코드를 반복하게 하는 것은 쉽지 않은 일이다. caddy.Start 메서드를 main 함수에서 호출할 때 문자열 버전 Corefile을 Caddy 함수에 전달하는 방식이 훨씬 쉽다. 이 Corefile 함수는 caddy.Start 메서드에 필요한 인수인 caddy.CaddyfileInput을 만들어 리턴한다.

corefile 메서드의 마지막 몇 줄은 caddy.CaddyfileInput 구조체가 어떻게 생성되는지를 보여 준다. 여기에는 3개의 필드가 필요하다. Contents 필드는 Corefile의 바이트로 구성된 Filepath를 고정 문자열 '〈플래그〉'로 설정한다. Filepath 필드는 디버깅할 때만 사용된다. 이것은 사용자가 설정하는 항목이기 때문에 그 값은 Contents의 소스를 명시해야 한다. 그러나 ServerTypeName 필드는 Caddy 서버로 사용되며, CoreDNS 서버를 제대로 생성하려면 'dns'로 설정해야 한다.

dnscached 디렉터리에는 Makefile이 포함돼 있지 않으나 대신 gobuild로 빌드를 수행할 수 있다. 예 9-14은 기본적으로 dnscached를 빌드하고 실행하는 방법을 보여 준다. 예제를 실행하기 전에 복제한 dnscached 디렉터리로 경로를 변경change directory한다.

예 9-14 dnscached 빌드 및 실행

```
$ go build
go: downloading github.com/coredns/coredns v1.5.0
go: downloading github.com/mholt/caddy v0.11.5
go: downloading github.com/miekg/dns v1.1.6
```

```
go: downloading github.com/prometheus/client_golang v0.9.2

중략 ...

go: downloading github.com/google/uuid v1.1.1
go: downloading google.golang.org/genproto v0.0.0-20180817151627-c66870c02cf8
go: downloading golang.org/x/text v0.3.0
$ ./dnscached -dry-run
.:5300 {
 errors
 bind 127.0.0.1 ::1
 cache 60 {
  success 9984
  denial 9984
  prefetch 10
 }
 forward . /etc/resolv.conf
}
$ ./dnscached
.:5300 on 127.0.0.1
.:5300 on ::1
```

외부 플러그인의 추가와 CoreDNS의 독자적인 특수 버전의 작성의 기본 방식의 이해를 바탕으로 새로운 플러그인을 빌드하는 방법을 다음 절에서 살펴보겠다.

사용자 정의 플러그인 작성

플러그인을 변경하거나 자신의 메인 루틴을 추가할 때 몇 가지 사례로 처리되지만, DNS 요청 및 응답을 조작할 수는 없다. DNS 요청 및 응답을 조작하려면 사용자 정의 플러그인을 작성해야 한다.

플러그인은 백엔드, 변경자^{mutator}, 구성자^{configurators}로 분류할 수 있다. 백엔드란 파일 외부 데이터베이스, 다른 API 등의 원본에서 데이터를 제공하거나 완전히 구성한다. `file` 플러그인과 kubernetes 플러그인이 명확한 예다. 변경자는 인바운드 요청 및 아웃 바운드 응답 또는 두 가지 모두를 변경한다. rewrite 플러그인은 분명하게 변경자다. caching 플러그인은 다른 다운스트림 플러그인에서 데이터를 검색하려고 변경자로 간주될 수 있다. 구성자는 CoreDNS의 내부 동작을 변경한다. 예를 들어 플러그인을 바인딩하고 기록한다. 이것은 대략적인 모델이며 플러그인은 이 이상의 것들을 할 수 있다. 그러나 가장 좋은 방법은 하나의 플러그인에서는 하나의 작업만 수행하고 그 부분을 잘 실행하는 Unix 철학을 준수하는 것이다. 가능한 한 플러그인을 재사용할 수 있도록 구현한다.

CoreDNS 플러그인 작성은 아주 간단하다. init, setup, Name, ServeDNS의 네 가지 기능만을 구현하면 된다. 구성자 플러그인을 작성할 때 ServeDNS는 1라인으로 작성할 수 있다.

init 함수는 플러그인의 일회성 초기화를 실행한다. 이것은 표준 Go 언어 패키지 초기화 함수이며, 특정 Caddy 함수 또는 CoreDNS 함수에는 없다. 플러그인은 일반적으로 Caddy 함수를 호출하는 것을 의미한다. 플러그인 구성 지시문을 등록하고 그것을 setup 함수에 연결한다. 이것은 이 지시문에 관련된 모든 Corefile 콘텐츠를 사용해 설정 함수를 호출하도록 Caddy 함수에 지시한다.

setup 함수는 Corefile에서 플러그인 구성을 분석하는 데 사용된다. 표시되는 서버 블록마다 한 번만 호출된다. Corefile의 각 서버 블록이 코드에서는 Config 객체[9]로 표현된다. setup 함수는 백엔드 및 변경자 플러그인을 사용할 때 서버 블록 Config 객체에 핸들러를 추가한다. 그러면 서버 블록[10]에 구성된 플러그인에 순차적으로 이어서 요청할 수 있는 '플러그인 체인'에 추가된다.

일부 플러그인은 Corefile에 동일한 서버 블록으로 여러 번 명시될 수 있다. 호출될 때 setup 함수는 블록의 각 지시문에 연관된 모든 데이터를 전달하지만 그 블록 내에서만 전달된다. 다른 블록 내에서 설치는 개별 호출로 처리된다. caddy.Controller 메서드는 이러한 지시문

---

9   서버 블록이 여러 영역(예: foo.com bar.com { ... 서버 블록 ...})에 적용될 때 내부적으로는 각각의 개별 서버 블록으로 취급되기 때문에 영역별로 하나씩 여러 서버 블록이 있을 때와 같은 방법으로 setup 함수가 호출된다.

10   plugin.cfg에 컴파일 순서로 고정돼 있다.

을 블록에 표시되는 순서로 분석하는 방법을 제공한다. 이 내용은 242페이지의 'onlyone 플러그인' 절에서 자세히 설명할 예정이다.

setup 함수는 일반적으로 caddy.Controller 라이프사이클 훅^{hook}을 사용해 콜백을 생성하고 원격 서버에 연결 또는 기타 일회성 인스턴스를 실행하기도 한다. 설치 방법은 Corefile 파싱 중에 반복 호출할 수 있기 때문에 라이프사이클 훅을 사용해 보조 자원에 대한 최대한 제어 및 관리를 할 수 있다. 표 9-1에서는 사용 가능한 각 훅을 설명한다.

표 9-1 Caddy 인스턴스 라이프 사이클 훅

컨트롤러 기능	호출될 콜백을 등록
OnFirstStartup	서버의 프로세스의 시작하기 전 프로세스를 처음 시작할 때 단 한 번만 수행. 처음에 만들어진 인스턴스에서만 호출되고 재시작하는 동안 생성된 후속 인스턴스를 호출하지 않음
OnStartup	서버를 시작하기 직전에 실행되며, 처음 시작할 때와 재시작할 때에도 동일하게 수행
OnRestart	재시작 중 서버를 시작하기 바로 직전에 수행
OnRestartFailed	서버 재시작이 실패했을 때 수행
OnShutdown	프로세스를 다시 시작 및 종료 시 서버를 중지하기 직전에 수행
OnFinalShutdown	서버를 중지하기 직전에 프로세스의 종료 시 수행

특히 서버에 대한 연결을 할 때와 로컬 포트를 열 때 재시작 이벤트를 적절히 처리하도록 주의해야 한다. CoreDNS은 SIGUSR1 또는 SIGHUP 시그널을 수신하면 Corefile를 다시 로드하면서 서버가 성공적으로 재시작한다. 내부적으로는 새 Corefile로 새로운 caddy.instance가 생성되고, 리스닝 소켓의 파일 디스크립터가 전달된다. 이때 플러그인에 OnShutdown, OnStartup 및 OnRestart 훅이 호출된다. 그 후 재시작이 실패했을 때 OnRestartFailed 훅이 호출된다. 이 훅들은 모두 OnShutdown 전에 호출되기 때문에 실제로는 2개의 caddy.Instances가 이전에 실행되고 있다. 열려 있는 포트를 새로 열지 않고 열려 있는 아무 포트나 연결 시도할 때에는 연결 실패가 될 수 있다.

Name 함수와 ServeDNS 함수는 핸들러 인터페이스를 구현한다. 이 인터페이스는 플러그인에 요청을 통과하거나 관리할 때 사용된다. Name 함수는 플러그인명이 포함된 문자열을 단순하

게 반환만 하는 반면, ServeDNS 함수는 백엔드 또는 변경자^{mutator} 플러그인의 핵심이며, 실제 질의 응답을 수행한다.

ServeDNS 함수는 DNS 요청과 응답 소켓에 대한 참조를 받는다. 소켓에 대한 응답을 기록할 다음 플러그인의 요청을 전달할 수 있다. 백엔드 플러그인은 이 부분을 간단하게 구현할 수 있다. 질의에 따라 요청된 레코드를 만들고 전달된 ResponseWriter 객체에 응답을 다시 기록한다.

변경자 플러그인은 플러그인 체인 마지막에서 플러그인으로 제공되는 응답을 조정해야 할 때가 종종 있다. 따라서 ServeDNS 메서드는 다운스트림 플러그인 응답을 캡처하고 조정하려고 'nonwriter'인 ResponseWriter(https://github.com/coredns/coredns/tree/master/plugin/pkg/nonwriter)를 사용할 때가 있다. 다음 절에서는 이것을 검증하려고 사용자 정의 플러그인을 새로 만들고 테스트할 예정이다.

ServeDNS는 int와 error 두 값을 리턴한다. error 값은 표준 Go 언어 에러 형식이다. error 값은 error 플러그인으로 사용자에게 에러 처리에 도움이 되는 로깅 정보를 리턴한다. int 값은 dns.ResponseCode의 값을 가질 수 있는데, 응답이 클라이언트 소켓에 기록된 여부를 서버 및 이전 플러그인에 표시하는 데 사용된다. plugin.ClientWrite의 리턴값에 true일 때 응답은 쓰여지지 않았기 때문에 서버 또는 플러그인이 응답을 보내야 한다.

plugin.ClientWrite는 다음 값을 제외한 모든 RCODE에 true를 돌려준다.

- dns.RcodeServerFailure
- dns.RcodeRefused
- dns.RcodeFormatError
- dns.RcodeNotImplemented

onlyone 플러그인

이 예제에서는 여러 리소스 레코드를 포함하는 응답을 받고 각 유형의 레코드가 하나의 응답이 되도록 나눠 변경자 플러그인을 작성한다. 플러그인 체인이 5개의 A레코드를 포함하는 응답을 리턴할 때 클라이언트로 전송되는 최종 응답에는 하나의 A레코드만 포함된다. 예 9-15는 이 예제의 대상인 onlyone 플러그인의 구문을 보여 준다.

예 9-15 onlyone 플러그인의 구문

```
onlyone [ ZONES...] {
    types TYPES
}
```

types 하위 지시문은 잘라내거나 생략할 수 있는 유형을 정의한다. 기본값은 A와 AAAA이다. ZONES를 생략하면 서버 블록에 정의된 영역에 적용된다.

onlyone은 외부 플러그인이므로 GitHub 계정에 빈 리포지터리와 디렉터리를 하나 만들고 https://github.com/coredns/learning-coredns/tree/master/plugins/onlyone에서 파일을 복사해 시작하거나 GitHub에서 https://github.com/coredns/learning-coredns 리포지터리를 포크해 내 Github 계정 내에서 작업할 수 있다. 다음은 onlyone 디렉터리 내 각 파일에 대한 설명이다.

- README.md는 플러그인의 문서를 제공한다. CoreDNS 사용자가 특정 규칙을 따라 플러그인의 동작을 쉽게 이해할 수 있도록 명시돼 있다. 또한 coredns.io 외부 플러그인 페이지에 표시하거나 디렉터리 구조로 플러그인을 관리하려면 필요하다.
- setup.go에는 init 함수와 setup 함수 및 이 함수가 필요로 하는 헬퍼 함수가 포함 돼 있다.
- onlyone.go에는 onlyone 구조체, Name 함수, ServeDNS 함수와 헬퍼의 정의가 포함 돼 있다.
- setup_test.go와 onlyone_test.go에는 단위 테스트 코드가 포함돼 있다.

우선 예 9–16에 표시된 init 함수를 살펴보자.

예 9–16 init 함수

```
func init() {
    caddy.RegisterPlugin("onlyone", caddy.Plugin{
        ServerType: "dns",
        Action:     setup,
    })
}
```

예시와 같이 init 함수는 단순히 Caddy 메서드를 호출 DNS 플러그인(ServerType : "dns")으
로 인스턴스화하는 onlyone 지시문을 등록하고 예 9–17과 같이 setup 함수를 호출한다.

예 9–17 setup 함수

```
func setup(c *caddy.Controller) error {
    t, err := parse(c)
    if err != nil {
        return plugin.Error("onlyone", err)
    }
    dnsserver.GetConfig(c).AddPlugin(func(next plugin.Handler) plugin.Handler {
        t.Next = next
        return t
    })
    return nil
}
```

setup 함수 코드 내용도 매우 간단하다. Corefile 파싱 중에 호출되면 caddy.Controller 포
인터가 전달된다. 이 포인터를 사용해 Corefile에서 플러그인 구성을 caddy.Controller을
parse 함수에 전달해 파싱할 수 있다. 이 parse 함수의 코드 내용은 9–18과 같이 보여진다.
parse 함수는 onlyone.go에 정의돼 있는 onlyone 구조체를 반환한다. 이 구조체에는 플러
그인이 인스턴스의 구성이 포함돼 있다. 이 구조체에는 Name 함수와 ServeDNS 함수의 수신
기처럼 사용돼 plugin.Handler 인터페이스를 구현한다.

parse 함수는 예 9–15와 같이 표시된 구문을 처리한다. 이러한 지시문을 반복 참조하고

(c.Next 루프) 지시문 영역을 받아 **c.NextBlock** 루프에 정의된 하위 지시문을 반복해 참조한다.

```go
func parse(c *caddy.Controller) (*onlyone, error) {
o := &onlyone{types: typeMap{dns.TypeA: true, dns.TypeAAAA: true},
    pick: rand.Intn}

found := false
for c.Next() {
    // onlyone는 서버 블록에 한 번만 존재해야 한다.
    if found {
        return nil, plugin.ErrOnce
    }
    found = true

    // 영역 목록을 분석하고 각 FQDN으로 정규화하고
    // 아무것도 지정돼 있지 않을 때 서버 블록 영역을 사용한다.
    args := c.RemainingArgs()
    if len(args) == 0 {
        o.zones = make([]string, len(c.ServerBlockKeys))
        copy(o.zones, c.ServerBlockKeys)
    }
    for _, str := range args {
        o.zones = append(o.zones, plugin.Host(str).Normalize())
    }
    for c.NextBlock() {
        switch c.Val() {
        case "types":
            args := c.RemainingArgs()
            if len(args) == 0 {
                return nil, errors.New(
                    "at least one type must be listed")
            }
            o.types = make(typeMap, len(args))
            for _, a := range args {
                t, ok := dns.StringToType[strings.ToUpper(a)]
                if !ok {
```

244

```
                    return nil,
                        fmt.Errorf("invalid type %q", a)
                }
                o.types[t] = true
            }
        default:
            return nil, fmt.Errorf("invalid option %q", c.Val())
        }
    }
}
return o, nil
}
```

parse 함수에 주의가 필요한 점이 하나 있다. c.Next 함수는 true를 리턴할 수 있는데 이때 루프를 계속 반복하게 된다. 실제 서버 블록에 1개의 지시문만 여러 번 나타날 때 c.Next은 모든 지시문이 참조될 때까지 true를 리턴한다.

c.Next를 사용해 onlyone 뒤에 서버 블록에 표시되는 순서대로 외부 루프로 호출한다 (onlyone이 다른 서버 블록에 표시될 때 setup 함수는 다른 때에 호출되는 점에 유의한다). c.NextBlock 를 사용해 onlyone 뒤에 괄호로 둘러싸인 블록 정의가 계속될 때 내부 루프만 입력된다. 이 때 c.RemainingArgs를 호출해 닫는 중괄호에 도달할 때까지 각 행을 반복[11]해 나머지 행 의 토큰을 소비한다. 동일한 서버 블록에서 하나의 플러그인을 여러 번 사용해도 의미가 없 기 때문에 found 변수를 사용해 이를 확인하고 발견될 때 표준 plugin.ErrOnce 에러를 리턴 한다.

플러그인 데이터가 분석된 구조체와 핸들러를 각각 하나씩 만든 후 setup 함수는 GetCon fig(c).AddPlugin를 사용해 이 서버 블록을 플러그인 목록에 추가한다. 함수가 실제로 받 는 것은 플러그인 체인의 다음 플러그인을 설정하는 데 사용되는 다른 함수임을 유의하자. 이것은 이 설정이 모든 Corefile 파싱 중에 발생하기 때문이다. 실제 플러그인 체인은 내

---

11 동작을 이해하려고 루프를 실행할 때 이를 출력하기 위한 플러그인 setupcheck가 포함된 소스코드를 learning-coredns 리포지터 리에서 확인할 수 있다.

부 dns.Server가 만들어질 때까지 인스턴스화되지 않는다. 즉 플러그인이 플러그인 체인의 다른 플러그인의 존재를 알 필요가 있을 때(예를 들어 메타데이터, 통계, 모든 준비가 돼 있을 때) OnStartup 훅을 사용해야 한다. 그렇지 않으면 플러그인의 일부를 놓칠 수 있다. 그 뒤에 plugin.cfg가 나온다.

onlyone 플러그인을 작성하고 플러그인 변경 등록한다. 마지막으로 예 9-19에 표시된 ServeDNS 함수를 확인해 응답을 조정하려고 어떻게 작동하는지 확인한다.

예 9-19 ServeDNS 함수

```go
func (o *onlyone) ServeDNS(ctx context.Context, w dns.ResponseWriter, r *dns.Msg) (int, error) {
    // 요청 구조체
    state := request.Request{W: w, Req: r}

    // 영역이 일치하지 않을 때 비교 대상 영역을 전달한다.
    if plugin.Zones(o.zones).Matches(state.Name()) == "" {
        return plugin.NextOrFailure(o.Name(), o.Next, ctx, w, r)
    }

    // 영역이 일치할 때 nonwriter를 사용해 응답을 캡처한다.
    nw := nonwriter.New(w)

    // 플러그인 체인 다음 플러그인을 호출
    rcode, err := plugin.NextOrFailure(o.Name(), o.Next, ctx, nw, r)
    if err != nil {
        // 오류가 발생할 때 리턴
        return rcode, err
    }

    // 이제 플러그인 체인의 마지막에 나타나는 플러그인에서 정상적인 응답이 수신됨
    // 응답을 조사하고 추가 레코드를 삭제하고 이를 클라이언트에 기록
    w.WriteMsg(o.trimRecords(nw.Msg))
    return rcode, err
}
```

먼저 ServeDNS 메서드가 요청을 만든다. state라는 개체를 요청한다. 이것은 편리한 메서드

를 많이 갖는 구조체이며, ServeDNS 메서드로 작성하는 데 유용하다. 이름으로 state를 사용하면 모든 플러그인과 일관성이 유지된다.

질의의 질문에 플러그인이 작동하도록 구성돼 있는 영역이 포함된 이름이 포함돼 있는지 확인해야 한다. plugin.Zones ([] string) 함수는 이 목적으로 만들어진 Matches 함수를 가진 객체를 리턴한다. 이 Matches 함수는 전달된 state.Name()가 구성된 영역 중 하나에 포함될 때에 true를 리턴한다. 그렇지 않을 때는 plugin.NextOrFailure를 사용해 플러그인 체인의 다음 플러그인에서 응답을 호출하고 리턴한다.

일치하는 질의는 ServeDNS 함수는 nonwriter.New를 사용해 특별한 ResponseWriter을 만들고 그것을 다음 플러그인 ServeDNS 함수에 전달한다. 플러그인 호출이 돌아온 후 에러가 없으면 응답은 nonwriter Msg 필드에 전달되고 저장된다. 이것이 원래의 응답이다. 그런 다음 trimRecords 함수를 호출해 플러그인의 로직[12]에 따라 추가 레코드를 삭제한다. 함수의 결과는 ServeDNS에 전달된 원래의 ResponseWriter에서 WriteMsg를 호출해 클라이언트에 다시 기록한다.

이 플러그인을 테스트하려면 225페이지의 'plugin.cfg 수정'에 설명된 대로 CoreDNS의 plugin.cfg을 변경해야 한다. 그러나 하나의 주의해야 할 점이 있다. 빌드하는 동안 go는 GitHub에서 플러그인 모듈 코드를 풀다운한다. 이 문제를 해결하고 대신 로컬 PC 혹은 서버의 소스코드를 사용하려면 CoreDNS의 go.mod에 replace 지시문을 추가해야 한다. 이 지시어는 GitHub에서 풀다운하는 대신 로컬 패키지 디렉터리를 사용하도록 지정한다. 예를 들어 플러그인이 /home/Learning-coredns/plugins/onlyone에 저장돼 있을 때 사용하는 replace 지시문은 replace github.com/coredns/learning-coredns/plugins/onlyone => /home/learning-coredns/plugins/onlyone처럼 변경된다. 이렇게 하면 다시 코드를 수정하고 다시 작성할 수 있다.

이제 사용 가능한 플러그인이 됐다. 다음 절에서는 이 onlyone 플러그인을 지원 가능한 '플

---

12 trimRecords 함수는 CoreDNS 특정 코드가 포함돼 있지 않기 때문에 여기에서는 자세히 설명하지 않지만 GitHub의 onlyone.go 파일에 있다.

러그인 제품군' 멤버로 등록하는 방법을 설명한다.

메트릭, 추적, 메타데이터 통합

플러그인의 운영 환경 실행을 지원하려면 플러그인의 사용 상황과 상태를 시각화하는 것이 중요하다. metrics (prometheus) 플러그인과 통합하면 플러그인 고유의 내부 통계를 내보낼 수 있고, trace 플러그인과 통합하면 타이밍 및 기타 데이터를 분산 추적 서비스로 보낼 수 있다. metadata 플러그인을 사용하면 로깅, 추적 또는 정책에서 사용하려고 데이터를 선택적으로 내보낼 수 있다.

메트릭과 통합하려면 표준 Prometheus 클라이언트 라이브러리를 사용한다. OnStartup 호출의 일부를 Prometheus 라이브러리에 메트릭으로 등록한다. 이렇게 하는 방법의 좋은 예는 template 플러그인을 사용한다. 예 9–20은 메트릭을 정의하는 플러그인을 metrics.go 파일의 스니펫으로 보여 준다.

예 9–20 Prometheus 메트릭 정의

```
templateMatchesCount = promauto.NewCounterVec(prometheus.CounterOpts{
    Namespace: plugin.Namespace,
    Subsystem:  "template",
    Name:       "matches_total",
    Help:        "Counter of template regex matches.",
}, []string{"server", "zone", "class", "type"})
```

플러그인은 plugin.Namespace을 사용해 Namespace 변수를 설정하며, Subsystem 변수로 플러그인명을 지정한다. Name 변수는 대부분은 자유롭게 정할수 있으나, 일부 명명 규칙은 Prometheus 프로젝트가 정한 규칙을 준수해야 하는데, 이 중 대표적인 규칙은 다음과 같다.

- 라벨의 모든 값에 동일하게 측정해야 한다.
- 모든 경우에 같은 단위를 사용해야 한다.

- 복수 개의 장치명은 접미사로 끝나야 한다.
- 기본 단위를 사용해야 한다. 기본 단위는 시간은 초, 메모리는 바이트, 총합은 누적 카운트다. 그 외 다른 값은 Prometheus 사이트에서 찾을 수 있다.

Help 변수는 사용자가 메트릭의 의미를 이해할 수 있도록 되도록 설명은 짧게 명시해야 한다. 마지막으로 명시된 문자열 목록이 바로 라벨이다. 일반적으로 라벨에는 서버, 영역, 기타 플러그인의 고유 값이 포함돼 있다. 그러나 사용하는 라벨 중 메트릭 중요도가 너무 높은 라벨 값을 사용하면 저장되는 데이터의 양이 크게 증가해 메트릭 저장 및 처리 비용이 증가하거나 메트릭 시스템의 장애가 발생할 수 있기 때문에 주의가 필요하다.

templateMatchesCount 패키지 변수는 예 9-21에 명시된 것처럼 OnStartup 혹으로(몇 개의 다른 변수와 함께) Prometheus에 등록된다.

예 9-21 Prometheus 메트릭 등록

```
c.OnStartup(func() error {
    metrics.MustRegister(c, templateMatchesCount,
        templateFailureCount, templateRRFailureCount)
    return nil
})
```

일반적으로 OnStartup 혹의 호출은 setup 함수에서 이뤄진다. 여기에서 메트릭 패키지는 github.com/coredns/coredns/tree/master/plugin/metrics을 참조하고 이를 작동하려면 import해야 한다.

여태 진행한 예제와는 대조적으로 trace 플러그인과 통합은 대부분의 플러그인 통합 방식에 비해 매우 간단하다. 사실 대부분의 플러그인도 역시 특별히 설정해야 할 필요가 없다. 대부분의 플러그인은 다음 플러그인을 호출하는 데 사용하는 plugin.NextOrFailure 함수에서 기본적인 통합을 처리한다. 이 함수는 플러그인마다 새로운 span을 만든다. 코드 자체의 span을 추가하려면 forward 플러그인의 코드를 참조하면 된다. 이렇게 하면 연결 루틴의 기간이 추적된다.

metadata 함수와 통합하면 플러그인 로그, 방화벽, 기타 플러그인에서 사용할 수 있는 부가 기능을 제공할 수 있다. 예를 들어 메타데이터에서 trace 함수를 같이 사용할 수 있는 기능은 개발하고 있다. 이것은 비교적 새로운 기능이며, 다른 플러그인에 채용되면서 그 유용성이 높아진다.

플러그인의 메타데이터를 사용할 수 있도록 하려면 metadata.Provider 인터페이스를 구현해야 한다. 이것은 ServeDNS과 같은 매개 변수를 받아들이고 context.Context을 리턴하는 하나의 함수 Metadata로 구성된다. 메타데이터 처리가 활성화돼 있을 때 플러그인 체인의 실행의 시작 가까이에서 (실제로는 metadata 플러그인으로) 체인 내의 모든 플러그인 Metadata 메서드가 호출된다. 이렇게 하면 각 플러그인은 ServeDNS 함수에 전달되기 전에 Context에 데이터를 추가할 수 있다.

Metadata 함수는 metadata 플러그인의 영역에 일치하는 모든 요청에 대해 모든 플러그인에서 호출되므로 호출 속도는 빨라야 하고 처리는 최소화해야 한다. 이를 지원하려고 메타데이터의 실제 값은 Context에 저장되지 않는다. 대신 값을 얻으려고 사용할 수 있는 함수가 포함된다. 특정 메타데이터가 컨슈머(로그 등)로 사용되지 않을 때 해당 값을 포함한 함수가 호출되지 않는다.

예 9-22은 Context에 단일 메타데이터 값을 추가하는 간단한 metadata 함수의 예를 보여준다.

예 9-22 간단한 메타데이터 함수

```
func (p *myplugin) Metadata(ctx context.Context,
        state request.Request) context.Context {
    metadata.SetValueFunc(ctx, "myplugin/foo", func() string {
        return state.Name()
    })
    return ctx
}
```

질의명은 이미 모든 컨슈머에서 사용할 수 있기 때문에 메타데이터 관련 기능은 보통 쓸모가

250

없지만, 기본적인 프로세스를 보여 주는 용도로 사용될 수 있다. 그렇게 되면 예 9−23과 같이 log 플러그인 {/myplugin/foo} 등의 로그 템플릿으로 이 값을 사용할 수 있다.

예 9-23 메타데이터를 포함하는 로그 플러그인

```
log foo.example "Query: {name} {class} {type} {/myplugin/foo}"
```

마지막 변경으로 메트릭, 추적, 메타데이터를 플러그인과 통합해 기본 플러그인과 같은 방식으로 작동하도록 한다.

9장에서는 사용자 정의 CoreDNS에 대한 특별한 요구에 맞춰 적용하는 방법을 소개했다. 사용자는 외부 플러그인을 포함하거나 자신의 전용 DNS 서버를 구축하고 업스트림 CoreDNS에 새로운 백엔드 또는 변경자 플러그인을 추가하면서 쉽게 재구성할 수 있다. 이러한 사용자 정의 기능은 CoreDNS의 가장 강력한 기능 중 하나이며 이를 쉽게 이용할 수 있게 됐다.

이 책은 DNS의 기본 소개부터 CoreDNS의 기본적인 사용법 및 구성에 이르기까지 DNS와 CoreDNS 관한 많은 자료를 다루고 있다. 기존의 환경에서 CoreDNS를 사용해 표준 DNS를 사용하는 방법과 가상화 및 컨테이너 환경에서 서비스 검색하는 방법을 확인할 수 있다. 또한 쿠버네티스의 클러스터 DNS인 CoreDNS에 대한 통합 지원과 성능과 가용성 향상 클러스터 구성 및 운영 방법을 소개했다. 마지막으로 CoreDNS의 고급 기능을 사용해 DNS 요청 및 응답을 조정하는 방법, 사용자 정의 CoreDNS 기능을 구현하는 방법을 알아봤다.

이 책에서 제공되는 CoreDNS 지식이 독자의 업무에 도움이 됐으면 좋겠다. 오픈소스 프로젝트로 CoreDNS에 기여하기 위한 멤버 가입은 언제든지 환영이다. GitHub에 가입한 뒤 CoreDNS의 또 다른 기여자로 참여하는 것이 좋다. 또한 CoreDNS를 더욱 우수한 DNS 서버로 향상시킬 개선 부분 참여를 기다린다.

찾아보기

CoreDNS 시작하기

클라우드 네이티브 환경을 위한 DNS

발 행 | 2021년 8월 31일

지은이 | 존 벨라마릭 · 크리켓 리우
옮긴이 | 나 정 호

펴낸이 | 권 성 준
편집장 | 황 영 주
편 집 | 이 지 은
         김 다 예
디자인 | 윤 서 빈

에이콘출판주식회사
서울특별시 양천구 국회대로 287 (목동)
전화 02-2653-7600, 팩스 02-2653-0433
www.acornpub.co.kr / editor@acornpub.co.kr

한국어판 ⓒ 에이콘출판주식회사, 2021, Printed in Korea.
ISBN 979-11-6175-547-2
http://www.acornpub.co.kr/book/coredns

책값은 뒤표지에 있습니다.